M. TULLIUS CICERO

Reden gegen Verres IV

Zweite Rede gegen C. Verres
Drittes Buch

LATEINISCH / DEUTSCH

ÜBERSETZT UND HERAUSGEGEBEN
VON GERHARD KRÜGER

PHILIPP RECLAM JUN. STUTTGART

Universal-Bibliothek Nr. 4016[3]
Alle Rechte vorbehalten
© 1990 Philipp Reclam jun. GmbH & Co., Stuttgart
Gesamtherstellung: Reclam, Ditzingen. Printed in Germany 1990
RECLAM und UNIVERSAL-BIBLIOTHEK sind eingetragene
Warenzeichen der Philipp Reclam jun. GmbH & Co., Stuttgart
ISBN 3-15-004016-7

M. Tulli Ciceronis
actionis in C. Verrem secundae

liber tertius

De frumento

Zweite Rede des M. Tullius Cicero
gegen C. Verres

Drittes Buch

Kornrede

1 (1) Omnes qui alterum, iudices, nullis impulsi inimicitiis, nulla privatim laesi iniuria, nullo praemio adducti in iudicium rei publicae causa vocant providere debent non solum quid oneris in praesentia tollant, sed quantum in omnem vitam negoti suscipere conentur. Legem enim sibi ipsi dicunt innocentiae continentiae virtutumque omnium qui ab altero rationem vitae reposcunt, atque eo magis si id, ut ante dixi, faciunt nulla re commoti alia nisi utilitate communi. (2) Nam qui sibi hoc sumpsit, ut corrigat mores aliorum ac peccata reprehendat, quis huic ignoscat si qua in re ipse ab religione offici declinarit? Quapropter hoc etiam magis ab omnibus eius modi civis laudandus ac diligendus est, quod non solum ab re publica civem improbum removet, verum etiam se ipsum eius modi fore profitetur ac praestat ut sibi non modo communi voluntate virtutis atque offici, sed etiam vi quadam magis necessaria recte sit honesteque vivendum. (3) Itaque hoc, iudices, ex homine clarissimo atque eloquentissimo, L. Crasso, saepe auditum est, cum se nullius rei tam paenitere diceret quam quod C. Carbonem umquam in iudicium vocavisset; minus enim liberas omnium rerum voluntates habebat, et vitam suam pluribus quam vellet observari oculis arbitrabatur. Atque ille his praesidiis ingeni fortunaeque munitus tamen hac cura continebatur, quam sibi nondum confirmato

1 (1) Alle, die einen anderen vor Gericht laden, ihr Richter[1], nicht, weil sie sich durch persönliche Feindschaft getrieben, durch privates Unrecht verletzt, durch eine Belohnung angespornt fühlen, sondern um des öffentlichen Wohles willen, müssen sich nicht nur im voraus darüber im klaren sein, welche Last sie sich für den Augenblick aufladen, sondern auch welch schwere Aufgabe sie für ihr ganzes Leben zu übernehmen wagen. Denn der legt sich selbst die Verpflichtung zu Untadeligkeit, zu Uneigennützigkeit und zu allen guten Eigenschaften auf, wer von einem anderen Rechenschaft über sein Leben fordert, und zwar um so mehr, wenn er das, wie ich soeben sagte, aus keinem anderen Beweggrund tut als dem des allgemeinen Wohles. (2) Denn wer sich vornimmt, das Benehmen anderer zu verbessern und ihre Fehler zu tadeln, wie könnte der wohl von jemandem Nachsicht erwarten, wenn er selbst in irgendeiner Hinsicht von der Beachtung gewissenhafter Pflichterfüllung abweicht? Deshalb müssen auch alle einen solchen Bürger um so mehr loben und schätzen, weil er nicht nur einen gewissenlosen Mitbürger aus dem Staate entfernt, sondern auch verspricht und dazu steht, sich selbst so zu verhalten, daß er nicht nur mit der üblichen Bereitschaft zu Tüchtigkeit und Pflichterfüllung sein Leben führt, sondern sich durch eine weit zwingendere Macht zu einer aufrechten und ehrenhaften Lebensführung bestimmen läßt. (3) Deshalb hörte man, ihr Richter, den L. Crassus, einen erlauchten Mann und hervorragenden Redner oft sagen, er bereue nichts so sehr, als daß er einst den L. Carbo vor Gericht geladen habe.[2] Denn er hatte nun in allen Dingen weniger freie Wahl und glaubte, seine Lebensweise werde von mehr Augen beobachtet, als ihm erwünscht sei. Und obwohl er in seiner Begabung und in seinen glücklichen Verhältnissen Schutz und Sicherheit fand, fühlte er sich dennoch durch die mühevolle Aufgabe eingeengt, die er auf sich genommen hatte, als seine Einsicht noch nicht gefestigt war

consilio sed ineunte aetate susceperat, quamquam minus etiam perspicitur eorum virtus et integritas qui ad hanc rem adulescentuli, quam qui iam firmata aetate descendunt. Illi enim, ante quam potuerunt existimare quanto liberior vita sit eorum qui neminem accusarint, gloriae causa atque ostentationis accusant: nos qui iam et quid facere et quantum iudicare possemus ostendimus, nisi facile cupiditates nostras teneremus, numquam ipsimet nobis praecideremus istam licentiam libertatemque vivendi.

2 (4) Atque ego hoc plus oneris habeo quam qui ceteros accusarunt, – si onus est id appellandum quod cum laetitia feras ac voluptate: verum tamen ego hoc amplius suscepi quam ceteri quod ita postulatur ab hominibus ut his abstineant maxime vitiis in quibus alterum reprehenderint. Furem aliquem aut rapacem accusaris: vitanda tibi semper erit omnis avaritiae suspicio. Maleficum quempiam adduxeris aut crudelem: cavendum erit semper ne qua in re asperior aut inhumanior fuisse videare. Corruptorem, adulterum: providendum diligenter ne quod in vita vestigium libidinis appareat: omnia postremo quae vindicaris in altero tibi ipsi vehementer fugienda sunt. Etenim non modo accusator, sed ne obiurgator quidem ferendus est is qui, quod in altero vitium reprehendit, in eo ipse reprehenditur. (5) Ego in uno homine omnia vitia quae possunt in homine perdito nefarioque esse reprehendo; nullum esse dico indicium libidinis sceleris audaciae quod non in istius unius vita perspicere possitis. Ergo in isto reo legem hanc mihi, iudices, statuo, vivendum ita esse ut

6

und er noch am Beginn des Erwachsenenalters stand. Dabei beobachtet man die Anständigkeit und Redlichkeit bei denen noch weniger scharf, die sich als ganz junge Leute auf diese Betätigung einlassen, als bei denen, die das in einem schon gefestigten Alter tun. Denn jene pflegen aus Ruhmsucht und Geltungsdrang anzuklagen, bevor sie beurteilen können, wieviel freier das Leben derer ist, die niemanden angeklagt haben; doch wir, die wir bereits bewiesen haben, was wir zu leisten vermögen und welche Urteilsfähigkeit wir besitzen, würden uns, wenn wir unsere Begierden nicht mit Leichtigkeit im Zaume zu halten vermöchten, niemals selbst diese Ungebundenheit und Freiheit des Lebens abschneiden.

2 (4) Und ich habe noch eine schwerere Last zu tragen als die Ankläger anderer Leute – wenn man das eine Last nennen darf, was man mit Freuden und Vergnügen trägt. Gleichwohl habe ich eine größere Verpflichtung auf mich genommen als die anderen, weil man von allen verlangt, daß sie sich besonders von den Fehlern freihalten, die sie an anderen tadeln. Du klagst einen Dieb oder Räuber an: dann mußt du immer jeden Verdacht der Habgier meiden. Du führst einen gewalttätigen oder grausamen Menschen vor Gericht: dann mußt du dich immer vorsehen, daß du bei keiner Gelegenheit auch nur ein wenig grob oder rücksichtslos erscheinst. Oder einen Verführer, einen Ehebrecher: dann mußt du sorgfältig darauf achtgeben, daß sich in deinem Leben keine Spur von Ausschweifung zeigt. Überhaupt mußt du selbst alles streng meiden, was du bei einem anderen gerichtlich verfolgst. Denn nicht nur als Ankläger, sondern nicht einmal als Tadler ist jemand erträglich, wenn man an ihm selbst den Fehler rügen kann, den er an einem anderen rügt. (5) Ich rüge an einem einzigen alle Fehler, die sich nur an einem verkommenen und ruchlosen Menschen finden lassen; es gibt, behaupte ich, kein Merkmal der Ausschweifung, des Verbrechens, der Skrupellosigkeit, das ihr nicht im Leben dieses einen entdecken könnt. Ich stelle daher bei diesem Angeklagten folgenden Leitsatz für mich auf, ihr Richter: ich muß so leben, daß ich ihm sichtlich nicht nur in allen Taten und Worten, sondern

7

isti non modo factis dictisque omnibus, sed etiam oris oculo-
rumque illa contumacia ac superbia quam videtis, dissimilli-
mus esse ac semper fuisse videar. Patior, non molesto fero,
iudices, eam vitam quae mihi sua sponte antea iucunda fuerit
nunc iam mea lege et condicione necessariam quoque futuram.

3 (6) Et in hoc homine saepe a me quaeris, Hortensi, quibus
inimicitiis aut qua iniuria adductus ad accusandum descende-
rim? Mitto iam rationem offici mei necessitudinisque Siculorum: de ipsis tibi inimicitiis respondeo. An tu maiores ullas
inimicitias putas esse quam contrarias hominum sententias ac
dissimilitudines studiorum ac voluntatum? Fidem sanctissi-
mam in vita qui putat, potest ei non inimicus esse qui quaestor
consulem suum consiliis commissis, pecunia tradita, rebus
omnibus creditis spoliare, relinquere, prodere, oppugnare
ausus sit? Pudorem ac pudicitiam qui colit, potest animo
aequo istius cotidiana adulteria, meretriciam disciplinam,
domesticum lenocinium videre? Qui religiones deorum
immortalium retinere vult, ei qui fana spoliarit omnia, qui ex
tensarum orbitis praedari sit ausus, inimicus non esse qui
potest? Qui iure aequo omnis putat esse oportere, is tibi non
infestissimus sit, cum cogitet varietatem libidinemque decretorum tuorum? qui sociorum iniuriis provinciarumque
incommodis doleat, is in te non expilatione Asiae, vexatione
Pamphyliae, squalore et lacrimis Siciliae concitetur? qui
civium Romanorum iura ac libertatem sanctam apud omnis
haberi velit, is non tibi plus etiam quam inimicus esse debeat,
cum tua verbera, cum securis, cum cruces ad civium Romanorum supplicia fixas recordetur? (7) An si qua in re contra

sogar in dem Eigensinn und Hochmut, den ihr in seiner Miene und seinen Blicken seht, ganz unähnlich bin, jetzt und immer schon. Ich nehme es hin, ich empfinde es nicht als Last, ihr Richter, daß die Lebensweise, die für mich schon vorher von sich aus anziehend war, nunmehr durch den von mir selbst aufgestellten Leitsatz und die von mir übernommene Aufgabe auch zur Notwendigkeit für mich wird.

3 (6) Und bei diesem Menschen fragst du mich noch wiederholt, Hortensius, welche persönliche Feindschaft oder welches Unrecht mich dazu veranlaßt hat, mich auf eine Klage gegen ihn einzulassen? Ich lasse jetzt mein Pflichtgefühl und enges Verhältnis zu den Siziliern als Grund beiseite; nur was die Feindschaft betrifft, will ich dir antworten. Meinst du denn, es gebe größere Feindschaften als die, die auf unvereinbaren Grundsätzen und unähnlichen Neigungen und Bestrebungen beruhen? Wer die Pflichttreue für das Heiligste im Leben hält, kann der anders, als dessen Feind sein, der sich erdreistet hat, als Quästor seinen Konsul, der ihm seine Pläne mitgeteilt, sein Geld übergeben und alles anvertraut hatte, zu berauben, im Stich zu lassen, zu verraten, zu bekämpfen?[3] Wer Schamgefühl und Reinheit hochhält, kann der mit dem Gleichmut des anderen tägliche Ehebrüche, die Hurenwirtschaft, den häuslichen Kupplerbetrieb ansehen? Wer die Verehrung der unsterblichen Götter erhalten will, wie kann der anders, als der Feind dessen sein, der alle Heiligtümer geplündert, der sich erdreistet hat, aus dem Fahrweg der Götterwagen Gewinn zu ziehen?[4] Wer da glaubt, daß alle gleiches Recht haben sollten, der soll nicht dein erbitterter Feind sein, wenn er an die ständige Umänderung und Willkür deiner Erlasse denkt?[5] Wer über die ungerechte Behandlung der Bundesgenossen und die Leiden der Provinzen besorgt ist, den sollen nicht die Ausplünderung Asiens, die Mißhandlung Pamphyliens, die Trauer und die Tränen Siziliens gegen dich aufbringen?[6] Wer wünscht, daß die Rechte und die Freiheit der römischen Bürger von jedermann für unverletzlich gehalten werden, muß der nicht noch mehr sein als nur dein Feind, wenn er an deine Prügelstrafen, deine Beile, deine zur

rem meam decrevisset aliquid iniuria, iure ei me inimicum esse arbitrarere: cum omnia contra omnium bonorum rem causam rationem utilitatem voluntatemque fecerit, quaeris cur ei sim inimicus cui populus Romanus infestus est? qui praesertim plus etiam quam pars virilis postulat pro voluntate populi Romani oneris ac muneris suscipere debeam. 4 Quid? illa quae leviora videntur esse non cuiusvis animum possunt movere, quod ad tuam ipsius amicitiam ceterorumque hominum magnorum atque nobilium faciliorem aditum istius habet nequitia et audacia quam cuiusquam nostrum virtus et integritas? Odistis hominum novorum industriam, despicitis eorum frugalitatem, pudorem contemnitis, ingenium vero et virtutem depressam exstinctamque cupitis: Verrem amatis! (8) Ita credo: si non virtute, non industria, non innocentia, non pudore, non pudicitia, at sermone, at litteris, at humanitate eius delectamini. Nihil eorum est, contraque sunt omnia cum summo dedecore ac turpitudine tum singulari stultitia atque inhumanitate oblita. Huic homini si cuius domus patet, utrum ea patere an hiare ac poscere aliquid videtur? Hunc vestri ianitores, hunc cubicularii diligunt; hunc liberti vestri, hunc servi ancillaeque amant; hic cum venit extra ordinem vocatur; hic solus introducitur; ceteri saepe frugalissimi homines excluduntur. Ex quo intellegi potest eos vobis esse carissimos qui ita vixerint ut sine vestro praesidio salvi esse non possint. (9) Quid? hoc cuiquam ferendum putas esse, nos ita vivere in pecunia tenui ut prorsus nihil adquirere velimus,

Hinrichtung römischer Bürger errichteten Kreuze denkt?[7] (7) Wenn er in irgendeiner Sache zu Unrecht gegen meinen Vorteil entschieden hätte, dann würdest du glauben, ich sei zu Recht sein Feind; doch nun, da er alles gegen den Vorteil, die Sache, das Interesse, den Nutzen und den Willen aller Anständigen getan hat, fragst du, warum ich dessen Feind sei, gegen den das römische Volk feindselig eingestellt ist? Zumal ich ja, den Wünschen des römischen Volkes nachkommend, sogar mehr an Lasten und Aufgaben auf mich nehmen muß, als meine persönliche Pflicht erfordert. 4 Wie? Kann nicht schon das, was ziemlich nebensächlich zu sein scheint, jedermann aufregen: daß zu deiner Freundschaft und zu der der übrigen großen und hochgeborenen Persönlichkeiten die nichtsnutzige Frechheit des Verres einen leichteren Zugang hat als die redliche Tüchtigkeit eines jeden von uns? Ihr haßt die Tatkraft der Neulinge, ihr seht herab auf ihre Genügsamkeit, ihr verachtet ihr Ehrgefühl, und ihre Fähigkeiten und Leistungen gar möchtet ihr unterdrückt und ausgelöscht sehen; ihr liebt – einen Verres! (8) Vielleicht ist es so: wenn euch an ihm nicht Tüchtigkeit, nicht Tatkraft, nicht Unbescholtenheit, nicht Anstand, nicht Schamgefühl erfreut, so doch seine Unterhaltungsgabe, seine wissenschaftlichen Kenntnisse, seine Bildung. Nein, nichts davon, im Gegenteil, alles an ihm ist im höchsten Maße durch Schimpf und Schande und überdies durch beispiellose Dummheit und Roheit verunstaltet. Wenn diesem Menschen jemandes Haus offensteht, sieht es dann so aus, als ob es nur offensteht und nicht vielmehr gierig nach etwas schnappte und etwas forderte? Ihn mögen eure Pförtner, eure Kammerdiener, ihn lieben eure Freigelassenen, eure Sklaven und Mägde; wenn er kommt, ruft man ihn außer der Reihe hinein; er allein wird eingelassen; die anderen, oft hochanständige Leute, bleiben ausgeschlossen. Daraus kann man erkennen, daß bei euch die am meisten geschätzt sind, die so gelebt haben, daß sie ohne euren Schutz nicht mit heiler Haut davonkommen können. (9) Wie? Glaubst du, jemand könne das erträglich finden: wir leben bei geringem Vermögen so, daß wir überhaupt nichts

11

ut dignitatem nostram populique Romani beneficia non copiis sed virtute tueamur, istum rebus omnibus undique ereptis impune eludentem circumfluere atque abundare? huius argento dominia vestra, huius signis et tabulis forum comitiumque ornari, praesertim cum vos vestro Marte his rebus omnibus abundetis? Verrem esse qui vestras villas suis manubiis ornet? Verrem esse qui cum L. Mummio certet, ut pluris hic sociorum urbis quam ille hostium spoliasse videatur, pluris hic villas ornamentis fanorum quam ille fana spoliis hostium ornasse? Et is erit ob eam rem vobis carior ut ceteri libentius suo periculo vestris cupiditatibus serviant?

5 (10) Verum haec et dicentur alio loco et dicta sunt: nunc proficiscemur ad reliqua, si pauca ante fuerimus a vobis, iudices, deprecati. Superiore omni oratione perattentos vestros animos habuimus: id fuit nobis gratum admodum. Sed multo erit gratius si reliqua voletis attendere, propterea quod in his omnibus quae antea dicta sunt erat quaedam ex ipsa varietate ac novitate rerum et criminum delectatio, nunc tractare causam instituimus frumentariam, quae magnitudine iniuriae et re criminibus ceteris antecellet, iucunditatis in agendo et varietatis minus habebit. Vestra autem auctoritate et prudentia dignissimum est, iudices, in audiendi diligentia non minus religioni tribuere quam voluptati. (11) In hac causa frumentaria cognoscenda haec vobis proponite, iudices, vos de rebus

hinzuerwerben wollen, daß wir unsere Stellung und die Gunsterweise des römischen Volkes nicht durch Geldmittel, sondern durch Leistung zu erhalten versuchen, während Verres, der alles nur Mögliche überall zusammengeraubt hat, jeder Strafe spottend im Überfluß schwimmt? Während sein Silber eure Gastmähler, seine Statuen und Gemälde das Forum und Komitium schmücken, zumal ihr schon durch eure eigenen Feldzüge an alledem Überfluß habt? Während Verres ein Mann ist, der eure Landhäuser mit seiner Beute ausstattet?[8] Während Verres ein Mann ist, der mit L. Mummius[9] wetteifert, scheint er doch mehr Städte von Bundesgenossen als Mummius Städte von Feinden geplündert, mehr Landhäuser mit Schmuckstücken von Heiligtümern als Mummius Heiligtümer mit Beutestücken von Feinden geschmückt zu haben? Und dieser Mensch sollte euch deshalb besonders teuer sein, damit die anderen um so bereitwilliger auf eigene Gefahr euren Begierden dienstbar sind?

5 (10) Doch hiervon soll an anderer Stelle gesprochen werden, teils ist schon davon gesprochen worden; jetzt werden wir zu dem übrigen übergehen, wenn wir euch zuvor, ihr Richter, mit wenigen Worten um Nachsicht gebeten haben. Bei meinem ganzen früheren Vortrag hatte ich in euch sehr aufmerksame Zuhörer; das war mir höchst willkommen. Doch es wird mir noch viel willkommener sein, wenn ihr auch auf das Weitere eure Aufmerksamkeit richten wollt; denn bei alledem, was bisher gesagt wurde, bot schon allein die Mannigfaltigkeit und Neuheit der Gegenstände und Verbrechen eine gewisse Unterhaltung; doch jetzt haben wir vor, das Getreidewesen zu behandeln, einen Gegenstand, der durch die Größe des Unrechts und in der Sache selbst die übrigen Vorwürfe noch übertrifft, aber bei der Behandlung weniger Ansprechendes und Abwechslungsreiches bieten wird. Aber für Männer von eurem Ansehen und eurer Klugheit geziemt es sich in jedem Falle, ihr Richter, euch zu sorgfältigem Zuhören nicht weniger durch euer Verantwortungsgefühl als durch euer Vergnügen bestimmen zu lassen. (11) Bei der Untersuchung der Getreideangelegenheit haltet euch vor

fortunisque Siculorum omnium, de civium Romanorum qui arant in Sicilia bonis, de vectigalibus a maioribus traditis, de vita victuque populi Romani cognituros: quae si magna atque adeo maxima vobis videbuntur, quam varie et quam copiose dicantur exspectare nolite.

Neminem vestrum praeterit, iudices, omnem utilitatem opportunitatemque provinciae Siciliae, quae ad commoda populi Romani adiuncta sit, consistere in re frumentaria maxime; nam ceteris rebus adiuvamur ex illa provincia, hac vero alimur ac sustinemur. (12) Ea causa tripertita, iudices, erit in accusatione; primum enim de decumano, deinde de empto dicemus frumento, postremo de aestimato.

6 Inter Siciliam ceterasque provincias, iudices, in agrorum vectigalium ratione hoc interest, quod ceteris aut impositum vectigal est certum, quod stipendiarium dicitur, ut Hispanis et plerisque Poenorum quasi victoriae praemium ac poena belli, aut censoria locatio constituta est, ut Asiae lege Sempronia: Siciliae civitates sic in amicitiam fidemque accepimus ut eodem iure essent quo fuissent, eadem condicione populo Romano parerent qua suis antea paruissent. (13) Perpaucae Siciliae civitates sunt bello a maioribus nostris subactae; quarum ager cum esset publicus populi Romani factus, tamen illis est redditus; is ager a censoribus locari solet. Foederatae civitates duae sunt, quarum decumae venire non soleant,

Augen, ihr Richter, daß ihr über Eigentum und Vermögen aller Sizilier, über das Hab und Gut der römischen Bürger, die in Sizilien Ackerbau treiben, über die von den Vorfahren überkommenen Steuereinnahmen, über den Lebensunterhalt des römischen Volkes entscheiden sollt. Wenn euch das wichtig oder vielmehr äußerst wichtig erscheint, so erwartet nicht, daß abwechslungs- und gedankenreich darüber gesprochen werde.

Niemandem von euch ist unbekannt, ihr Richter, daß aller Nutzen und Wert der Provinz Sizilien, soweit er für die Interessen des römischen Volkes wesentlich ist, vor allem auf dem Getreidewesen beruht. Denn in den übrigen Dingen erhalten wir von dieser Provinz nur zusätzliche Unterstützung, hierdurch aber ernährt und erhält sie uns. (12) Diese Angelegenheit werde ich in meiner Anklage in drei Teilen behandeln, ihr Richter. Zuerst nämlich will ich über das Zehntgetreide, dann über das Kauf- und zuletzt über das Richtpreisgetreide sprechen.[10]

6 Zwischen Sizilien und den übrigen Provinzen, ihr Richter, besteht bei der Veranlagung der Grundsteuern der Unterschied, daß den übrigen Provinzen entweder ein bestimmter Steuersatz auferlegt ist, der Tribut genannt wird, wie den Spaniern und den meisten Puniern,[11] gleichsam als Siegespreis und Strafe für den Krieg, oder eine Verpachtung durch die Zensoren angeordnet ist, wie in Asien durch das Sempronische Gesetz.[12] Mit den sizilischen Gemeinden aber haben wir ein solches Freundschafts- und Vertrauensverhältnis begründet, daß sie dieselbe Rechtsstellung, die sie gehabt hatten, behalten und zu denselben Bedingungen dem römischen Volke untertan sein sollten, zu denen sie ihren Herrschern[13] vorher untertan waren. (13) Nur sehr wenige Gemeinden Siziliens sind von unseren Vorfahren durch Krieg bezwungen worden.[14] Und obwohl deren Land Eigentum des römischen Volkes geworden war, gab man es ihnen trotzdem zurück. Dieses Land pflegt von den Zensoren verpachtet zu werden.[15] Es gibt zwei verbündete Gemeinden, deren Zehnten man nicht zu verpachten pflegt, die Gemeinden der Mamerti-

Mamertina et Tauromenitana, quinque praeterea sine foedere immunes [civitates] ac liberae, Centuripina, Halaesina, Segestana, Halicyensis, Panhormitana; praeterea omnis ager Siciliae civitatum decumanus est, itemque ante imperium populi Romani ipsorum Siculorum voluntate et institutis fuit. (14) Videte nunc maiorum sapientiam, qui cum Siciliam tam opportunum subsidium belli atque pacis ad rem publicam adiunxissent, tanta cura Siculos tueri ac retinere voluerunt ut non modo eorum agris vectigal novum nullum imponerent, sed ne legem quidem venditionis decumarum neve vendundi aut tempus aut locum commutarent, ut certo tempore anni, ut ibidem in Sicilia, denique ut lege Hieronica venderent. Voluerunt eos in suis rebus ipsos interesse, eorumque animos non modo lege nova sed ne nomine quidem legis novo commoveri. (15) Itaque decumas lege Hieronica semper vendundas censuerunt, ut iis iucundior esset muneris illius functio, si eius regis qui Siculis carissimus fuit non solum instituta commutato imperio, verum etiam nomen maneret. Hoc iure ante Verrem praetorem Siculi semper usi sunt: hic primus instituta omnium, consuetudinem a maioribus traditam, condicionem amicitiae, ius societatis convellere et commutare ausus est.

7 (16) Qua in re primum illud reprehendo et accuso, cur in re tam vetere, tam usitata quicquam novi feceris. Ingenio aliquid adsecutus es? Tot homines sapientissimos et clarissimos, qui illam provinciam ante te tenuerunt, prudentia consilioque vicisti? Est tuum, est ingeni diligentiaeque tuae: do hoc tibi et

ner und Tauromenier,[16] und außerdem fünf, die ohne Bündnisvertrag frei von Abgaben und Leistungen sind:[17] Centuripae, Halaesa, Segesta, Halikyai, Panormos.[18] Alles übrige Land der sizilischen Gemeinden ist zehntpflichtig, und ebenso verhielt es sich vor der Herrschaft des römischen Volkes nach dem Willen und den Bestimmungen der Sizilier selbst. (14) Erkennt jetzt die Weisheit unserer Vorfahren: Als sie Sizilien, eine so günstige Hilfsquelle für Krieg und Frieden, dem Staate angegliedert hatten, wollten sie so geflissentlich die Sizilier unter ihre Obhut nehmen und an sich fesseln, daß sie auf ihre Ländereien keine neuen Steuern legten, ja nicht einmal das Gesetz über die Verpachtung des Zehnten noch Zeit oder Ort der Verpachtung änderten, daß sie zu einer bestimmten Jahreszeit, daß sie ebendort in Sizilien, kurz, daß sie nach dem Gesetz des Hieron die Verpachtung vornahmen. Sie wollten, daß die Sizilier an ihren eigenen Angelegenheiten beteiligt seien und nicht durch ein neues Gesetz, ja nicht einmal durch einen neuen Namen des Gesetzes beunruhigt würden. (15) Daher ordneten sie an, daß der Zehnte immer nach dem Gesetz des Hieron verpachtet werden solle, damit den Siziliern die Entrichtung dieser Abgabe annehmbarer sei, wenn trotz des Wechsels der Herrschaft nicht nur die Anordnungen, sondern auch der Name des Königs bleibe, der bei ihnen hochgeschätzt gewesen war. Dieses Recht ist bei den Siziliern vor der Prätur des Verres immer in Gebrauch gewesen. Er war der erste, der es wagte, die Anordnungen aller, den von den Vorfahren überlieferten Brauch, das Verhältnis der Freundschaft und das Recht der Bundesgenossen zu untergraben und zu ändern.

7 (16) Hierbei tadele ich und verüble dir zuerst, daß du in einer so altüberlieferten, so üblichen Sache etwas Neues eingeführt hast. Hast du mit deinem Scharfsinn etwas Besseres gefunden? Hast du so viele überaus verständige und hochberühmte Männer, die diese Provinz vor dir verwalteten, durch kluge Maßnahmen überboten? Das läßt sich von dir erwarten, das entspricht deinem Scharfsinn und deiner Umsicht; ich gebe dir das zu und räume dir das ein. Ich weiß, daß du in

concedo. Scio te Romae, cum praetor esses, edicto tuo possessiones hereditatum a liberis ad alienos, a primis heredibus ad secundos, a legibus ad libidinem tuam transtulisse; scio te edicta superiorum omnium correxisse et possessiones hereditatum non secundum eos qui proferrent, sed secundum eos qui dicerent testamentum factum dedisse; easque res novas abs te prolatas et inventas magno tibi quaestui fuisse scio; eundemque te memini censorias quoque leges in sartis tectis exigendis tollere et commutare, ne is redimeret cuia res esset, ne pupillo tutores propinquique consulerent quo minus fortunis omnibus everteretur; exiguam diem praefinire operi qua ceteros ab negotio excluderes, ipse in tuo redemptore nullam certam diem observares. (17) Quam ob rem novam legem te in decumis statuisse non miror, hominem in edictis praetoriis, in censoriis legibus tam prudentem, tam exercitatum, – non, inquam, miror te aliquid excogitasse; sed quod tua sponte iniussu populi sine senatus auctoritate iura provinciae Siciliae mutaveris, id reprehendo, id accuso. (18) L. Octavio et C. Cottae consulibus senatus permisit ut vini et olei decumas et frugum minutarum, quas ante quaestores in Sicilia vendere consuessent, Romae venderent, legemque his rebus quam ipsis videretur dicerent. Cum locatio fieret, publicani postularunt quasdam res ut ad legem adderent neque tamen a ceteris censoriis legibus recederent. Contra dixit is qui casu tum Romae fuit, tuus hospes, Verres, – hospes, inquam, et familiaris tuus, – Sthenius hic Thermitanus. Consules causam

Rom, als du dort Prätor warst, durch dein Edikt das Besitzrecht an einer Erbschaft von den Kindern auf Fremde, von den ersten Erben auf die Nacherben, von den gesetzlichen Bestimmungen auf deine Willkür übertragen hast; ich weiß, daß du die Edikte aller Vorgänger verbessert und das Besitzrecht an einer Erbschaft nicht denen zugesprochen hast, die ein Testament vorlegten, sondern denen, die behaupteten, es sei ein Testament gemacht worden; und daß diese von dir eingeführten und erfundenen Neuerungen einen großen Gewinn für dich abwarfen, auch das weiß ich;[19] ich erinnere mich, daß du auch die zensorischen Bestimmungen über die Ausbesserungsarbeiten an Gebäuden aufgehoben und verändert hast, damit nicht der die Ausführung übernehme, dessen Sache es war, damit die Vormünder und Verwandten das Mündel nicht vor dem Verlust seines ganzen Vermögens schützen könnten; ich erinnere mich, daß du für diese Arbeit eine knappe Frist setztest, um die übrigen von dem Geschäft auszuschließen, selbst aber bei deinem Unternehmer auf keinen bestimmten Termin zu achten.[20] (17) Deswegen wundere ich mich nicht, daß du ein neues Gesetz für die Zehntabgabe erlassen hast, du, ein Mann, der in prätorischen Edikten, in zensorischen Verfügungen so klug, so geübt ist; ich wundere mich nicht, sage ich, daß du dir etwas ausgedacht hast; aber daß du von dir aus, ohne Anweisung des Volkes, ohne Auftrag des Senates die Rechte der Provinz Sizilien geändert hast, das tadele ich und das halte ich dir vor. (18) Den Konsuln L. Octavius und C. Cotta[21] erlaubte der Senat, den Zehnten für Wein und Öl und Kleinfrüchte, den vorher die Quästoren in Sizilien zu verpachten pflegten, in Rom zu verpachten und hierfür nach ihrem eigenen Ermessen Bestimmungen zu erlassen. Als die Versteigerung stattfand, verlangten die Pächter, man solle den Bestimmungen noch einige Ergänzungen anfügen, dabei jedoch nicht von den übrigen Anordnungen der Zensoren abweichen. Dem widersprach jemand, der damals zufällig in Rom war, dein Gastfreund, Verres, dein Gastfreund, sage ich, und dein Vertrauter, der Sthenius hier, aus Thermai.[22] Die Konsuln untersuchten die Sache. Sie

cognorunt; cum viros primarios atque amplissimos civitatis multos in consilium advocassent, de consili sententia pronuntiarunt se lege Hieronica vendituros. **8** (19) Itane vero? Prudentissimi viri summa auctoritate praediti, quibus senatus legum dicendarum in locandis vectigalibus omnem potestatem permiserat populusque Romanus idem iusserat, Siculo uno recusante cum amplificatione vectigalium nomen Hieronicae legis mutare noluerunt: tu, homo minimi consili, nullius auctoritatis, iniussu populi ac senatus, tota Sicilia recusante, cum maximo detrimento atque adeo exitio vectigalium totam Hieronicam legem sustulisti? (20) At quam legem corrigit, iudices, atque adeo totam tollit! Acutissime ac diligentissime scriptam, quae lex omnibus custodiis subiectum aratorem decumano tradidit, ut neque in segetibus neque in areis neque in horreis neque in amovendo neque in exportando frumento grano uno posset arator sine maxima poena fraudare decumanum. Scripta lex ita diligenter est ut eum scripsisse appareat qui alia vectigalia non haberet, ita acute ut Siculum, ita severe ut tyrannum; qua lege Siculis tamen arare expediret; nam ita diligenter constituta sunt iura decumano ut tamen ab invito aratore plus decuma non possit auferri.

(21) Cum haec essent ita constituta, Verres tot annis atque adeo saeculis tot inventus est qui haec non commutaret sed everteret, eaque quae iam diu ad salutem sociorum utilitatemque rei publicae composita comparataque essent ad suos

zogen viele hervorragende und hochangesehene Männer unseres Staates zu Rate und erklärten aufgrund des Gutachtens ihrer Berater, sie wollten die Verpachtung nach dem Gesetz des Hieron vornehmen. 8 (19) Nun, wie ist es damit? Höchst einsichtige Männer, Inhaber der höchsten Staatsgewalt, denen der Senat jegliche Vollmacht erteilt hatte, für die Verpachtung der Steuern Vorschriften zu erlassen – und das römische Volk hatte sie ebenfalls dazu ermächtigt –, wollten, als ein einziger Sizilier Einspruch erhob, trotz der Aussicht auf höhere Steuereinnahmen keinen Buchstaben des Hieronischen Gesetzes ändern. Aber du, ein Mensch ohne die geringste Einsicht, ohne jedes Ansehen, hast ohne Ermächtigung durch Volk und Senat und gegen den Einspruch von ganz Sizilien zum größten Schaden und sogar zum Zusammenbruch des Steueraufkommens das ganze Hieronische Gesetz aufgehoben? (20) Und was für ein Gesetz verbessert er da, ihr Richter, oder hebt es vielmehr ganz auf! Ein sehr scharfsinnig und sehr sorgfältig abgefaßtes, ein Gesetz, das den Landwirt dem Zehntpächter auslieferte, indem es ihn jeder nur erdenklichen Aufsicht unterwarf, so daß der Landwirt den Zehntpächter weder bei der Aussaat noch auf den Tennen noch in den Scheunen, weder beim Einfahren noch bei der Ausfuhr des Getreides um ein einziges Korn betrügen konnte, ohne sich schwerster Bestrafung auszusetzen. [23] Das Gesetz ist so sorgfältig abgefaßt, daß es offensichtlich jemand verfaßt hat, der keine anderen Steuereinnahmen hatte, so scharfsinnig, daß es den Sizilier, so streng, daß es den unumschränkten Herrscher verrät; gleichwohl war es für die Sizilier lohnend, nach diesem Gesetz Ackerbau zu treiben; denn die Rechte des Zehntpächters sind zwar sorgfältig festgelegt, aber dennoch ist es nicht möglich, dem Landwirt gegen seinen Willen mehr als den Zehnten abzunehmen. [24]

(21) So war dies geregelt; da mußte nach so vielen Jahren oder besser nach so vielen Jahrhunderten ein Verres kommen, der diese Bestimmungen nicht nur änderte, sondern völlig umstieß und, was seit langem zum Wohl der Bundesgenossen und zum Nutzen unseres Staates abgefaßt und zusammenge-

improbissimos quaestus converteret; qui primum certos
instituerit nomine decumanos, re vera ministros ac satellites
cupiditatum suarum, per quos ostendam sic provinciam per
triennium vexatam atque vastatam, iudices, ut eam multis
annis multorum innocentia sapientiaque recreare nequeamus.
9 (22) Eorum omnium qui decumani vocabantur princeps erat
Q. ille Apronius, quem videtis; de cuius improbitate singulari
gravissimarum legationum querimonias audivistis. Aspicite,
iudices, vultum hominis et aspectum, et ex ea contumacia
quam hic in perditis rebus retinet illos eius spiritus Siciliensis
quos fuisse putetis cogitate ac recordamini. Hic est Apronius
quem in provincia tota Verres, cum undique nequissimos
homines conquisisset, et cum ipse secum sui similis duxisset
non parum multos, nequitia luxuria audacia sui simillimum
iudicavit; itaque istos inter se perbrevi tempore non res, non
ratio, non commendatio aliqua, sed studiorum turpitudo
similitudoque coniunxit. (23) Verris mores improbos impu-
rosque nostis: fingite vobis si potestis, aliquem qui in omnibus isti rebus par ad omnium flagitiorum nefarias libidines
esse possit; is erit Apronius ille qui, ut ipse non solum vita sed
corpore atque ore significat, immensa aliqua vorago est aut
gurges vitiorum turpitudinumque omnium. Hunc in omnibus stupris, hunc in fanorum expilationibus, hunc in im-
puris conviviis principem adhibebat; tantamque habet morum similitudo coniunctionem atque concordiam ut Apronius, qui aliis inhumanus ac barbarus, isti uni commodus ac

stellt war, zu seiner schamlosen Erwerbsquelle umwandelte; der zuerst bestimmte Leute einsetzte, die dem Namen nach Zehntpächter, in Wirklichkeit aber die Helfershelfer und Spießgesellen seiner Begierden waren. Durch diese Leute wurde, wie ich zeigen werde, die Provinz drei Jahre lang so verheert und heimgesucht, ihr Richter, daß wir sie in vielen Jahren durch vieler Uneigennützigkeit und Klugheit nicht werden wiederherstellen können. 9 (22) Unter allen denen, die sich Zehntpächter nannten, war der erste Mann Q. Apronius, den ihr dort seht. Über seine beispiellose Gewissenlosigkeit habt ihr die Beschwerden sehr ernst zu nehmender Gesandtschaften gehört. Seht euch die Miene und das Aussehen dieses Menschen an, ihr Richter, und macht euch aus der Starrköpfigkeit, die er hier in verzweifelter Lage beibehält, einen Begriff und eine Vorstellung von der Selbstherrlichkeit, die er in Sizilien gezeigt haben muß. Verres hatte in der ganzen Provinz überall die schäbigsten Leute zusammengesucht, und er hatte selbst seinesgleichen in ziemlich großer Zahl mitgebracht; doch Apronius ist der Mann, der ihm nach seinem Urteil an Schäbigkeit, ausschweifendem Lebenswandel und Skrupellosigkeit am ähnlichsten war. Und so verband sie denn miteinander in sehr kurzer Zeit nicht eine Sache, nicht ein geschäftliches Interesse, nicht irgendeine Empfehlung, sondern die Ähnlichkeit ihrer schändlichen Neigungen. (23) Ihr kennt den schamlosen und schmutzigen Charakter des Verres; stellt euch, wenn ihr könnt, einen Menschen vor, der ihm in jeder Beziehung in seinen ruchlosen Gelüsten nach allen nur denkbaren Schandtaten gleichkomme: das ist dieser Apronius, der, wie er selbst nicht nur durch seinen Lebenswandel, sondern schon durch seine körperliche Erscheinung und seine Miene zu erkennen gibt, ein unermeßlicher Schlund und Abgrund aller nur denkbaren Laster und Schandtaten ist. Ihn zog Verres bei allen unzüchtigen Handlungen, ihn bei der Ausplünderung von Tempeln, ihn bei seinen schmutzigen Gelagen als Hauptperson hinzu, und die Ähnlichkeit des Charakters hatte eine so innige Verbindung und Eintracht zur Folge, daß Apronius, der anderen als ungebildet und unge-

disertus videretur; ut quem omnes odissent neque videre vellent, sine eo iste esse non posset; ut cum alii ne conviviis quidem isdem quibus Apronius, hic isdem etiam poculis uteretur; postremo ut odor Aproni taeterrimus oris et corporis, – quem, ut aiunt, ne bestiae quidem ferre possent, – uni isti suavis et iucundus videretur. Ille erat in tribunali proximus, in cubiculo solus, in convivio dominus, ac tum maxime cum accubante praetextato praetoris filio saltare in convivio nudus coeperat. 10 (24) Hunc, uti dicere institui, principem Verres ad fortunas aratorum vexandas diripiendasque esse voluit: huius audaciae nequitiae crudelitati fidelissimos socios optimosque civis scitote hoc praetore traditos, iudices, atque addictos fuisse novis institutis et edictis, tota Hieronica lege, quem ad modum antea dixi, reiecta ac repudiata.

(25) Primum edictum, iudices, audite praeclarum: Quantum decumanus edidisset aratorem sibi decumae dare oportere, ut tantum arator decumano dare cogeretur. Quo modo? Quantum poposcerit Apronius, dato. Quid est hoc? utrum praetoris institutum in socios an in hostis victos insani edictum atque imperium tyranni? Ego tantundem dabo quantum ille poposcerit? poscet omne quantum exaravero. Quid omne? plus immo etiam, inquit, si volet. Quid tum? quid censes? Aut dabis aut contra edictum fecisse damnabere. Per deos immortalis, quid est hoc? veri enim simile non est. (26) Sic

schliffen vorkam, ihm allein als umgänglich und gewandt erschien, daß er ohne Apronius, den alle haßten und nicht sehen wollten, nicht leben konnte, daß er, während andere nicht einmal an denselben Gelagen mit Apronius teilnahmen, mit ihm sogar aus einem Becher trank, und schließlich, daß der abscheuliche Mund- und Körpergeruch des Apronius, den, wie man sagt, nicht einmal Tiere ertragen konnten, ihm allein lieblich und angenehm erschien. Apronius stand am nähesten an seinem Richterstuhle, er allein durfte sein Schlafzimmer betreten, er war Herr an seiner Tafel, und zwar besonders dann, wenn er, während der unmündige Sohn des Prätors mit bei Tische war, beim Mahle nackt zu tanzen begann. 10 (24) Dieser Bursche war, wie ich vorhin schon gesagt habe, nach dem Willen des Verres die Hauptperson, wenn es sich darum handelte, über das Vermögen der Landwirte herzufallen und es zu plündern; seiner Skrupellosigkeit, Niedertracht und Grausamkeit waren unter der Prätur des Verres – das müßt ihr wissen, ihr Richter – die treuesten Bundesgenossen und die anständigsten Bürger ausgeliefert und preisgegeben auf Grund neuer Verordnungen und Erlasse, da das ganze Hieronische Gesetz, wie ich schon vorher gesagt habe, verworfen und abgeschafft worden war.

(25) Zuerst hört euch diesen prächtigen Erlaß an, ihr Richter: So viel an Zehntem der Zehntpächter dem Landwirt als Ablieferungssoll angegeben habe, so viel sei der Landwirt dem Zehntpächter abzuliefern verpflichtet. Wie? So viel wie Apronius fordert, sollst du abliefern. Was ist das für eine Bestimmung? Die Verfügung eines Prätors für Bundesgenossen oder der Erlaß und der Machtspruch eines wahnsinnigen Tyrannen gegen besiegte Feinde? Ich[25] soll ebensoviel abliefern, wie er verlangt? Er wird alles verlangen, was ich erwirtschafte. Was heißt alles? sagt Verres: sogar noch mehr, wenn er will. Und was dann? Wie stellst du dir das vor? Du wirst entweder abliefern oder man wird dich verurteilen, weil du gegen den Erlaß verstoßen hast. Bei den unsterblichen Göttern, was ist das? Das kann doch wohl nicht wahr sein.

mihi persuadeo, iudices, tametsi omnia in istum hominem convenire putetis, tamen hoc vobis falsum videri. Ego enim, cum hoc tota Sicilia diceret, tamen adfirmare non auderem, si haec edicta non ex ipsius tabulis totidem verbis recitare possem, sicuti faciam. Da, quaeso, scribae, recitet ex codice professionem. Recita. EDICTUM DE PROFESSIONE. Negat me recitare totum; nam id significare nutu videtur. Quid praetereo? an illud, ubi caves tamen Siculis et miseros respicis aratores? dicis enim te in decumanum, si plus abstulerit quam debitum sit, in octuplum iudicium daturum. Nihil mihi placet praetermitti; recita hoc quoque quod postulat totum. Recita. EDICTUM DE IUDICIO IN OCTUPLUM. Iudicio ut arator decumanum persequatur? Miserum atque iniquum! Ex agro homines traducis in forum, ab aratro ad subsellia, ab usu rerum rusticarum ad insolitam litem atque iudicium? 11 (27) Cum omnibus in aliis vectigalibus, Asiae Macedoniae Hispaniae Galliae Africae Sardiniae, ipsius Italiae quae vectigalia sunt – cum in his, inquam, rebus omnibus publicanus petitor ac pignerator, non ereptor neque possessor soleat esse, tu de optimo, de iustissimo, de honestissimo genere hominum, hoc est de aratoribus, ea iura constituebas quae omnibus aliis essent contraria? Utrum est aequius, decumanum petere an aratorem repetere? iudicium integra re an perdita fieri? eum qui manu quaesierit, an eum qui digito sit licitus possidere? Quid? qui singulis iugis arant, qui ab opere ipsi non recedunt, – quo in

26

(26) Ich bin überzeugt, ihr Richter: auch wenn ihr glaubt, daß diesem Menschen alles zuzutrauen ist, so wird euch dies doch als unwahr erscheinen. Sogar ich würde nämlich, und wenn ganz Sizilien es behauptete, dem doch nicht beizupflichten wagen, wenn ich diese Erlasse nicht aus seinen eigenen Aufzeichnungen wortwörtlich vorlesen könnte, und das will ich jetzt tun. Gib sie bitte dem Schreiber;[26] er soll aus dem Amtsblatt den Erlaß über die Veranlagung[27] vorlesen. Lies vor. – (Erlaß über die Veranlagung.) – Er behauptet, ich ließe nicht das Ganze vorlesen; denn das scheint er durch sein Winken anzudeuten. Was übergehe ich denn? Etwa die Stelle, an der du ja doch die Sizilier absicherst und für die armen Landwirte eintrittst? Denn du bestimmst dort ja, du würdest gegen einen Zehntpächter, wenn er mehr eintreibe als geschuldet werde, eine Klage auf achtfache Geldbuße zulassen.[28] Ich möchte nicht, daß etwas ausgelassen wird; lies auch das, was er verlangt, vollständig vor. Lies vor. – (Erlaß über die Klage auf die achtfache Geldbuße.) – Also soll der Landwirt den Zehntpächter gerichtlich verfolgen? Eine beklagenswerte und ungerechte Zumutung! Vom Felde lenkst du die Leute zum Markt, vom Pflug zu den Richterbänken, von der gewohnten Feldarbeit zum ungewohnten Streit vor Gericht. 11 (27) Während in allen anderen Steuergebieten, in Asien, Makedonien, Spanien, Gallien, Afrika, Sardinien und selbst in Italien, soweit es dort steuerpflichtige Gebiete gibt, während in allen diesen Fällen, sage ich, der Steuerpächter nur Forderungsberechtigter und Pfandinhaber, nicht Räuber und Besitzer zu sein pflegt, hast du für die tüchtigste, die rechtschaffenste, die anständigste Menschengruppe, das heißt für die Landwirte, solche Rechtsbestimmungen erlassen, die allen anderen widersprechen.[29] Was ist gerechter: daß der Zehntpächter klagt oder der Landwirt auf Rückgabe klagt? Daß das Urteil gefällt wird, wenn das Streitobjekt noch unangetastet[30] oder wenn es schon verloren ist? Daß *der* Besitzer der Sache ist, der sie durch seiner Hände Arbeit erworben, oder der, der mit gehobenem Finger sein Gebot abgegeben hat? Wie? Die nur mit *einem* Gespann pflügen, die selbst nie

numero magnus ante te praetorem numerus ac magna multitudo Siculorum fuit, – quid facient cum dederint Apronio quod poposcerit? relinquent arationes, relinquent Larem familiarem suum? venient Syracusas, ut te praetore videlicet aequo iure Apronium, delicias ac vitam tuam, iudicio recuperatorio persequantur? (28) Verum esto: reperietur aliqui fortis et experiens arator, qui, cum tantum dederit decumano quantum ille deberi dixerit, iudicio repetat et poenam octupli persequatur: exspecto vim edicti, severitatem praetoris: faveo aratori, cupio octupli damnari Apronium. Quid tandem postulat arator? nihil nisi ex edicto iudicium in octuplum. Quid Apronius? non recusat. Quid praetor? iubet recuperatores reicere. 'Decurias scribamus.' Quas decurias? 'de cohorte mea reicies,' inquit. 'Quid? ista cohors quorum hominum est?' Volusi haruspicis et Corneli medici et horum canum quos tribunal meum vides lambere; nam de conventu nullum umquam iudicem nec recuperatorem dedit; iniquos decumanis aiebat omnis esse qui ullam agri glebam possiderent. Veniendum erat ad eos contra Apronium qui nondum Aproniani convivi crapulam exhalassent. **12** O praeclarum et commemorandum iudicium! o severum edictum! o tutum perfugium aratorum!

(29) Atque ut intellegatis cuius modi ista iudicia in octuplum, cuius modi istius de cohorte recuperatores existimati sint, sic attendite. Ecquem putatis decumanum, hac licentia permissa

von ihrer Arbeit weggehen, wozu vor deiner Prätur eine große Zahl und eine große Menge Sizilier gehörte,[31] was sollen sie tun, wenn sie dem Apronius gegeben haben, was er verlangt hat? Sollen sie das Ackerland, sollen sie ihren heimischen Herd verlassen? Sollen sie nach Syrakus kommen, um vor dir als Prätor – natürlich nach Recht und Billigkeit – den Apronius, deinen Liebling und Lebensinhalt, mit einer Klage auf Wiedergutmachung zu belangen? (28) Allein dem sei so! Es finde sich ein entschlossener und wagemutiger Landwirt, der, wenn er dem Zehntpächter so viel abgeliefert, wie der als ihm geschuldet angegeben hat, vor Gericht auf Rückerstattung klagt und die achtfache Strafsumme beantragt: da bin ich gespannt auf die Wirksamkeit des Erlasses, auf die Strenge des Prätors; meine Sympathie gilt dem Landwirt, ich wünsche, daß Apronius zu achtfachem Ersatz verurteilt wird. Was verlangt denn der Landwirt eigentlich? Nichts als wie der Erlaß es vorsieht: ein Urteil auf achtfachen Ersatz. Was tut Apronius? Er weigert sich nicht. Was der Prätor? Er befiehlt, die Richter auszuwählen.[32] »Wir wollen die Richterabteilungen aufschreiben.« – »Was für Abteilungen? Du magst aus meinem Gefolge auswählen«, sagt Verres. »Wie? Aus was für Leuten besteht dein Gefolge?« – »Aus dem Opferschauer Volusius und dem Arzt Cornelius und diesen Hunden da,[33] die du an meinem Richterstuhle lecken siehst«; denn aus der Bezirksversammlung[34] hat er niemals einen Richter oder Schiedsmann bestellt. Er sagte, gegenüber den Zehntpächtern seien alle voreingenommen, die auch nur eine Scholle Ackerlandes besäßen. Man mußte sich gegen Apronius an Leute wenden, deren Kater vom Gastmahl des Apronius noch nicht verflogen war. 12 Was für ein prächtiges und denkwürdiges Gericht! Welch strenger Erlaß! Welch sichere Zuflucht der Landwirte!

(29) Und damit ihr erkennt, wie man diese Klagen auf den achtfachen Ersatz, wie man die Schiedsmänner aus seinem Gefolge beurteilt hat, richtet eure Aufmerksamkeit auf folgendes! Glaubt ihr wohl, daß ein Zehntpächter, dem die unbeschränkte Erlaubnis eingeräumt war, dem Landwirt

ut tantum ab aratore quantum poposcisset auferret, plus quam deberetur poposcisse? Considerate cum vestris animis vosmet ipsi ecquem putetis, praesertim cum id non solum avaritia sed etiam imprudentia accidere potuerit. Multos necesse est. At ego omnis dico plus, ac multo plus, quam decumam abstulisse. Cedo mihi unum ex triennio praeturae tuae qui octupli damnatus sit. Damnatus? immo vero in quem iudicium ex edicto tuo postulatum sit. Nemo erat videlicet aratorum qui iniuriam sibi factam queri posset, nemo decumanorum qui grano amplius sibi quam deberetur deberi professus esset. Immo vero contra rapiebat et asportabat quantum a quoque volebat Apronius, omnibus autem locis aratores spoliati ac vexati querebantur; neque tamen ullum iudicium reperietur. (30) Quid est hoc? Tot viri fortes honesti gratiosi, tot Siculi, tot equites Romani, ab homine nequissimo ac turpissimo laesi poenam octupli sine ulla dubitatione commissam non persequebantur? Quae causa, quae ratio est? una illa, iudices, quam videtis, quod ultro etiam inlusos se et inrisos ab iudicio discessuros videbant. Etenim quod esset iudicium, cum ex Verris turpissimo flagitiosissimoque comitatu tres recuperatorum nomine adsedissent adseculae istius, non a patre ei traditi sed a meretricula commendati? (31) Ageret videlicet causam arator; nihil sibi frumenti ab Apronio relictum, bona sua etiam direpta, se pulsatum verberatumque diceret; conferrent viri boni capita, de comissatione loquerentur inter se ac de mulierculis, si quas a praetore

soviel abzunehmen, wie er verlangte, mehr verlangt hat, als ihm zustand? Überlegt selbst, ob ihr das von jemandem glauben könnt, zumal da es nicht nur aus Habgier, sondern auch aus Versehen geschehen konnte. Notwenig muß es bei vielen der Fall gewesen sein. Doch ich behaupte, daß alle mehr, und viel mehr als den Zehnten genommen haben. Nenne mir einen einzigen aus den drei Jahren deiner Prätur, der zur achtfachen Geldstrafe verurteilt worden ist. Verurteilt? Nein, vielmehr einen, gegen den gemäß deinem Erlaß eine gerichtliche Klage erhoben worden ist. Freilich, unter den Landwirten gab es offenbar niemand, der sich hätte beschweren können, ihm sei Unrecht geschehen, unter den Zehntpächtern niemand, der erklärt hätte, man sei ihm auch nur ein Körnchen mehr schuldig, als man ihm wirklich schuldig war. Nein im Gegenteil: vielmehr raubte und nahm Apronius jedem weg, soviel er nur wollte, und überall beschwerten sich die ausgepländerten und gequälten Landwirte. Und doch wird sich kein Gerichtsverfahren nachweisen lassen. (30) Was hat das zu bedeuten? So viele tüchtige, angesehene und einflußreiche Männer, so viele Sizilier, so viele römische Ritter waren von dem nichtswürdigsten und schändlichsten Burschen geschädigt worden, und sie verklagten ihn nicht auf die ohne jeden Zweifel verwirkte Strafe des achtfachen Ersatzes? Was ist die Ursache, was der Grund? Der einzige, der euch einleuchtet, ihr Richter: sie sahen, daß sie noch obendrein verhöhnt und verlacht das Gericht verlassen würden. Denn was wäre das für ein Gericht gewesen, wenn aus dem verruchenen und schändlichen Gefolge des Verres drei angebliche Richter dagesessen hätten, seine Handlanger, die ihm nicht ein Vater hinterlassen,[35] sondern seine Buhldirne empfohlen hatte? (31) Natürlich: der Landwirt hätte seine Klage führen sollen; nichts von seinem Getreide habe Apronius ihm gelassen, seine Güter seien sogar geplündert, er selbst geschlagen und ausgepeischt worden, hätte er sagen sollen; da hätten die braven Männer ihre Köpfe zusammengesteckt, sie hätten sich über Trinkgelage unterhalten und über Frauenzimmer, die sie, wenn sie vom Prätor weggingen, abfangen könnten; es

31

abeuntis possent deprehendere; res agi videretur. Surrexisset
Apronius, nova dignitas publicani, non ut decumanus squa-
loris plenus ac pulveris, sed unguentis oblitus, vino vigiliisque
languidus; omnia primo motu ac spiritu suo vini unguenti
corporis odore complesset. Dixisset haec quae volgo dicere
solebat, non se decumas emisse, sed bona fortunasque aratorum, non se decumanum esse Apronium, sed Verrem
alterum dominum illorum ac tyrannum. Quae cum dixisset,
illi viri optimi de cohorte istius recuperatores non de absol-
vendo Apronio deliberarent, sed quaererent ecquo modo
petitorem ipsum Apronio condemnare possent.
13 (32) Hanc tu licentiam diripiendorum aratorum cum decumanis, hoc est cum Apronio permisisses, ut quantum vellet
posceret, quantum poposcisset auferret, hoc tibi defensionis
ad iudicium tuum comparabas, habuisse te edictum recuperatores daturum in octuplum? Si mehercule ex omni copia cón-
ventus Syracusani, splendidissimorum honestissimorumque
hominum, faceres potestatem aratori non modo reiciendi sed
etiam sumendi recuperatores, tamen hoc novum genus iniuriae ferre nemo posset, te, cum tuos omnis fructus publicano
tradidisses et rem de manibus amisisses, tum bona tua repetere ac persequi lite atque iudicio. (33) Cum vero verbo iudicium sit in edicto, re quidem vera tuorum comitum,
hominum nequissimorum, conlusio cum decumanis, sociis
tuis atque adeo procuratoribus, tamen audes ullius mentionem iudici facere? praesertim cum id non modo oratione mea

hätte so ausgesehen, als würde die Sache verhandelt. Da hätte sich Apronius erhoben, das neue Prachtstück von einem Steuerpächter, nicht wie ein Zehntpächter mit Schmutz und Staub bedeckt, sondern mit Salben beschmiert, von Wein und durchwachten Nächten erschlafft; alles hätte er bei seiner ersten Bewegung und seinem ersten Atemzug mit Wein-, Salben- und Körpergeruch erfüllt; er hätte behauptet, was er gewöhnlich zu behaupten pflegte: er habe nicht die Zehnten, sondern das Hab und Gut der Landwirte erstanden, er sei nicht der Zehntpächter Apronius, sondern ein zweiter Verres, der Herr und Gewalthaber über jene. Wenn er das gesagt hätte, würden die trefflichen Männer, die Richter aus seinem Gefolge, nicht mehr über die Freisprechung des Apronius beraten, sondern untersuchen, ob sie auf irgendeine Weise durch ihr Urteil den Kläger selbst dem Apronius in die Hände liefern könnten.

13 (32) Du hast den Zehntpächter, das heißt dem Apronius, freie Hand gelassen, die Landwirte auszuplündern, so daß er verlangen konnte, soviel er wollte, und wegnehmen, soviel er verlangt hatte: wolltest du dir da für deinen Prozeß die Rechtfertigung verschaffen, du habest öffentlich bekanntgegeben, daß du Richter für eine Klage auf achtfachen Ersatz bestellen werdest? Angenommen, beim Herkules, du hättest dem Landwirt das Recht eingeräumt, aus der gesamten Zahl der hochangesehenen und geachteten Mitglieder der Bezirksversammlung von Syrakus nicht nur Richter abzulehnen, sondern sogar auszuwählen:[36] dennoch hätte niemand dieses neuartige Unrecht ertragen können, daß du[37] erst deine gesamten Ernteerträge dem Steuerpächter ablieferst und deine Habe aus den Händen gibst und dann versuchst, dein Gut zurückzufordern und in einem Rechtsstreit wiederzuerlangen. (33) Freilich ist in deinem Erlaß von einem Gerichtsverfahren die Rede, doch in Wirklichkeit handelt es sich dabei um ein geheimes Zusammenspiel deiner Gefolgsleute, der nichtsnutzigsten Menschen, mit den Zehntpächtern, deinen Teilhabern oder vielmehr Bevollmächtigten – dennoch wagst du es, über irgendein Verfahren auch nur ein Wort zu verlieren? Denn noch dazu wird deine Rechtfertigung nicht nur

sed etiam re ipsa refellatur, quod in tantis incommodis aratorum iniuriisque decumanorum nullum ex isto praeclaro edicto non modo factum sed ne postulatum quidem iudicium invenitur.

(34) Erit tamen in aratores lenior quam videtur. Nam qui in decumanos octupli iudicium se daturum edixit, idem habuit in edicto se in aratorem in quadruplum daturum. Quis hunc audet dicere aratoribus infestum aut inimicum fuisse? quanto lenior est quam in publicanum! Edixit ut, quod decumanus edidisset sibi dari oportere, id ab aratore magistratus Siculus exigeret. Quid est reliqui iudici quod in aratorem dari possit? 'Non malum est', inquit, 'esse istam formidinem, ut, cum exactum sit ab aratore, tamen ne se commoveat reliquus metus iudici sit.' Si iudicio vis a me exigere, remove Siculum magistratum: si hanc vim adhibes, quid opus est iudicio? Quis porro erit quin malit decumanis tuis dare quod poposcerint, quam ab adseculis tuis quadruplo condemnari?

14 (35) Illa vero praeclara est clausula edicti, quod omnium controversiarum quae essent inter aratorem et decumanum, si uter velit, edicit se recuperatores daturum. Primum quae potest esse controversia, cum is qui petere debet aufert, et cum is non quantum debetur sed quantum commodum est aufert, ille autem unde ablatum est iudicio suum recuperare nullo modo potest? Deinde in hoc homo luteus etiam callidus

durch meine Ausführungen, sondern auch durch die Sache selbst entkräftet: trotz so vieler Fälle von Bedrückung der Landwirte und rechtswidriger Handlungen der Zehntpächter findet sich kein Verfahren, das gemäß diesem trefflichen Erlaß durchgeführt, ja auch nur beantragt worden wäre.

(34) Doch er mag vielleicht gegen die Landwirte milder sein, als es aussieht. Denn derselbe Mann, der in seinem Erlaß ankündigte, er werde gegen die Zehntpächter eine Klage auf achtfachen Wertersatz zulassen, hatte in seinem Erlaß auch stehen, er werde gegen den Landwirt nur eine Klage auf vierfachen Ersatz zulassen. Wer wagt da zu behaupten, er sei gegen die Landwirte gehässig und feindselig gewesen? Wie viel milder ist er doch gegen sie als gegen die Steuerpächter! Er ordnete an, was der Zehntpächter als das ihm zustehende Ablieferungssoll angebe, das solle die sizilische Behörde vom Landwirt eintreiben. Wo bleibt da noch Raum für ein Gerichtsverfahren, das gegen den Landwirt eingeleitet werden könnte? »Es ist nicht übel«, sagt Verres, »daß diese Androhung besteht: wenn die Forderung beim Landwirt eingetrieben ist, dann soll trotzdem noch die Angst vor dem Gerichtsverfahren bleiben, damit er sich nicht rührt.« Wenn du kraft eines Urteils die Forderung bei mir eintreiben willst, dann laß die sizilische Behörde beiseite; wenn du dieses Zwangsmittel anwendest, was bedarf es da eines Gerichtsverfahrens? Wen wird es fernerhin geben, der nicht lieber deinen Zehntpächtern gibt, was sie fordern, als sich von deinen Helfershelfern zum vierfachen Ersatz verurteilen lassen?

14 (35) Herrlich ist gar jener Schluß des Erlasses, in dem er erklärt, er werde für alle Streitigkeiten, die zwischen dem Landwirt und dem Zehntpächter entstünden, Richter bestellen, wenn einer von beiden es wünsche. Was für einen Rechtsstreit kann es erstens geben, wenn *der*, der klagen müßte, einfach wegnimmt und wenn er nicht *so* viel wegnimmt, wie ihm zusteht, sondern *so* viel, wie ihm paßt, *der* aber, dem man weggenommen hat, auf keine Weise durch ein Gerichtsverfahren sein Eigentum wiedererlangen kann? Sodann will dieser schmutzige Bursche auch insofern noch

ac veterator esse vult, quod ita scribit, SI UTER VOLET, RECU-
PERATORES DABO. Quam lepide se furari putat! Utrique facit
potestatem, sed utrum ita scripserit, 'si uter volet' an 'si decumanus volet', nihil interest; arator enim tuos istos recuperatores numquam volet.

(36) Quid? illa cuius modi sunt quae ex tempore ab Apronio
admonitus edixit? Q. Septicio, honestissimo equite Romano,
resistente Apronio et adfirmante se plus decuma non
daturum, exoritur peculiare edictum repentinum, ne quis frumentum de area tolleret antequam cum decumano pactus
esset. Ferebat hanc quoque iniquitatem Septicius et imbri frumentum corrumpi in area patiebatur, cum illud edictum
repente uberrimum et quaestuosissimum nascitur, ut ante
Kalendas Sextilis omnis decumas ad aquam deportatas habe-
rent. (37) Hoc edicto non Siculi, nam eos quidem superioribus edictis satis perdiderat atque adflixerat, sed isti ipsi equites Romani qui suum ius retinere se contra Apronium posse
erant arbitrati, splendidi homines et aliis praetoribus gratiosi,
vincti Apronio traditi sunt. Attendite enim cuius modi edicta
sint. NE TOLLAT, inquit, EX AREA, NISI ERIT PACTUS. Satis
haec magna vis est ad inique paciscendum; malo enim plus
dare quam non mature ex area tollere. At ista vis Septicium et
non nullos Septici similis non coercet, qui ita dicunt, 'Non
tollam potius quam paciscar.' His hoc opponitur, 'Deportatum habeas ante Kalendas Sextilis.' Deportabo igitur. 'Nisi
pactus eris, non commovebis.' Sic deportandi dies praestituta

schlau und gerissen sein, daß er schreibt: »Wenn einer von beiden es wünscht, werde ich Richter bestellen.« Wie geschickt er da seine Gaunerei zu verbergen meint! Beiden gibt er die Möglichkeit; aber ob er schreibt »wenn einer von beiden es wünscht« oder »wenn der Zehntpächter es wünscht«, macht keinen Unterschied; denn der Landwirt wird jene Richter deiner Wahl[38] niemals wünschen.

(36) Ferner, frage ich, was sind das für Verordnungen, die er je nach den Umständen oder das dringende Ersuchen des Apronius erlassen hat? Q. Septicius, ein sehr ehrenhafter römischer Ritter, widersetzte sich dem Apronius und versicherte, er werde nicht mehr als den Zehnten geben; da taucht plötzlich ein Sondererlaß auf: niemand solle das Getreide von der Tenne fortschaffen, bevor er sich mit dem Zehntpächter geeinigt habe.[39] Auch dieses Unrecht nahm Septicius hin und ließ es zu, daß sein Getreide auf der Tenne durch den Regen verdarb,[40] als plötzlich diese höchst einträgliche und gewinnbringende Verordnung das Licht der Welt erblickte: alle sollten vor dem 1. Sextilis[41] den Zehnten an die Küste gebracht haben.[42] (37) Durch diese Verordnung wurden nicht die Sizilier – denn die hatte er schon durch seine früheren Verordnungen zur Genüge zugrunde gerichtet und schwer getroffen –, sondern eben jene römischen Ritter, die geglaubt hatten, sie könnten ihr Recht gegen Apronius behaupten, angesehene und bei den anderen Prätoren einflußreiche Leute, dem Apronius gefesselt ausgeliefert. Denn beachtet, wie die Verordnungen lauten. »Er darf nichts von der Tenne wegschaffen«, heißt es, »bevor er nicht abgeschlossen hat.« Das ist schon ein hinreichend starkes Druckmittel für einen ungerechten Vertragsabschluß; denn lieber will ich mehr abliefern als das Getreide nicht rechtzeitig von der Tenne wegschaffen. Doch dieses Druckmittel macht auf Septicius und einige andere seinesgleichen keinen Eindruck, sie sagen so: »Ich schaffe lieber nichts weg, als daß ich abschließe.« Diesen Leuten entgegnet man: »Du mußt vor dem 1. Sextilis geliefert haben.« Dann werde ich also liefern. »Bevor du nicht abgeschlossen hast, wirst du nichts anrühren.« So zwang sie der

tollere cogebat ex area: prohibitio tollendi, nisi pactus esset, vim adhibebat pactioni, non voluntatem.

15 (38) Iam vero illud non solum contra legem Hieronicam nec solum contra consuetudinem superiorum, sed etiam contra omnia iura Siculorum, quae habent a senatu populoque Romano, ne quis extra suum forum vadimonium promittere cogatur. Statuit iste ut arator decumano quo vellet decumanus vadimonium promitteret, ut hic quoque Apronio, cum ex Leontino usque Lilybaeum aliquem vadaretur, ex miseris aratoribus calumniandi quaestus accederet. Quamquam illa fuit ad calumniam singulari consilio reperta ratio, quod edixerat ut aratores iugera sationum suarum profiterentur. Quae res cum ad pactiones iniquissimas magnam vim habuit, sicut ostendam, neque ad ullam utilitatem rei publicae pertinuit, tum vero ad calumnias, in quas omnes inciderent quos vellet Apronius. (39) Ut enim quisque contra voluntatem eius dixerat, ita in eum iudicium de professione iugerum postulabatur, cuius iudici metu magnus a multis frumenti numerus ablatus magnaeque pecuniae coactae sunt; non quo iugerum numerum vere profiteri esset difficile aut amplius etiam profiteri, quid enim in eo periculi esse posset? sed causa erat iudici

für die Lieferung festgesetzte Termin, das Getreide von der
Tenne wegzuschaffen; das Verbot, es vor dem Vertragsabschluß wegzuschaffen, machte den Abschluß zu einem
erzwungenen, nicht zu einem freiwilligen Akt.

15 (38) Und nun erst das Folgende! Es verstößt nicht nur
gegen das Hieronische Gesetz und nicht nur gegen die
Gewohnheit der Vorgänger, sondern auch gegen alle Rechte
der Sizilier, die sie vom Senat und vom römischen Volke
erhalten haben; danach darf niemand gezwungen werden,
sich außerhalb seines Gerichtsbezirkes zu einem Termin zu
stellen.[43] Verres aber hat bestimmt, daß sich der Landwirt
dem Zehntpächter dort zu stellen habe, wo es der Zehntpächter wünsche, und so fiel dem Apronius obendrein auch noch
diese gewinnbringende Möglichkeit zur Schikane gegen die
armen Landwirte zu, daß er jemanden aus dem Leontinischen
bis nach Lilybaeum vor Gericht laden konnte.[44] Indes war
auch das ein mit einzigartiger Raffinesse ausgedachtes Mittel
der Schikane, daß er angeordnet hatte, die Landwirte sollten
die Zahl der Morgen ihrer bestellten Felder angeben.[45] Dies
war, wie ich noch zeigen werde,[46] nicht nur ein höchst wirk-
sames Mittel, die ungerechtesten Vertragsabschlüsse zu er-
zwingen, ohne daß dies dem Staate irgendwelchen Nutzen
brachte, sondern auch für Schikanen, denen alle zum Opfer
fielen, auf die Apronius es abgesehen hatte. (39) Sooft nämlich jemand etwas gesagt hatte, was seinen Wünschen widersprach, wurde gegen ihn ein Verfahren wegen der Angabe der
Morgenzahl beantragt, und die Furcht vor diesem Verfahren
war die Ursache dafür, daß man vielen eine große Menge
Getreide abnahm und große Geldbeträge eintrieb – nicht
etwa, weil es schwierig gewesen wäre, die Zahl der Morgen
wahrheitsgemäß anzugeben oder sogar noch mehr anzugeben
(denn was für eine Gefahr hätte darin liegen können?); vielmehr fand sich so ein Vorwand, ein Verfahren zu beantragen,
weil jemand nicht gemäß dem Erlaß seine Angaben gemacht
habe. Und was für ein Verfahren das unter diesem Prätor war,
darüber müßt ihr euch im klaren sein, wenn ihr euch erinnert,
welcher Art sein Gefolge und seine Begleitung war. Was also

postulandi quod ex edicto professus non esset. Iudicium autem quod fuerit isto praetore, si quae cohors et qui comitatus fuerit meministis, scire debetis. Quid igitur est quod ex hac iniquitate novorum edictorum intellegi velim, iudices? Iniuriamne factam sociis? at videtis. Auctoritatem superiorum repudiatam? non audebit negare. Tantum Apronium isto praetore potuisse? confiteatur necesse est. **16** (40) Sed vos fortasse, quod vos lex commonet, id in hoc loco quaeretis, num quas ex hisce rebus pecunias ceperit. Docebo cepisse maximas, omnisque eas iniquitates de quibus antea dixi sui quaestus causa constituisse vincam, si prius illud propugnaculum quo contra omnis meos impetus usurum se putat ex defensione eius deiecero.

'Magno,' inquit, 'decumas vendidi.' Quid ais? an tu decumas, homo audacissime atque amentissime, vendidisti? Tu partis eas quas te senatus populusque Romanus voluit, an fructus integros atque adeo bona fortunasque aratorum omnis vendidisti? Si palam praeco iussu tuo praedicasset non decumas frumenti sed dimidias venire partis, et ita emptores accessissent ut ad dimidias partis emendas, si pluris vendidisses tu dimidias quam ceteri decumas, cuinam mirum videretur? Quid? si praeco decumas pronuntiavit, re vera, – hoc est lege, edicto, condicione, – plus etiam quam dimidiae venierunt, tamen hoc tibi praeclarum putabis, te pluris quod non licebat quam ceteros quod oportebat vendidisse? (41) Pluris decumas vendidisti quam ceteri. Quibus rebus id adsecutus es? innocentia? Aspice aedem Castoris; deinde, si audes, fac mentionem innocentiae. Diligentia? Codicis lituras tui contemplare

ist es, ihr Richter, das ich euch an der Unbilligkeit seiner neuartigen Erlasse klarmachen will? Daß den Bundesgenossen Unrecht geschehen sei? Aber das seht ihr ja. Daß er das Beispiel der Vorgänger mißachtet habe? Er wird nicht wagen, das abzustreiten. Daß ein Apronius unter diesem Prätor so viel Macht gehabt habe? Das muß er zugeben. **16** (40) Aber vielleicht fragt ihr an dieser Stelle, woran euch das Gesetz[47] erinnert: ob Verres sich durch diese Machenschaften Geld angeeignet habe. Ich werde zeigen, daß er sich sehr große Geldbeträge angeeignet hat, und überzeugend dartun, daß er alle ungerechten Bestimmungen, über die ich soeben gesprochen habe, aus Gewinnsucht erlassen hat; doch vorher will ich noch *die* Schutzmauer aus seiner Verteidigung herausbrechen, die er gegen alle meine Angriffe benutzen zu können glaubt.

»Ich habe den Zehnten«, versichert er, »hoch verpachtet.« Was sagst du da? Den Zehnten hast du verpachtet, du frecher und wahnsinniger Mensch? Hast du den Teil verpachtet, den du nach dem Willen des Senates und des römischen Volkes verpachten solltest, oder nicht vielmehr den gesamten Fruchtertrag und sogar das ganze Hab und Gut der Landwirte? Hätte der Ausrufer auf deinen Befehl öffentlich verkündet, nicht der zehnte Teil des Getreides, sondern die Hälfte solle verpachtet werden, und wären dementsprechend die Pächter erschienen, um die Hälfte zu pachten: wenn du dann die Hälfte höher verpachtet hättest als die anderen den Zehnten, wäre das jemandem verwunderlich erschienen? Wie? Wenn der Ausrufer den Zehnten ausbot, in Wirklichkeit aber, das heißt nach dem Vertrag, dem Erlaß, den Bedingungen, sogar mehr als die Hälfte verpachtet wurde, willst du dir es dennoch zum Verdienst anrechnen, daß du eine nicht erlaubte Menge höher verpachtet hast als all die anderen die erlaubte? (41) Du hast den Zehnten höher verpachtet als die anderen. Wodurch hast du das erreicht? Durch Uneigennützigkeit? Blicke auf den Tempel des Kastor;[48] dann sprich noch, wenn du es wagst, von Uneigennützigkeit. Durch Gewissenhaftigkeit? Betrachte die Streichungen in deinem

in Stheni Thermitani nomine; deinde aude te dicere diligentem. Ingenio? Qui testis interrogare priore actione nolueris et iis tacitus os tuum praebere malueris, quamvis et te et patronos tuos ingeniosos esse dicito. Quare igitur id quod ais adsecutus es? Magna est laus si superiores consilio vicisti, posterioribus exemplum atque auctoritatem reliquisti. Tibi fortasse idoneus fuit nemo quem imitarere; at te videlicet inventorem rerum optimarum ac principem imitabuntur omnes. (42) Quis arator te praetore decumam dedit? quis duas? quis non maximo se adfectum beneficio putavit cum tribus decumis pro una defungeretur, praeter paucos qui propter societatem furtorum tuorum nihil omnino dederunt? Vide inter importunitatem tuam senatusque bonitatem quid intersit. Senatus cum temporibus rei publicae cogitur ut decernat ut alterae decumae exigantur, ita decernit ut pro his decumis pecunia solvatur aratoribus, ut, quod plus sumitur quam debetur, id emi non auferri putetur: tu cum tot decumas non senatus consulto, sed novis edictis tuis nefariisque institutis exigeres et eriperes, magnum te fecisse arbitrare si pluris vendideris quam L. Hortensius, pater istius Q. Hortensi, quam Cn. Pompeius, quam C. Marcellus, qui ab aequitate, ab lege, ab institutis non recesserunt?

(43) An tibi unius anni aut bienni ratio fuit habenda, salus provinciae, commoda rei frumentariae, ratio rei publicae in posteritatem fuit neglegenda? Cum rem ita constitutam acce-

Protokollheft bei dem Namen des Sthenius aus Thermai;[49] wage es dann noch, dich gewissenhaft zu nennen. Durch Klugheit? Du wolltest in der ersten Verhandlung die Zeugen nicht befragen und zogst es vor, ihnen schweigend die Stirn zu bieten; da magst du noch so sehr behaupten, du und deine Anwälte seien klug. Wodurch hast du das, was du sagst, erreicht? Denn es ist ja ein großer Verdienst, wenn du deine Vorgänger durch kluge Einfälle übertroffen, deinen Nachfolgern ein Beispiel und Vorbild hinterlassen hast. Es gab vermutlich für dich niemand, der geeignet gewesen wäre, ihn nachzuahmen; aber dich, den Erfinder und Begründer der vorzüglichsten Dinge, werden natürlich alle nachahmen. (42) Welcher Landwirt hat, als du Prätor warst, nur ein Zehntel abgeliefert, wer nur zwei Zehntel? Wer glaubte nicht, ihm sei die größte Wohltat widerfahren, wenn er mit drei Zehnteln statt einem davonkam, ausgenommen die wenigen, die wegen der Beteiligung an deinen Diebstählen überhaupt nichts ablieferten? Siehe, welcher Unterschied zwischen deiner Rücksichtslosigkeit und der Großzügigkeit des Senats besteht. Wenn der Senat durch die politischen Verhältnisse zu dem Beschluß gezwungen wird, einen zweiten Zehnten zu fordern, dann faßt er diesen Beschluß mit der Anweisung, daß man den Landwirten für diesen Zehnten ein Entgelt zahle, damit das, was mehr eingezogen wird als wozu man verpflichtet ist, als gekauft, nicht als weggenommen gelte.[50] Du aber hast so viele Zehnte nicht auf Senatsbeschluß, sondern kraft deiner neuartigen Erlasse und gemeinen Anweisungen gefordert und geraubt, und da glaubst du, Großes vollbracht zu haben, wenn du für einen höheren Erlös die Pacht vergeben hast als L. Hortensius, der Vater dieses Q. Hortensius[51] hier, als Cn. Pompeius[52], als C. Marcellus[53], die nicht von der Gerechtigkeit, vom Gesetz, vom Herkommen abgewichen sind?

(43) Hattest du etwa nur ein oder zwei Jahre in Betracht zu ziehen, und durftest du darüber das Wohl der Provinz, die Belange des Getreidebaus, den Nutzen des Staates für die Zukunft außer acht lassen? Du hattest geordnete Verhältnisse

pisses ut et populo Romano satis frumenti ex Sicilia suppeditaretur et aratoribus tamen arare atque agros colere expediret, quid effecisti, quid adsecutus es? Ut populo Romano nescio quid te praetore ad decumas accederet, deserendas arationes relinquendasque curasti. Successit tibi L. Metellus. Tu innocentior quam Metellus? tu laudis et honoris cupidior? Tibi enim consulatus quaerebatur, Metello paternus honos et avitus neglegebatur. Multo minoris vendidit non modo quam tu, sed etiam quam qui ante te vendiderunt. 17 Quaero, si ipse excogitare non potuerat quem ad modum quam plurimo venderet, ne tua quidem recentia proximi praetoris vestigia persequi poterat, ut tuis praeclaris abs te principe inventis et excogitatis edictis atque institutis uteretur? (44) Ille vero tum se minime Metellum fore putavit si te ulla in re imitatus esset; qui ab urbe Roma, quod nemo umquam post hominum memoriam fecit, cum sibi in provinciam proficiscendum putaret, litteras ad Siciliae civitates miserit, per quas hortatur et rogat ut arent, ut serant. In beneficio praetor hoc petit aliquanto ante adventum suum et simul ostendit se lege Hieronica venditurum, hoc est in omni ratione decumarum nihil istius simile facturum. Atque haec non cupiditate aliqua scribit inductus ut in alienam provinciam mittat litteras ante tempus, sed consilio, ne, si tempus sationis praeterisset, granum ex provincia Sicilia nullum haberemus. (45) Cognoscite Metelli litteras. Recita. EPISTULA L. METELLI.
18 Hae litterae, iudices, L. Metelli, quas audistis, hoc quan-

übernommen, bei denen einerseits dem römischen Volk genug Getreide aus Sizilien geliefert wurde und es sich andererseits doch für die Landwirte lohnte, Ackerbau zu treiben und die Felder zu bestellen; doch was hast du zuwege gebracht, was hast du erreicht? Damit für das römische Volk unter deiner Prätur der Zehnte um ein geringes höher ausfalle, hast du es geschafft, daß man den Ackerbau aufgab und einstellte. Dein Nachfolger war L. Metellus. Du bist uneigennütziger als Metellus, du mehr auf Ruhm und Ehre versessen? Du suchtest ja das Konsulat zu erlangen; doch dem Metellus galt die Ehre des Vaters und Großvaters nichts.[54] Er hat den Zehnten für einen viel geringeren Erlös verpachtet – nicht nur als du, sondern auch als diejenigen, die ihn vor dir verpachtet haben. 17 Ich frage: wenn er von selbst sich nichts ausdenken konnte, ihn möglichst hoch zu verpachten, vermochte er da nicht wenigstens deinen, des vorigen Prätors, frischen Spuren zu folgen und deine trefflichen, von dir als erstem erfundenen und ausgeheckten Erlasse und Anordnungen anzuwenden? (44) Doch er glaubte, er würde dann am allerwenigsten ein Meteller sein, wenn er dich in irgendeiner Hinsicht nachgeahmt hätte; als er in die Provinz abzureisen beabsichtigte, da schickte er von Rom aus (und das hat seit Menschengedenken niemand jemals getan) Briefe an die sizilischen Gemeinden, in denen er sie ermahnte und bat, doch die Äcker zu bestellen, doch die Aussaat vorzunehmen. Dies bittet sich der Prätor einige Zeit vor seiner Ankunft als Gefälligkeit aus, und zugleich stellt er in Aussicht, daß er die Verpachtung nach dem Hieronischen Gesetz durchführen, das heißt bei allem, was mit dem Zehnten zu tun habe, nichts wie Verres tun wolle. Und dies schreibt er nicht, weil er sich irgendwie von dem Verlangen leiten ließ, vor der Zeit in die Provinz eines anderen Briefe zu schicken, sondern aus der Überlegung heraus, wir möchten kein Körnchen Getreide aus der Provinz Sizilien erhalten, wenn die Zeit der Aussaat verstrichen sei. (45) Nehmt das Schreiben des Metellus zur Kenntnis. Lies vor. – (Der Brief des L. Metellus.) –
18 Dieses Schreiben des L. Metellus, das ihr zur Kenntnis

tum est ex Sicilia frumenti hornotini exaraverunt: glebam commosset in agro decumano Siciliae nemo, si Metellus hanc epistulam non misisset. Quid? Metello divinitus hoc venit in mentem an ab Siculis, qui Romam frequentissimi convenerant, negotiatoribusque Siciliae doctus est? quorum quanti conventus ad Marcellos, antiquissimos Siciliae patronos, quanti ad Cn. Pompeium tum consulem designatum, ceterosque illius provinciae necessarios fieri soliti sint, quis ignorat? quod quidem, iudices, nullo umquam de homine factum est, ut absens accusaretur ab iis palam quorum in bona liberosque summum imperium potestatemque haberet. Tanta vis erat iniuriarum ut homines quidvis perpeti quam non de istius improbitate deplorare et conqueri mallent. (46) Quas litteras cum ad omnis civitates prope suppliciter misisset Metellus, tamen antiquum modum sationis nulla ex parte adsequi potuit; diffugerant enim permulti, id quod ostendam, nec solum arationes sed etiam sedes suas patrias istius iniuriis exagitati reliquerant.

Non mehercule augendi criminis causa, iudices, dicam, sed, quem ipse accepi oculis animoque sensum, hunc vere apud vos et, ut potero, planissime exponam. (47) Nam cum quadriennio post in Siciliam venissem, sic mihi adfecta visa est ut eae terrae solent in quibus bellum acerbum diuturnumque versatum est. Quos ego campos antea collisque nitidissimos viridissimosque vidissem, hos ita vastatos nunc ac desertos videbam ut ager ipse cultorem desiderare ac lugere dominum

genommen habt, ihr Richter, gibt uns den gesamten Ertrag des diesjährigen Getreides aus Sizilien an. Auf dem zehntpflichtigen Lande Siziliens hätte niemand auch nur eine Scholle angerührt, wenn Metellus diesen Brief nicht abgeschickt hätte. Nun frage ich euch: kam dem Metellus dies durch göttliche Eingebung in den Sinn, oder haben ihn die Sizilier, die in sehr großer Zahl nach Rom gekommen waren, und die sizilischen Kaufleute darauf hingewiesen? Denn wer wüßte nicht, wie häufig sich diese Leute bei den Marcellern, den ältesten Schutzherren Siziliens,[55] wie häufig bei Cn. Pompeius, der damals zum Konsul gewählt war, und den übrigen Gönnern dieser Provinz einzufinden pflegten? Denn das ist noch keinem Menschen jemals widerfahren, ihr Richter, daß er in Abwesenheit öffentlich von denen angeklagt wurde, über deren Vermögen und Kinder er die oberste Befehlsgewalt und Macht besaß. So drückend lasteten die ungerechten Maßnahmen des Verres auf den Leuten, daß sie lieber alles ertragen wollten, als sich nicht über seine Schamlosigkeit zu beklagen und zu beschweren. (46) Obwohl Metellus dieses in einem fast demütig flehenden Ton abgefaßte Schreiben an alle Gemeinden verschickt hatte, konnte er doch auf keine Weise mehr die ehemalige Größe der Saatfläche erreichen. Denn sehr viele Leute – wie ich noch zeigen werde – hatten sich davongemacht und, durch die Ungerechtigkeiten des Verres so weit getrieben, nicht nur die Feldbestellung, sondern auch ihre heimatlichen Wohnsitze aufgegeben.

Wahrhaftig, ihr Richter, ich spreche jetzt nicht so, um die Anklage zu verstärken: vielmehr will ich euch wahrheitsgemäß und so deutlich ich kann den Eindruck beschreiben, den mir meine eigenen Augen und Sinne vermittelt haben. (47) Denn als ich nach vier Jahren wieder nach Sizilien kam,[56] da schien es mir so angeschlagen zu sein, wie sonst die Länder, in denen ein grausamer und lang andauernder Krieg getobt hat. Die Fluren und Hügel, die ich vorher im glänzendsten Zustand und saftigsten Grün gesehen hatte, die sah ich jetzt so wüst und verödet, daß das Land selbst den Bauern

videretur. Herbitensis ager et Hennensis, Murgentinus, Assorinus, Imacharensis, Agyrinensis ita relictus erat ex maxima parte ut non solum iugorum sed etiam dominorum multitudinem quaereremus; Aetnensis vero ager, qui solebat esse cultissimus, et, quod caput est rei frumentariae, campus Leontinus, – cuius antea species haec erat ut, cum obsitum vidisses, annonae caritatem non vererere, – sic erat deformis atque horridus ut in uberrima Siciliae parte Siciliam quaereremus; labefactarat enim vehementer aratores iam superior annus, proximus vero funditus everterat. **19** (48) Tu mihi etiam audes mentionem facere decumarum? tu in tanta improbitate, in tanta acerbitate, in tot ac tantis iniuriis, cum in arationibus et in earum rerum iure provincia Sicilia consistat, eversis funditus aratoribus, relictis agris, cum in provincia tam locuplete ac referta non modo rem sed ne spem quidem ullam reliquam cuiquam feceris, aliquid te populare putabis habere cum dices te pluris quam ceteros decumas vendidisse? Quasi vero aut populus Romanus hoc voluerit aut senatus hoc tibi mandaverit, ut, cum omnis aratorum fortunas decumarum nomine eriperes, in posterum fructu illo commodoque rei frumentariae populum Romanum privares, deinde, si quam partem tuae praedae ad summam decumarum addidisses, bene de re publica, bene de populo Romano meritus viderere.

Atque perinde loquor quasi in eo sit iniquitas eius reprehendenda, quod propter gloriae cupiditatem, ut aliquos summa frumenti decumani vinceret, acerbiorem legem, duriora

zu vermissen und seinem Herrn nachzutrauern schien. Die Feldmark von Herbita, Henna, Murgantia, Assoros, Imachara und Agyrion war größtenteils so verödet, daß ich nicht nur nach der Zahl der Morgen, sondern auch der Eigentümer fragen mußte; die Feldmark von Ätna aber, die sonst sorgfältig bebaut war, und das Hauptgebiet für den Getreideanbau, die Ebene von Leontinoi,[57] die früher einen Anblick bot, daß man keine Verteuerung des Getreidepreises zu befürchten brauchte, wenn man sie bestellt sah, war so entstellt und verwildert, daß ich im fruchtbarsten Teile Siziliens Sizilien suchte. Denn schon das vorletzte Jahr hatte die Landwirte in eine schwierige Lage gebracht, doch das letzte hatte sie völlig zugrunde gerichtet. 19 (48) Du aber wagst es mir noch, über den Zehnten auch nur ein Wort zu verlieren? Du hast mit einer solchen Gewissenlosigkeit, mit einer solchen Rücksichtslosigkeit, mit so vielen und so schlimmen Verstößen gegen das Recht (und dabei beruht doch das Wohl der Provinz Sizilien auf der Landwirtschaft und der damit zusammenhängenden Rechtsordnung) die Landwirte völlig zugrunde gerichtet, so daß die Felder verödet sind; du hast in einer so reichen und begüterten Provinz niemandem einen Gegenstand, ja nicht einmal einige Hoffnung übriggelassen: da glaubst du noch, du werdest beim Volke auch nur etwas Beifall gewinnen, wenn du erklärst, daß du den Zehnten höher verpachtet hast als die anderen? Als ob das römische Volk dies gar gewollt oder der Senat dir dies aufgetragen hätte, du solltest den Landwirten um des Zehnten willen ihre gesamte Habe wegnehmen und für die Zukunft das römische Volk des Ertrages und des Vorteils der Getreideabgabe berauben; als ob es dann so aussähe, du hättest dich, wenn du einen Teil deiner Beute zu dem Ertrag aus dem Zehnten hinzufügtest, um den Staat, du hättest dich um das römische Volk wohlverdient gemacht.

Und hierüber spreche ich gerade so, als sei sein unbilliges Verhalten nur deshalb tadelnswert, weil er aus Ruhmsucht, um einige durch den Gesamtbetrag des Zehntgetreides zu übertreffen, ein zu scharfes Gesetz, zu harte Erlasse eingeführt

edicta interposuerit, omnium superiorum auctoritatem repudiarit. (49) Magno tu decumas vendidisti. Quid? si doceo te non minus domum tuam avertisse quam Romam misisse decumarum nomine, quid habet populare oratio tua, cum ex provincia populi Romani aequam partem tu tibi sumpseris ac populo Romano miseris? Quid? si duabus partibus doceo te amplius frumenti abstulisse quam populo Romano misisse, tamenne putamus patronum tuum in hoc crimine cerviculam iactaturum et populo se ac coronae daturum? Haec vos antea, iudices, audistis, verum fortasse ita audistis ut auctorem rumorem haberetis sermonemque omnium. Cognoscite nunc innumerabilem pecuniam frumentario nomine ereptam, ut simul illam quoque eius vocem improbam agnoscatis qui se uno quaestu decumarum omnia sua pericula redempturum esse dicebat.

20 (50) Audivimus hoc iam diu, iudices: nego quemquam esse vestrum quin saepe audierit socios istius fuisse decumanos. Nihil aliud arbitror falso in istum esse dictum ab iis qui male de isto existimarint, nisi hoc. Nam socii putandi sunt quos inter res communicata est: ego rem totam fortunasque aratorum omnis istius fuisse dico, Apronium Veneriosque servos, – quod isto praetore fuit novum genus publicanorum, – ceterosque decumanos procuratores istius quaestus et administros rapinarum fuisse dico. (51) 'Quo modo hoc doces?' Quo modo ex illa locatione columnarum docui istum esse praedatum: opinor, ex eo maxime quod iniquam legem novamque dixisset. Quis enim umquam conatus est iura

und sich über das Beispiel aller Vorgänger hinweggesetzt habe. (49) Du hast den Zehnten hoch verpachtet. Wie, wenn ich nachweise, daß du nicht weniger in dein Haus beiseite geschafft als unter dem Titel des Zehnten nach Rom geschickt hast? Wie kannst du noch von einem Verdienst um das Volk sprechen, wenn du aus einer Provinz des römischen Volkes ebensoviel für dich selbst genommen wie dem römischen Volk geschickt hast? Wie, wenn ich nachweise, daß du zweimal soviel Getreide weggenommen wie dem römischen Volke geschickt hast, sollen wir dann trotzdem glauben, daß dein Anwalt bei diesem Vorwurf den Nacken hochwerfen und sich vor der herumstehenden Volksmenge aufspielen wird? Ihr habt dies schon vorher gehört, ihr Richter, aber vielleicht habt ihr es so gehört, daß ihr nur das Gerücht und das allgemeine Gerede als Bürgen habt. Nehmt jetzt zur Kenntnis, daß unter dem Vorwand der Getreideabgabe unermeßlich viel Geld geraubt wurde; zugleich werdet ihr dann auch die gewissenlose Äußerung des Verres richtig einschätzen, der da gesagt hat, er könne sich allein durch seinen Gewinn am Zehnten von allen Gefahren loskaufen, die ihm drohten.
20 (50) Wir hören dies schon seit langem, ihr Richter: ich behaupte, es gibt niemand unter euch, der nicht oft vernommen hat, die Zehntpächter seien die Partner von Verres gewesen. Nun, ich glaube, dies ist die einzige falsche Aussage gegen ihn, die die Leute gemacht haben, die eine schlechte Meinung von ihm hatten. Denn für Partner darf man nur die halten, die miteinander gemeinsame Sache machen; ich aber behaupte, daß die ganze Habe und das gesamte Vermögen der Landwirte seiner Verfügungsgewalt unterlagen; ich behaupte, daß Apronius und die Venussklaven[58] – das war eine neue Art von Steuerpächtern, die unter diesem Prätor in Mode kam – sowie die übrigen Zehntpächter die Sachwalter seines Gewinnes und Helfershelfer seiner Raubzüge gewesen sind. (51) »Wie willst du das beweisen?« Wie ich bei jener Säulenvergabe seinen Raub bewiesen habe – ich meine, vor allem dadurch, daß er einen ungerechten und neuartigen Pachtvertrag vorgeschrieben hat.[59] Denn wer hat jemals ver-

51

omnia et consuetudinem omnium commutare cum vituperatione sine quaestu? Pergam atque insequar longius. Iniqua
lege vendebas, quo pluris venderes. Cur addictis iam et venditis decumis, cum iam ad summam decumarum nihil, ad tuum
quaestum multum posset accedere, subito atque ex tempore
nova nascebantur edicta? Nam ut vadimonium decumano,
quocumque is vellet, promitteretur, ut ex area, nisi pactus
esset, arator ne tolleret, ut ante Kalendas Sextilis decumas
deportatas haberet, haec omnia iam venditis decumis te edixisse dico; quae si rei publicae causa faceres, in vendundo
essent pronuntiata; quia tua causa faciebas, quod erat imprudentia praetermissum, id quaestu ac tempore admonitus
reprehendisti. (52) Illud vero cui probari potest, te sine tuo
quaestu, ac maximo quaestu, tantam tuam infamiam, tantum
capitis tui fortunarumque tuarum periculum neglexisse ut,
cum totius Siciliae cotidie gemitus querimoniasque audires,
cum, ut ipse dixisti, reum te fore putares, cum huiusce iudici
discrimen ab opinione tua non abhorreret, paterere tamen
aratores indignissimis iniuriis vexari ac diripi? Profecto,
quamquam es singulari crudelitate et audacia, tamen abs te
totam abalienari provinciam, tot homines honestissimos ac
locupletissimos tibi inimicissimos fieri nolles, nisi hanc rationem et cogitationem salutis tuae pecuniae cupiditas ac praesens illa praeda superaret. (53) Etenim quoniam summam ac
numerum iniuriarum vobis, iudices, non possum expromere,

sucht, alle Rechtsbestimmungen und das allgemein übliche Verfahren abzuändern, um Tadel zu erhalten und keinen Gewinn? Ich will fortfahren und die Sache weiter verfolgen. Du hast zu unbilligen Bedingungen versteigert, um einen höheren Erlös zu erzielen. Doch warum tauchten, als die Zehntabgaben bereits zugesprochen und verpachtet waren, als sich der Erlös aus dem Zehnten nicht mehr, wohl aber dein Gewinn um vieles steigern ließ, plötzlich und je nach den Umständen neue Erlasse auf? Denn daß man sich dem Zehntpächter gerichtlich zu stellen habe, wo immer dieser es wolle, daß der Landwirt nichts von der Tenne entfernen dürfe, bevor er abgeschlossen habe, daß er vor dem 1. Sextilis den Zehnten abgeführt haben müsse, dies alles hast du erst angeordnet, behaupte ich, als der Zehnte bereits verpachtet war.[60] Wenn du dies im Interesse des Staates getan hättest, so wäre es schon bei der Versteigerung bekanntgegeben worden; doch weil du es aus Eigennutz tatest, hast du das, was aus Versehen unterlassen war, nachgeholt, als dich dein Vorteil und die Gelegenheit darauf brachten. (52) Denn wem kann man glaubhaft machen, du habest ohne eigenen Gewinn, und zwar ohne sehr hohen Gewinn, über eine so große Schande, über eine so große Gefahr für deine Person und dein Vermögen hinweggesehen und zugelassen, daß man die Landwirte durch die empörendsten Übergriffe quälte und beraubte, obwohl du täglich die Klagen und Beschwerden ganz Siziliens hörtest, obwohl du, wie du selbst erklärtest, damit rechnetest, daß man dich anklagen werde, obwohl die Gefahr dieses Prozesses deiner Erwartung nicht fremd war? Wahrhaftig, so beispiellos deine Grausamkeit und Frechheit auch sind, so hättest du es doch wohl nicht gewünscht, daß die ganze Provinz dir abgeneigt, daß so viele hochangesehene und reiche Leute deine erbittertsten Feinde würden, hätten nicht Geldgier und die augenblickliche Aussicht auf Gewinn jeden vernünftigen Gedanken an deine Sicherheit überwogen. (53) Da ich euch das volle Ausmaß und die Zahl seiner Rechtsverletzungen nicht darlegen kann, ihr Richter, da es andererseits kein Ende nähme, wollte ich im einzelnen über das Leiden

singillatim autem de unius cuiusque incommodo dicere infinitum est, genera ipsa iniuriarum, quaeso, cognoscite.
21 Nympho est Centuripinus, homo gnavus et industrius, experientissimus ac diligentissimus arator. Is cum arationes magnas conductas haberet, quod homines etiam locupletes, sicut ille est, in Sicilia facere consuerunt, easque magna impensa magnoque instrumento tueretur, tanta ab isto iniquitate oppressus est ut non modo arationes relinqueret, sed etiam ex Sicilia profugeret Romamque una cum multis ab isto eiectis veniret. Fecit ut decumanus Nymphonem negaret ex edicto illo praeclaro, quod nullam ad aliam rem nisi ad huius modi quaestus pertinebat, numerum iugerum professum esse. (54) Nympho cum se vellet aequo iudicio defendere, dat iste viros optimos recuperatores, eundem illum medicum Cornelium, is est Artemidorus Pergaeus, qui in sua patria dux isti quondam et magister ad spoliandum Dianae templum fuit, et haruspicem Volusium et Valerium praeconem. Nympho antequam plane constitit condemnatur. Quanti fortasse quaeritis. Nulla erat edicti poena certa: frumenti eius omnis quod in areis esset. Sic Apronius decumanus non decumam debitam, non frumentum remotum atque celatum, sed tritici VII milia medimnum ex Nymphonis arationibus edicti poena, non redemptionis aliquo iure tollit.
22 (55) Xenonis Menaeni, nobilissimi hominis, uxoris fundus erat colono locatus; colonus, quod decumanorum iniurias ferre non poterat, ex agro profugerat. Verres in Xenonem iudicium dabat illud suum damnatorium de iugerum profes-

eines jeden sprechen, so nehmt bitte wenigstens einige typische Beispiele seiner ungerechten Handlungen zur Kenntnis.

21 In Centuripae[61] lebt Nymphon, ein tüchtiger und fleißiger Mann, ein sehr erfahrener und sehr gewissenhafter Landwirt. Der hatte große Teile staatlichen Landes gepachtet, was wohlhabende Leute wie er auch sonst in Sizilien zu tun pflegen, und hielt sie unter großen Kosten und mit vielen Geräten in gutem Zustand; Verres setzte ihn auf so ungerechte Weise unter Druck, daß er nicht nur seine Ländereien aufgab, sondern sogar aus Sizilien floh und sich zusammen mit vielen anderen, die Verres vertrieben hatte, nach Rom begab. Verres hatte nämlich den Zehntpächter zu der Behauptung veranlaßt, Nymphon habe nicht gemäß jenem herrlichen Erlaß, der auf nichts anderes als auf derartige Gewinne abzielte, die Zahl der Morgen angegeben. (54) Nymphon war gewillt, sich vor einem unparteiischen Gericht zu verteidigen; da bestellt Verres ihm grundanständige Männer zu Richtern: eben den Arzt Cornelius[62] (das ist jener Artemidoros aus Perge, der einst in seiner Vaterstadt bei der Ausplünderung des Dianatempels der Anführer und Lehrmeister des Verres gewesen war[63]) und den Opferschauer Volusius sowie den Ausrufer Valerius. Nymphon wird verurteilt, ehe der Sachverhalt richtig festgestellt war. Zu welchem Strafmaß, fragt ihr vielleicht. Im Erlaß war keine bestimmte Strafe vorgesehen –: zur Ablieferung des gesamten Getreides, das sich auf seinen Tennen befand. So beschlagnahmt denn der Zehntpächter Apronius nicht den geschuldeten Zehnten, nicht auf die Seite geschafftes und verheimlichtes Getreide, sondern 7000 Scheffel[64] Weizen aus den Ländereien des Nymphon, aufgrund der Strafandrohung des Erlasses, jedoch ohne jedes Recht aus dem Pachtvertrag.

22 (55) Ein Grundstück, das der Frau des Xenon aus Menai[65], eines Mannes von Adel, gehörte, war an einen Bauern verpachtet. Der Bauer war von dem Gute geflohen, weil er die Übergriffe der Zehntpächter nicht ertragen konnte. Verres bestellte gegen Xenon sein übliches Gericht, das diesen

sione. Xeno ad se pertinere negabat; fundum elocatum esse
dicebat. Dabat iste iudicium, SI PARERET IUGERA EIUS FUNDI
PLURA ESSE QUAM COLONUS ESSET PROFESSUS, tum uti Xeno
damnaretur. Dicebat ille non modo se non arasse, id quod
satis erat, sed nec dominum eius esse fundi nec locatorem;
uxoris esse; eam ipsam suum negotium gerere, ipsam loca-
visse. Defendebat Xenonem homo summo splendore et
summa auctoritate praeditus, M. Cossutius. Iste nihilo minus
iudicium HS IƆƆƆ dabat. Ille tametsi recuperatores de cohorte latronum sibi parari videbat, tamen iudicium se accep-
turum esse dicebat. Tum iste maxima voce Veneriis imperat,
ut Xeno audiret, dum res iudicetur hominem ut adservent;
cum iudicata sit, ad se ut adducant; et illud simul ait, se non
putare illum, si propter divitias poenam damnationis contem-
neret, etiam virgas contempturum. Hac ille vi et hoc metu
adductus tantum decumanis dedit quantum iste imperavit.
23 (56) Polemarchus est Murgentinus, vir bonus atque honestus. Ei cum pro iugeribus quinquaginta medimna DCC decumae imperarentur, quod recusabat, domum ad istum in ius
eductus est, et, cum iste etiam cubaret, in cubiculum intro-
ductus est, quod nisi mulieri et decumano patebat alii nemini.
Ibi cum pugnis et calcibus concisus esset, qui DCC medimnis
decidere noluisset, mille promisit. Eubulidas est Grospus
Centuripinus, homo cum virtute et nobilitate domi suae, tum
etiam pecunia princeps. Huic homini, iudices, honestissimae

wegen der Angabe der Morgen verurteilen sollte. Xenon erklärte, die Sache gehe ihn nichts an; das Grundstück, betonte er, sei verpachtet. Doch Verres bestellte ein Gericht mit der Anweisung, *wenn sich herausstelle, daß das Grundstück mehr Morgen umfasse, als der Bauer angegeben habe*, dann solle Xenon verurteilt werden. Der wies darauf hin, er habe es nicht nur nicht bewirtschaftet (was eigentlich schon hätte genügen müssen), sondern sei auch nicht Eigentümer und Verpächter des Grundstückes; es gehöre seiner Frau; die betreibe ihre Geschäfte selbst und habe es selbst verpachtet. Es verteidigte den Xenon M. Cossutius, ein Mann von größtem Ansehen und größtem Einfluß. Verres bestellte nichtsdestoweniger ein Gericht und setzte die Strafe auf 80 000 Sesterzen fest. Xenon erkannte zwar, daß man Richter aus dem Räubergefolge gegen ihn aufbietet, erklärte aber dennoch, er wolle das Gericht anerkennen. Da befiehlt Verres mit lauter Stimme, so daß Xenon es hören konnte, sie sollten den Mann im Auge behalten, solange die Sache verhandelt werde, und ihn zu ihm führen, wenn das Urteil gefällt sei. Und zugleich sagte er, er glaube nicht, daß Xenon, wenn er schon wegen seines Reichtums die ihm zugemessene Strafe verachte, auch die Ruten verachten werde. So ließ er sich durch Furcht vor Gewalt bestimmen, den Zehntpächtern so viel zu zahlen, wie Verres befohlen hatte.

23 (56) Polemarchos ist aus Murgentia, ein redlicher und ehrenhafter Mann. Dem wurden für fünfzig Morgen 700 Scheffel als Zehntabgabe auferlegt; als er das ablehnte, schleppte man ihn in die Wohnung des Verres vor Gericht und führte ihn, während Verres noch im Bett lag, in dessen Schlafzimmer, das außer Weibern und Zehntpächtern sonst niemand betreten durfte. Dort bearbeitete man ihn mit Faustschlägen und Fußtritten; da versprach er, der auf 700 Scheffel nicht hatte eingehen wollen, derer tausend. Grosphus Eubulidas aus Centuripae ist in seiner Heimat nicht nur durch Verdienste und vornehme Herkunft, sondern auch durch sein Vermögen einer der Ersten. Diesem Manne, ihr Richter, dem hochangesehenen Bürger einer hochangesehenen Gemeinde

civitatis honestissimo non modo frumenti scitote sed etiam
vitae et sanguinis tantum relictum esse quantum Aproni
libido tulit; nam vi malo plagis adductus est ut frumenti daret,
non quantum deberet, sed quantum cogeretur. (57) Sostratus
et Numenius et Nymphodorus eiusdem civitatis cum ex agris
tres fratres consortes profugissent, quod iis plus frumenti
imperabatur quam quantum exararant, hominibus coactis in
eorum arationes Apronius venit, omne instrumentum diri-
puit, familiam abduxit, pecus abegit. Postea cum ad eum
Nymphodorus venisset Aetnam et oraret ut sibi sua restitue-
rentur, hominem corripi ac suspendi iussit in oleastro quo-
dam, quae est arbor, iudices, Aetnae in foro. Tam diu pepen-
dit in arbore socius amicusque populi Romani in sociorum
urbe ac foro, colonus aratorque vester, quam diu voluntas
Aproni tulit.

(58) Genera iam dudum innumerabilium iniuriarum, iudices,
singulis nominibus profero, infinitam multitudinem iniuriarum praetermitto. Vos ante oculos animosque vestros tota
Sicilia decumanorum hos impetus, aratorum direptiones,
huius importunitatem, Aproni regnum proponite. Contemp-
sit Siculos; non duxit homines nec ipsos ad persequendum
vehementis fore, et vos eorum iniurias leviter laturos existi-
mavit. 24 (59) Esto; falsam de illis habuit opinionem, malam
de vobis; verum tamen, cum de Siculis male mereretur, civis
Romanos coluit, iis indulsit, eorum voluntati et gratiae dedi-
tus fuit. Iste civis Romanos? At nullis inimicior aut infestior

blieb, müßt ihr wissen, nicht nur von seinem Getreide, sondern auch von seinem Leben und Blut gerade soviel übrig, wie die Willkür des Apronius zuließ. Denn durch Gewalttätigkeiten, Schikane und Schläge brachte man ihn dazu, daß er nicht so viel Getreide ablieferte, wie er schuldete, sondern wie man ihm abzwang. (57) Sostratos und Numenios und Nymphodoros, drei Brüder aus derselben Gemeinde, die gemeinsam wirtschafteten, waren von ihren Höfen geflohen, weil man ihnen mehr Getreide abzuliefern befahl, als sie geerntet hatten. Apronius holte sich Leute zusammen und erschien auf ihren Gütern; er schleppte alle Geräte weg, nahm die Sklaven mit und trieb das Vieh fort. Als Nymphodoros darauf zu ihm nach Ätna kam und darum bat, ihm sein Eigentum zurückzugeben, ließ er den Mann festnehmen und an einem wilden Ölbaum aufhängen; dieser Baum steht auf dem Marktplatz von Ätna, ihr Richter. Nymphodoros, ein Bundesgenosse und Freund des römischen Volkes, euer Bauer und Landwirt, hing so lange in der Stadt und auf dem Marktplatz der Bundesgenossen[66] an dem Baume, wie der Wille des Apronius es haben wollte.

(58) Schon lange genug trage ich euch an einzelnen Beispielen nur die Arten seiner unzähligen Rechtsverletzungen vor, ihr Richter, und lasse deren zahllose Menge beiseite. Doch ihr müßt euch vor Augen halten und in Gedanken vorstellen, daß diese Gewaltakte der Zehntpächter, die Raubzüge bei den Landwirten, die Rücksichtslosigkeit des Verres und die Willkürherrschaft des Apronius ganz Sizilien betrafen. Verres verachtete die Sizilier, er hielt sie nicht für Menschen und glaubte, *sie* würden ihr Recht nicht energisch verfolgen und *ihr* das an ihnen begangene Unrecht auf die leichte Schulter nehmen. 24 (59) Nun gut, dann hatte er eben eine falsche Meinung von den Siziliern und eine schlechte von euch; jedoch, wenn er auch an den Siziliern schlecht handelte, so hat er doch die römischen Bürger geachtet, ist gegen sie nachsichtig, auf ihre Wünsche und ihre Zuneigung bedacht gewesen. Er die römischen Bürger geachtet? Gegen niemanden war er feindseliger und gehässiger. Ich erwähne nicht die Fes-

fuit. Mitto vincla, mitto carcerem, mitto verbera, mitto
securis, crucem denique illam praetermitto quam iste civibus
Romanis testem humanitatis in eos ac benivolentiae suae
voluit esse, – mitto, inquam, haec omnia atque in aliud di-
cendi tempus reicio; de decumis, de civium Romanorum condicione in arationibus disputo; qui quem ad modum essent
accepti, iudices, audistis ex ipsis; bona sibi erepta esse dixerunt. (60) Verum haec, quoniam eius modi causa fuit, ferenda
sunt, nihil valuisse aequitatem, nihil consuetudinem; damna
denique, iudices, nulla tanta sunt quae non viri fortes ac
magno et libero animo adfecti ferenda arbitrentur. Quid si
equitibus Romanis non obscuris neque ignotis, sed honestis
et inlustribus manus ab Apronio isto praetore sine ulla dubitatione adferebantur? Quid exspectatis, quid amplius a me
dicendum putatis? An id agendum ut eo celerius de isto trans-
igamus quo maturius ad Apronium possimus, id quod ego illi
iam in Sicilia pollicitus sum, pervenire? qui C. Matrinium,
iudices, summa virtute hominem, summa industria, summa
gratia, Leontinis in publico biduum tenuit. A Q. Apronio,
iudices, homine in dedecore nato, ad turpitudinem educato,
ad Verris flagitia libidinesque accommodato, equitem Romanum scitote biduum cibo tectoque prohibitum, biduum
Leontinis in foro custodiis Aproni retentum atque adserva-
tum, neque ante dimissum quam ad condicionem eius depec-
tus est.
25 (61) Nam quid ego de Q. Lollio, iudices, dicam, equite
Romano spectato atque honesto? Clara res est quam dicturus

60

seln, nicht den Kerker, nicht die Schläge, nicht die Beile, ich lasse schließlich unerwähnt jenes Kreuz, mit dem er den römischen Bürgern seine Menschlichkeit und sein Wohlwollen beweisen wollte, ich erwähne – betone ich – all dies nicht und stelle es für eine andere Gelegenheit in meinem Plädoyer zurück:[67] über den Zehnten, über die Behandlung der römischen Bürger in der Landwirtschaft spreche ich. Wie sie behandelt worden sind, ihr Richter, das habt ihr von ihnen selbst gehört; sie sagten aus, daß man ihnen ihr Hab und Gut entrissen habe. (60) Doch dies ist, da die Lage nun einmal so war, noch erträglich, daß Recht und Billigkeit nichts galten und nichts das herkömmliche Verhalten. Und schließlich sind keine materiellen Verluste so groß, ihr Richter, daß tüchtige Männer, die sich durch eine hohe und freie Sinnesart auszeichnen, diese nicht für erträglich hielten. Wie aber, wenn römischen Rittern, nicht unbekannten Leuten von dunkler Herkunft, sondern angesehenen und allgemein bekannten Männern unter der Prätur des Verres von Apronius ohne das geringste Bedenken Gewalt angetan wurde? Was erwartet ihr noch, was, meint ihr, soll ich noch weiter berichten? Oder sollen wir es uns angelegen sein lassen, desto schneller mit Verres ein Ende zu machen, damit wir um so rascher auf Apronius zu sprechen kommen können, was ich ihm ja schon in Sizilien versprochen habe? Der hat den C. Matrinius, ihr Richter, einen höchst verdienten, höchst fleißigen, höchst angesehenen Mann in Leontinoi auf einem öffentlichen Platz zwei Tage lang festgehalten. Q. Apronius – das stellt euch vor, ihr Richter –, ein Mensch, in Schande geboren, zur Niedertracht erzogen, für die Schandtaten und Ausschweifungen des Verres wie geschaffen, hat einem römischen Ritter zwei Tage lang Nahrung und Unterkunft vorenthalten, hat ihn zwei Tage lang durch seine Wachmannschaft auf dem Marktplatz von Leontinoi festhalten und bewachen lassen und ihn nicht eher freigegeben, als bis er zu seinen Bedingungen einen Pachtvertrag abschloß.

25 (61) Denn was soll ich von Q. Lollius sagen, ihr Richter, einem bewährten und angesehenen römischen Ritter? Die

sum, tota Sicilia celeberrima atque notissima. Qui cum araret in Aetnensi, cumque is ager Apronio cum ceteris agris esset traditus, equestri vetere illa auctoritate et gratia fretus adfirmavit se decumanis plus quam deberet non daturum. Refertur eius sermo ad Apronium. Enim vero iste ridere ac mirari Lollium nihil de Matrinio, nihil de ceteris rebus audisse. Mittit ad hominem Venerios. Hoc quoque attendite, apparitores a praetore adsignatos habuisse decumanum, si hoc mediocre argumentum videri potest istum decumanorum nomine ad suos quaestus esse abusum. Adducitur a Veneriis atque adeo attrahitur Lollius, commodum cum Apronius e palaestra redisset, et in triclinio quod in foro Aetnae straverat recubuisset. Statuitur Lollius in illo tempestivo gladiatorum convivio. (62) Non mehercule haec quae loquor crederem, iudices, tametsi vulgo audieram, nisi mecum ipse senex, cum mihi atque huic voluntati accusationis meae lacrimans gratias ageret, summa cum auctoritate esset locutus. Statuitur, ut dico, eques Romanus annos prope LXXXX natus in Aproni convivio, cum interea Apronius caput atque os suum unguento confricaret. 'Quid est, Lolli?' inquit; 'tu nisi malo coactus recte facere nescis?' Homo quid ageret, taceret responderet, quid faceret denique illa aetate et auctoritate praeditus nesciebat. Apronius interea cenam ac pocula poscebat; servi autem eius, qui et moribus isdem essent quibus dominus et eodem genere ac loco nati, praeter oculos Lolli haec omnia ferebant. Ridere convivae, cachinnare ipse Apronius, nisi forte existi-

62

Sache, die ich berichten will, ist allbekannt, in ganz Sizilien viel erörtert und weitverbreitet. Der war als Landwirt im Bezirk von Ätna tätig, und als dieses Gebiet zusammen mit anderen dem Apronius ausgeliefert wurde, da versicherte er im Vertrauen auf die althergebrachte angesehene Stellung und Wertschätzung des Ritterstandes, er werde an die Zehntpächter nicht mehr abliefern, als er verpflichtet sei. Seine Äußerung wird dem Apronius hinterbracht. Der aber lacht und wundert sich, daß Lollius nichts von Matrinius, nichts von den übrigen Fällen gehört habe. Er schickt die Venussklaven zu dem Mann. Gebt auch auf dies acht: der Zehntpächter hatte Amtsdiener, die ihm vom Prätor zugewiesen worden waren; dies kann man als einen nicht geringfügigen Beweis dafür ansehen, daß Verres den Namen der Zehntpächter zu seinem eigenen Gewinn mißbraucht hat. Lollius wird von den Venussklaven herbeigebracht oder vielmehr herbeigeschleppt, gerade als Apronius aus der Ringschule zurückgekehrt war und sich auf dem Speisesofa niedergelassen hatte, das er auf dem Marktplatz von Ätna hatte aufstellen lassen. Man läßt Lollius bei dem verfrühten Zechgelage der Banditen aufrecht stehen. (62) Wahrhaftig, ich würde das, was ich sage, nicht glauben, ihr Richter, obwohl ich es von allen hörte, hätte nicht der alte Herr selbst in der glaubwürdigsten Weise mit mir darüber gesprochen, als er mir und meiner Bereitschaft, Anklage zu erheben, unter Tränen Dank abstattete. Man läßt also, wie gesagt, einen römischen Ritter, fast neunzig Jahre alt, bei dem Zechgelage des Apronius stehen, während sich unterdessen Apronius Kopf und Gesicht mit Salbe einrieb. »Was ist, Lollius«, sagte er, »vermagst du nur dann das Rechte zu tun, wenn du durch Schaden dazu gezwungen wirst?« Der Mann wußte nicht, wie er sich verhalten, ob er schweigen oder antworten, kurz, was er bei seinem Alter und Ansehen tun sollte. Apronius verlangte unterdessen nach dem Mahl und den Bechern. Seine Sklaven aber, die von gleicher Art waren wie der Herr und von gleicher Herkunft und gleichem Stande, trugen dies alles an den Augen des Lollius vorbei. Die Gäste lachten, auch Apronius brach in ein schal-

matis eum in vino ac ludo non risisse qui nunc in periculo
atque exitio suo risum tenere non possit. Ne multa, iudices:
his contumeliis scitote Q. Lollium coactum ad Aproni leges
condicionesque venisse. (63) Lollius aetate et morbo impedi-
tus ad testimonium dicendum venire non potuit. Quid opus
est Lollio? Nemo hoc nescit, nemo tuorum amicorum, nemo
abs te productus, nemo abs te interrogatus nunc se primum
hoc dicet audire. M. Lollius, filius eius, adulescens lectissi-
mus, praesto est: huius verba audietis. Nam Q. Lollius, eius
filius, qui Calidium accusavit, adulescens et bonus et fortis et
in primis disertus, cum his iniuriis contumeliisque commotus
in Siciliam esset profectus, in itinere occisus est. Cuius mortis
causam fugitivi sustinent, re quidem vera nemo in Sicilia
dubitat quin eo sit occisus quod habere clausa non potuerit
sua consilia de Verre. Iste porro non dubitabat quin is, qui
alium antea studio adductus accusasset, sibi advenienti praesto esset futurus, cum esset parentis iniuriis et domestico
dolore commotus.
26 (64) Iamne intellegitis, iudices, quae pestis, quae immani-
tas in vestra antiquissima fidelissima proximaque provincia
versata sit? iam videtis quam ob causam Sicilia, tot hominum
antea furta rapinas iniquitates ignominiasque perpessa, hoc
non potuerit novum ac singulare atque incredibile genus iniuriarum contumeliarumque perferre? Iam omnes intellegunt
cur universa provincia defensorem suae salutis eum quaesi-
verit cuius iste fidei diligentiae perseverantiae nulla ratione

lendes Gelächter aus – wenn ihr nicht etwa glauben wollt, daß *der* Mann bei Wein und Spaß nicht gelacht habe, der sich auch jetzt in einer ihn bedrohenden tödlichen Gefahr des Lachens nicht enthalten kann. Kurz, ihr Richter: nehmt zur Kenntnis, daß Q. Lollius durch diese schmähliche Behandlung gezwungen wurde, auf die Weisungen und Bedingungen des Apronius einzugehen. (63) Lollius hat, durch Alter und Krankheit behindert, nicht erscheinen können, um als Zeuge auszusagen. Doch was bedarf es des Lollius? Es gibt keinen, der dies nicht kennt, keiner deiner Freunde, keiner, den du vorführst, keiner, den du verhörst, wird behaupten, er höre jetzt zum ersten Mal davon. M. Lollius, sein Sohn, ein ganz ausgezeichneter junger Mann, ist anwesend; dessen Aussage werdet ihr hören. Denn Q. Lollius, sein anderer Sohn, der den Calidius angeklagt hat,[68] ein trefflicher und tatkräftiger und äußerst redegewandter junger Mann, der sich durch diese ungerechte und erniedrigende Behandlung seines Vaters hatte bestimmen lassen, nach Sizilien zu reisen, wurde unterwegs ermordet. Die Schuld an seinem Tode lastet man entlaufenen Sklaven an, in Wahrheit aber bezweifelt niemand in Silzilien, daß er deshalb ermordet wurde, weil er seine Absichten gegen Verres nicht geheimhalten konnte. Auch Verres zweifelte nicht daran, daß der Mann, der vordem einen anderen nur aus Ehrgefühl angeklagt hatte, gegen ihn auftreten werde, wenn er nach Rom zurückgekehrt sei, da das dem Vater angetane Unrecht und der häusliche Kummer ihn tief erschüttert hatten.

26 (64) Erkennt ihr nun, ihr Richter, welches Scheusal, welches Ungeheuer in eurer ältesten, treuesten und nächsten Provinz gehaust hat? Seht ihr jetzt, warum Sizilien, das vorher so vieler Menschen Diebstähle, Räubereien, Ungerechigkeiten und Beschimpfungen erduldet hat, diese beispielose und einmalige und unglaubliche Art von Rechtsbrüchen und Beleidigungen nicht hat ertragen können? Jetzt versteht alle Welt, warum sich die ganze Provinz als Verteidiger ihrer Wohlfahrt den ausgesucht hat, dessen Pflichttreue, Umsicht und Beharrlichkeit Verres sich auf keine Weise entziehen

eripi possit. Tot iudiciis interfuistis, tot homines nocentis et improbos accusatos et vestra et superiorum memoria scitis esse: ecquem vidistis, ecquem audistis in tantis furtis, in tam apertis, in tanta audacia, in tanta impudentia esse versatum? (65) Apronius stipatores Venerios secum habebat; ducebat eos circum civitates; publice sibi convivia parari, sterni triclinia, et in foro sterni iubebat; eo vocari homines honestissimos non solum Siculos sed etiam equites Romanos, ut, quicum vivere nemo umquam nisi turpis impurusque voluisset, ad eius convivium spectatissimi atque honestissimi viri tenerentur. Haec tu, omnium mortalium profligatissime ac perditissime, cum scires, cum audires cotidie, cum videres, si sine tuo quaestu maximo fierent, cum tanto periculo tuo fieri paterere atque concederes? Tantum apud te quaestus Aproni, tantum eius sermo inquinatissimus et blanditiae flagitiosae valuerunt ut numquam animum tuum cura tuarum fortunarum cogitatioque tangeret? (66) Cernitis, iudices, quod et quantum incendium decumanorum impetu non solum per agros sed etiam per reliquas fortunas aratorum, neque solum per bona sed etiam per iura libertatis et civitatis isto praetore pervaserit. Videtis pendere alios ex arbore, pulsari autem alios, et verberari, porro alios in publico custodiri, destitui alios in convivio, condemnari alios a medico et praecone praetoris; bona tamen interea nihilo minus eorum omnium ex agris auferri ac diripi. Quid est hoc? populi Romani imperium? populi Romani leges, iudicia in socios fidelis, provinciam suburbanam? Nonne omnia potius eius modi sunt quae,

kann. So vielen Gerichtsverhandlungen habt ihr beigewohnt, so viele schuldige und ruchlose Menschen sind, wie ihr wißt, in eurer und eurer Vorgänger Zeit angeklagt worden: habt ihr jemals einen gesehen, jemals von einem gehört, der bei so großen, bei so unverhohlenen Diebstählen mit solcher Frechheit, mit solcher Unverschämtheit vorgegangen ist? (65) Apronius hatte die Venussklaven als Leibwächter bei sich, er nahm sie mit sich von Stadt zu Stadt, er ließ sich auf öffentliche Kosten Gastmähler bereiten, ließ Speisesofas aufstellen, und zwar auf dem Marktplatz aufstellen; dorthin lud er die angesehensten Männer vor, nicht nur Sizilier, sondern auch römische Ritter, so daß die vortrefflichsten und angesehensten Männer bei den Mahlzeiten eines Mannes festgehalten wurden, mit dem niemand jemals hatte verkehren wollen, es sei denn ein Schandbube und Schmutzfink. Du aber, du ruchlosester und verkommenster aller Menschen, du wußtest das, du hörtest es täglich und sahst es – und du hättest es trotz so großer Gefahr für dich geschehen lassen und erlaubt, wenn es ohne riesigen Gewinn für dich geschehen wäre? So viel galt dir der Vorteil des Apronius, so viel seine schmutzigen Reden und seine schändlichen Schmeicheleien, daß dir niemals ein besorgter Gedanke an dein eigenes Wohl in den Sinn kam? (66) Ihr erkennt deutlich, ihr Richter, welch gewaltige Feuersbrunst mit dem Ansturm der Zehntpächter nicht nur über die Äcker, sondern auch über das sonstige Vermögen der Landwirte, nicht nur über ihr Hab und Gut, sondern auch über ihre Freiheits- und Bürgerrechte hinweggegangen ist, als Verres Prätor war. Ihr seht, daß einige an Bäumen hingen, andere aber geschlagen und ausgepeitscht wurden, daß man wieder andere an öffentlicher Stätte in Haft hielt, andere beim Gastmahl stehen ließ, andere von dem Arzt und dem Ausrufer des Prätors verurteilt wurden und daß man derweil nichtsdestoweniger das Hab und Gut aller dieser Leute von den Feldern wegnahm und plünderte. Was ist das? Des römischen Volkes Herrschaft, des römischen Volkes Gesetze und die Gerichte für treue Bundesgenossen und eine nahe der Hauptstadt gelegene Provinz? Ist nicht alles vielmehr von der Art,

si Athenio vicisset, in Sicilia non fecisset? Non, inquam, iudices, esset ullam partem istius nequitiae fugitivorum insolentia consecuta.

27 Privatim hoc modo: quid? publice civitates tractatae quem ad modum sunt? Audistis permulta, iudices, testimonia civitatum, et reliquarum audietis. (67) Ac primum de Agyrinensi populo fideli et inlustri breviter cognoscite. Agyrinensis est in primis honesta Siciliae civitas hominum ante hunc praetorem locupletium summorumque aratorum. Eius agri decumas cum emisset idem Apronius, Agyrium venit. Qui cum apparitoribus eo et vi ac minis venisset, poscere pecuniam grandem coepit ut accepto lucro discederet; nolle se negoti quicquam habere dicebat, sed accepta pecunia velle quam primum aliam civitatem occupare. Sunt omnes Siculi non contemnendi, si per nostros magistratus liceat, sed homines et satis fortes et plane frugi ac sobrii, et in primis haec civitas de qua loquor, iudices. (68) Itaque homini improbissimo respondent Agyrinenses sese decumas ei quem ad modum deberent daturos: lucrum, cum ille magno praesertim emisset, non addituros. 28 Apronius certiorem facit istum cuia res erat. Statim, tamquam coniuratio aliqua Agyri contra rem publicam facta aut legatus praetoris pulsatus esset, ita Agyrio magistratus et quinque primi accitu istius evocantur. Veniunt Syracusas; praesto est Apronius; ait eos ipsos qui venissent contra edictum praetoris fecisse. Quaerebant, quid? Respondebat se ad recuperatores esse dicturum. Iste aequissimus

daß es ein Athenion[69], wenn er gesiegt hätte, in Sizilien nicht begangen haben würde? Keinen Bruchteil, sage ich euch, ihr Richter, von der Niedertracht des Verres hätte der Übermut der entlaufenen Sklaven erreicht.

27 So benahm er sich gegen einzelne Personen; nun frage ich: wie hat er in öffentlichen Angelegenheiten die Gemeinden behandelt? Ihr habt die Zeugenaussagen sehr vieler Gemeinden gehört, ihr Richter, und von den übrigen werdet ihr sie noch hören. (67) Zuerst nun vernehmt einen kurzen Bericht über die treue und angesehene Gemeinde von Agyrion. Agyrion ist eine der achtenswertesten Gemeinden Siziliens; vor der Prätur des Verres gab es dort reiche Leute und Landwirte mit sehr großem Besitz. Den Zehnten dieses Gebietes hatte unser Apronius gepachtet; er kam nach Agyrion. Nachdem er mit seinen Dienern mit Gewaltandrohung dort angekommen war, begann er sogleich eine große Geldsumme zu verlangen, um sich wieder zu entfernen, sobald er den Gewinn erhalten habe. Er wolle keine Schwierigkeiten haben, sagte er, sondern sich, sobald er das Geld erhalten habe, möglichst schnell mit einer anderen Gemeinde befassen. Die Sizilier sind insgesamt keine Leute, die man unterschätzen darf, wenn unsere Beamten ihnen freie Hand lassen, sondern ziemlich mutig und zugleich sehr gediegen und besonnen – so besonders die Gemeinde, von der ich rede, ihr Richter. (68) Und so geben die Agyriner dem unverschämten Schuft den Bescheid, sie seien bereit, ihm den Zehnten wie geschuldet zu zahlen, doch einen Gewinn für ihn würden sie, zumal er den Pachtvertrag hoch abgeschlossen habe, nicht hinzufügen. 28 Apronius benachrichtigt den Mann, den die Sache ja anging.[70] Sofort werden, als ob in Agyrion eine Verschwörung gegen den Staat angezettelt oder ein Abgesandter des Prätors geschlagen worden sei, die Beamten und die fünf Vorsteher[71] von Agyrion auf Geheiß des Prätors vorgeladen. Sie kommen nach Syrakus; Apronius ist anwesend; er erklärt, gerade die, die erschienen seien, hätten dem Erlaß des Prätors zuwidergehandelt. Sie fragten, inwiefern. Er antwortete, er werde das vor den Richtern erklären. Verres, dieses Mu-

69

homo formidinem illam suam miseris Agyrinensibus inicie-
bat: recuperatores se de cohorte sua daturum minabatur.
Agyrinenses, viri fortissimi, iudicio se passuros esse dicebant.
(69) Ingerebat iste Artemidorum Cornelium medicum et Tle-
polemum Cornelium pictorem et eius modi recuperatores,
quorum civis Romanus nemo erat, sed Graeci sacrilegi iam
pridem improbi, repente Cornelii. Videbant Agyrinenses,
quicquid ad eos recuperatores Apronius attulisset, illum per-
facile probaturum: condemnari cum istius invidia infamiaque
malebant quam ad eius condiciones pactionesque accedere.
Quaerebant quae in verba recuperatores daret. Respondebat,
SI PARERET ADVERSUS EDICTUM FECISSE; qua in re in iudicio
dicturum esse aiebat. Iniquissimis verbis, improbissimis
recuperatoribus conflictari malebant quam quicquam cum
isto sua voluntate decidere. Summittebat iste Timarchidem
qui moneret eos, si saperent, ut transigerent. Pernegabant.
'Quid ergo? in singulos HS quinquagenis milibus damnari
mavultis?' Malle dicebant. Tum iste clare omnibus audienti-
bus, 'Qui damnatus erit,' inquit, 'virgis ad necem caedetur.'
Hic illi flentes rogare atque orare coeperunt ut sibi suas sege-
tes fructusque omnis arationesque vacuas Apronio tradere
liceret, ut ipsi sine ignominia molestiaque discederent.
(70) Hac lege, iudices, decumas vendidit Verres. Dicat licet
Hortensius, si volet, magno Verrem decumas vendidisse.
29 Haec condicio fuit isto praetore aratorum, ut secum prae-
clare agi arbitrarentur si vacuos agros Apronio tradere liceret;

sterbild von Gerechtigkeit, wandte gegen die unglücklichen Agyriner seine bekannte Einschüchterungsmethode an; er drohte, er werde Richter aus seinem Gefolge bestimmen. Die Agyriner, sehr beherzte Männer, erklärten, sie würden sich mit einem Gerichtsverfahren abfinden. (69) Da nötigte er ihnen Artemidoros Cornelius, den Arzt, und Tlepolemos Cornelius, den Maler, und derartige Richter auf; von ihnen war keiner ein römischer Bürger, sondern es waren tempelräuberische Griechen, Schufte schon lange, nun auf einmal Cornelier[72]. Die Agyriner sahen wohl, daß Apronius sehr leicht alles durchsetzen werde, was er bei diesen Richtern auch vorbringe. Dennoch wollten sie sich lieber zur Schmach und Schande des Verres verurteilen lassen, als auf die Bedingungen und Forderungen des Apronius eingehen. Sie fragten, auf was für eine Formel er die Richter festlegen wolle.[73] Er antwortete: *wenn sich erweise, daß sie dem Erlaß zuwidergehandelt hätten*; worin, das werde er, sagte er, vor Gericht erklären. Sie wollten es lieber trotz der ungünstigsten Formel vor den gewissenlosesten Richtern auf einen Kampf ankommen lassen, als mit Verres nach dessen Willen irgendein Abkommen treffen. Dieser schickte heimlich den Timarchides zu ihnen; er sollte ihnen anraten, sie möchten doch, wenn sie verständig seien, einen Vergleich schließen. Die Agyriner lehnten das entschieden ab. »Nun? Wollt ihr denn etwa lieber jeder zu 50000 Sesterzen verurteilt werden?« Sie sagten: Ja. Darauf verkündete Verres laut, so daß alle es hören konnten: »Wer verurteilt wird, soll mit Ruten zu Tode geprügelt werden.« Jetzt erst begannen sie unter Tränen zu bitten und zu flehen, man möge ihnen erlauben, dem Apronius ihre gesamte Aussaat und Ernte und die leeren Ackerflächen zu übergeben, wenn sie sich nur selbst ohne Schimpf und Mißhandlung entfernen dürften.

(70) Auf diese Art, ihr Richter, hat Verres den Zehnten versteigert. Da mag Hortensius, wenn er will, sagen, Verres habe den Zehnten hoch versteigert. 29 Die Lage der Landwirte war unter seiner Prätur so, daß sie noch vortrefflich behandelt zu werden glaubten, wenn man ihnen erlaubte, ihre leeren Fel-

multas enim cruces propositas effugere cupiebant. Quantum Apronius edidisset deberi, tantum ex edicto dandum erat. Etiamne si plus edidisset quam quantum natum esset? Etiam, quando magistratus ex istius edicto exigere debebant. At arator repetere poterat. Verum Artemidoro recuperatore. Quid si minus dedisset arator quam poposcisset Apronius? Iudicium in aratorem in quadruplum. Ex quo iudicum numero? Ex cohorte praetoria praeclara hominum honestissimorum. Quid amplius? Minus te iugerum professum esse dico: recuperatores reice, quod adversus edictum feceris. Ex quo numero? Ex eadem cohorte. Quid erit extremum? Si damnatus eris, atque adeo cum damnatus eris, – nam dubitatio damnationis illis recuperatoribus quae poterat esse? – virgis te ad necem caedi necesse erit. His legibus, his condicionibus erit quisquam tam stultus qui decumas venisse arbitretur, qui aratori novem partis reliquas factas esse existimet, qui non intellegat istum sibi quaestui praedaeque habuisse bona possessiones fortunasque aratorum? Virgarum metu Agyrinenses quod imperatum esset facturos se esse dixerunt.

30 (71) Accipite nunc quid imperarit, et dissimulate, si potestis, vos intellegere ipsum praetorem, id quod tota Sicilia perspexit, redemptorem decumarum atque adeo aratorum dominum ac regem fuisse. Imperat Agyrinensibus ut decumas ipsi publice accipiant, Apronio lucrum dent. Si magno emerat, quoniam tu es qui diligentissime pretia exquisisti, qui, ut ais, magno vendidisti, quare putabas emptori lucrum

der dem Apronius zu übergeben. Denn sie wünschten ja nur den vielen Martern zu entrinnen, die man ihnen in Aussicht stellte. Soviel Apronius als abgabepflichtig ansetzen mochte, soviel mußte man gemäß dem Erlaß abliefern. Auch wenn er mehr festsetzte, als erzeugt worden war? Auch dann; denn die Behörden[74] mußten ja nach dem Erlaß des Verres die Forderung eintreiben. Aber der Landwirt konnte auf Schadenersatz klagen. Gewiß, aber vor Artemidoros als Richter. Wie aber, wenn ein Landwirt weniger abgegeben hätte, als Apronius verlangte? Dann gab es eine Klage gegen den Landwirt auf das Vierfache. Woher nahm man die Richter? Aus dem vortrefflichen Gefolge des Prätors, das aus den ehrenwertesten Leuten bestand. Was weiter? Ich behaupte, du hast zu wenig Morgen angegeben; wähle deine Richter, da du dem Erlaß zuwidergehandelt hast. Aus welcher Gruppe? Aus demselben Gefolge. Was wird das Ende sein? Wenn du verurteilt wirst, oder vielmehr nachdem du verurteilt bist – denn welchen Zweifel an der Verurteilung konnte es bei solchen Richtern geben? –, bewahrt dich nichts davor, mit Ruten zu Tode geprügelt zu werden. Wird bei diesen Vorschriften, bei diesen Bedingungen noch jemand so töricht sein zu glauben, der Zehnte sei versteigert worden? Wird er annehmen, man habe dem Landwirt neun Zehntel übriggelassen? Wird er nicht begreifen, daß Verres die Güter, die Besitzungen und das Vermögen der Landwirte als seine Erwerbsquelle und Beute betrachtet hat? Aus Furcht vor den Ruten sagten die Agyriner, sie würden tun, was man befehle.

30 (71) Vernehmt jetzt, was Verres befohlen hat, und tut so, wenn ihr könnt, als erkenntet ihr nicht, was ganz Sizilien durchschaut hat: daß der Prätor selbst Zehntpächter und sogar Herr und Gebieter der Landwirte gewesen ist. Er befiehlt den Agyrinern, die Einziehung des Zehnten selbst von Gemeinde wegen zu übernehmen und dem Apronius einen Gewinn zu zahlen. Wenn der die Pacht für ein hohes Gebot ersteigert hatte – denn du bist es doch, der die Preise mit größter Sorgfalt errechnet hat, der, wie du sagst, die Pacht

addi oportere? Esto, putabas: quam ob rem imperabas ut
adderent? quid est aliud capere et conciliare pecunias, in quo
te lex tenet, si hoc non est, vi atque imperio cogere invitos
lucrum dare alteri, hoc est pecuniam dare? (72) Quid tum?
Apronio, deliciis praetoris, lucelli aliquid iussi sunt dare.
Putatote Apronio datum, si Apronianum lucellum ac non
praetoria praeda vobis videbitur. Imperas ut decumas accipiant, Apronio dent lucri tritici medimnum $\overline{XXXIII}$. Quid est
hoc? Una civitas ex uno agro plebis Romanae prope menstrua
cibaria praetoris imperio donare Apronio cogitur. Tu magno
decumas vendidisti, cum tantum lucri decumano sit datum?
Profecto, si pretium exquisisses diligenter tum cum vendebas,
$\overline{X}$ medimnum potius addidissent quam HS $\overline{DC}$ postea. Magna
praeda videtur: audite reliqua et diligenter attendite, quo
minus miremini Siculos re necessaria coactos auxilium a
patronis, ab consulibus, ab senatu, ab legibus, ab iudiciis
petivisse. (73) Ut probaret Apronius hoc triticum quod ei
dabatur, imperat Agyrinensibus Verres ut in medimna singula dentur Apronio HS. **31** Quid est hoc? tanto numero
frumenti lucri nomine imperato et expresso, nummi praeterea
exiguntur ut probetur frumentum? An poterat non modo
Apronius, sed quivis, exercitui si metiendum esset, improbare Siculum frumentum, quod illi ex area, si vellet, admetiri

für ein hohes Gebot vergeben hat –, weshalb glaubtest du dann, dem Pächter müsse obendrein ein Gewinn gezahlt werden? Nun gut, du glaubtest das; doch weshalb befahlst du die zusätzliche Zahlung? Was hieße sonst Geld wegnehmen und sich aneignen – und dafür bist du dem Gesetz verantwortlich –, wenn es dies nicht ist: die Leute durch Gewalt und Machtwort zu zwingen, gegen ihren Willen einem anderen einen Gewinn zukommen zu lassen, das heißt Geld zu geben? (72) Nun gut, was weiter? Man wies sie an, dem Apronius, dem Liebling des Prätors, einen kleinen Gewinn zukommen zu lassen. Glaubt nur, es sei an Apronius gezahlt worden, wenn ihr wirklich überzeugt seid, es handelte sich um einen kleinen Profit des Apronius und nicht um die Beute des Prätors. Du befiehlst, sie sollten den Zehnten übernehmen und dem Apronius einen Gewinn von 33 000 Scheffeln Weizen zukommen lassen. Was bedeutet das? Eine einzige Gemeinde wird durch den Befehl des Prätors gezwungen, von *einem* Anbaugebiet dem Apronius fast die monatliche Getreideration für das römische Volk zu schenken.[75] Du hast den Zehnten hoch versteigert, wenn dem Zehntpächter ein so großer Gewinn zufiel? Sicherlich hätten die Agyriner, wenn du den Preis sorgfältig errechnet hättest, lieber schon damals, als du die Versteigerung abhieltst, 10 000 Scheffel hinzugefügt als später 600 000 Sesterzen.[76] Die Beute scheint groß. Doch hört das übrige und achtet sorgfältig darauf; um so weniger werdet ihr euch dann wundern, daß die Sizilier, durch die Notlage gezwungen, Hilfe bei ihren Schutzherren, bei den Konsuln, beim Senat, bei den Gesetzen, bei den Gerichten gesucht haben. (73) Damit Apronius den Weizen, der ihm geliefert wurde, für gut befinde, befiehlt Verres den Agyrinern, für jeden Scheffel dem Apronius einen Sesterz zu geben. **31** Was soll man dazu sagen? Eine so große Menge Getreide hat man als Gewinn durch ein Machtwort erpreßt und dann treibt man noch Geld ein, damit das Getreide für gut befunden werde? Konnte denn etwa, ich sage nicht Apronius, sondern wer immer es sein mochte, das sizilische Getreide, wenn es hätte für das Heer zugemessen werden sollen, bemängeln, da er es

licebat? Frumenti tantus numerus imperio tuo datur et cogitur. Non est satis; nummi praeterea imperantur. Dantur. Parum est. Pro decumis hordei alia pecunia cogitur; iubes HS $\overline{XXX}$ lucri dari. Ita ab una civitate vi minis imperio iniuriaque praetoris eripiuntur tritici medimnum $\overline{XXXIII}$ et praeterea HS $\overline{LX}$. At haec obscura sunt? aut, si omnes homines velint, obscura esse possunt? quae tu palam egisti, in conventu imperasti, omnibus inspectantibus coegisti; qua de re Agyrinenses magistratus et quinque primi, quos tu tui quaestus causa evocaras, acta et imperia tua domum ad senatum suum renuntiaverunt; quorum renuntiatio legibus illorum litteris publicis mandata est; quorum legati, homines nobilissimi, Romae sunt, qui hoc idem pro testimonio dixerunt! (74) Cognoscite Agyrinensium publicas litteras, deinde testimonium publicum civitatis. Recita. LITTERAE PUBLICAE, TESTIMONIUM PUBLICUM. Animadvertistis in hoc testimonio, iudices, Apollodorum, cui Pyragro cognomen est, principem suae civitatis, lacrimantem testari ac dicere numquam post populi Romani nomen ab Siculis auditum et cognitum Agyrinensis contra quemquam infimum civem Romanum dixisse aut fecisse quippiam, qui nunc contra praetorem populi Romani magnis iniuriis et magno dolore publice testimonium dicere cogerentur. Uni mehercule huic civitati, Verres, obsistere tua defensio non potest; tanta auctoritas est in eorum hominum fidelitate, tantus dolor in iniuria, tanta religio in testimonio.

sich doch, wenn er wollte, von der Tenne aus zumessen lassen durfte?[77] Eine so große Menge Getreide wird auf dein Machtwort hin geliefert und eingetrieben. Doch dies ist nicht genug: außerdem wird ihnen noch auferlegt, einen Geldbetrag zu zahlen. Er wird gezahlt. Auch das ist zu wenig. Für den Getreidezehnten wird noch weiteres Geld erzwungen: du befiehlst, 30000 Sesterzen als Gewinn zu zahlen. So werden einer einzigen Gemeinde durch den Druck und die Drohungen, durch das Machtwort und die Ungerechtigkeit des Prätors 33000 Scheffel Weizen und außerdem 60000 Sesterzen weggenommen. Doch dies ist wohl unbekannt oder könnte, wenn alle Welt es wünschte, unbekannt sein, was du öffentlich getan, vor der Bezirksversammlung befohlen, vor aller Augen erzwungen hast? Was diesen Vorgang betrifft, so haben die Beamten von Agyrion und die fünf Vorsteher, die du aus Gewinnsucht vorgeladen hattest, über deine Handlungen und Befehle zu Hause vor ihrem Gemeinderat berichtet. Ihr Bericht wurde den dortigen Gesetzen gemäß in die öffentlichen Protokolle aufgenommen; ihre Gesandten, hochangesehene Männer, sind in Rom und haben eben dies als Zeugen ausgesagt. (74) Vernehmt das öffentliche Protokoll der Agyriner und sodann die öffentliche Erklärung der Gemeinde. Lies vor. – (Das öffentliche Protokoll. Die öffentliche Erklärung.) – Ihr habt dieser Erklärung entnommen, ihr Richter, daß Apollodoros, der den Beinamen Pyragros hat, einer der angesehensten seiner Gemeinde, unter Tränen aussagt und erklärt: niemals hätten, seit der Name des römischen Volkes den Siziliern zu Gehör und zur Kenntnis gekommen sei, die Agyriner gegen irgendeinen, selbst den geringsten römischen Bürger etwas gesagt oder getan, sie, die jetzt durch große Ungerechtigkeiten und großes Leid gezwungen würden, gegen einen Prätor des römischen Volkes öffentlich Zeugnis abzulegen. Fürwahr, schon dieser einen Gemeinde vermag deine Verteidigung, Verres, nicht wirkungsvoll zu begegnen: so groß ist das Gewicht dieser Leute bei ihrer Zuverlässigkeit, so groß ihre Erbitterung über das Unrecht, so groß ihre Gewissenhaftigkeit bei ihrer Zeugenaussage. Aber nicht nur

Verum non una te tantum, sed universae similibus adflictae iniuriis et incommodis civitates legationibus ac testimoniis publicis persequuntur.

32 (75) Etenim deinceps videamus Herbitensis civitas honesta et antea copiosa quem ad modum spoliata ab isto ac vexata sit. At quorum hominum! summorum aratorum, remotissimorum a foro, iudiciis, controversiis, quibus parcere et consulere, homo impurissime, et quod genus hominum studiosissime conservare debuisti. Primo anno venerunt eius agri decumae tritici modium $\overline{\text{XVIII}}$. Atidius, istius item minister in decumis, cum emisset et praefecti nomine cum venisset Herbitam cum Veneriis, locusque ei publice quo deverteretur datus esset, coguntur Herbitenses ei lucri dare tritici modium $\overline{\text{XXXVIII}}$DCCC, cum decumae venissent tritici modium $\overline{\text{XVIII}}$. Atque hoc tantum lucri coguntur dare publice tum cum iam privatim aratores ex agris spoliati atque exagitati decumanorum iniuriis profugissent. (76) Anno secundo cum emisset Apronius decumas tritici modium $\overline{\text{XXV}}$DCCC et ipse Herbitam cum illa sua praedonum copia manuque venisset, populus publice coactus est ei conferre lucri tritici modium $\overline{\text{XXI}}$ et accessionis HS ∞ ∞. De accessione dubito an Apronio ipsi data sit merces operae atque impudentiae: de tritici quidem numero tanto quis potest dubitare quin ad istum praedonem frumentarium sicut Agyrinense frumentum pervenerit? **33** Anno tertio vero in hoc agro consuetudine usus est regia. Solere aiunt reges barbaros Persarum ac Syrorum pluris uxo-

die eine, sondern alle Gemeinden, von ähnlichen ungerechten Handlungen und Leiden schwer betroffen, verfolgen dich durch ihre Gesandtschaften und öffentlichen Erklärungen.

32 (75) Denn wir wollen weitersehen, auf welche Weise er die angesehene und vorher wohlhabende Gemeinde von Herbita[78] beraubt und gequält hat. Und um was für Leute handelt es sich dort! Um ganz bedeutende Landwirte, die sich von dem Markt, den Gerichten und Streitigkeiten völlig fernhalten; es wäre deine Schuldigkeit gewesen, sie zu schonen und zu fördern, du schmutziger Geselle, und diese Gruppe von Menschen aufs sorgfältigste zu betreuen. Im ersten Jahre wurde der Weizenzehnte aus diesem Bezirk für 18 000 Maß versteigert. Atidius, ebenfalls ein Handlanger des Verres in Zehntangelegenheiten, hatte den Zuschlag erhalten und war mit dem Titel eines Präfekten[79] samt den Venussklaven nach Herbita gekommen; dort wurde ihm von der Gemeinde ein Quartier angewiesen; da werden die Herbitaner gezwungen, 38 800 Maß Weizen an ihn abzuliefern, obwohl der Zehnte nur für eine Pachtsumme von 18 000 Maß Weizen verpachtet worden war. Und diesen großen Gewinn zwingt man sie noch aus öffentlichen Mittel zu zahlen, nachdem die Landwirte bereits einzeln durch die Übergriffe der Zehntpächter ausgeplündert und heimgesucht worden waren und ihre Felder fluchtartig verlassen hatten. (76) Im zweiten Jahre hatte Apronius den Weizenzehnten für 25 800 Maß ersteigert und war selbst mit seiner großen Räuberbande nach Herbita gekommen; da wurde das Volk gezwungen, aus öffentlichen Mitteln noch 21 000 Maß Weizen als Gewinn und 2000 Sesterzen als zusätzliche Leistung an ihn zu entrichten. Was die zusätzliche Leistung betrifft, so glaube ich fast, daß sie dem Apronius selbst als Lohn für seine Mühe und Unverschämtheit gezahlt worden ist; doch was die große Menge Weizen betrifft, wer vermag da zu bezweifeln, daß sie ebenso wie das Getreide von Agyrion an unseren Getreideräuber gelangt ist?

33 Im dritten Jahr nun hat er sich in diesem Gebiet an einen königlichen Brauch gehalten. Die Barbarenkönige der Perser und Syrer pflegen, wie man erzählt, mehrere Frauen zu

res habere, his autem uxoribus civitates attribuere hoc modo: haec civitas mulieri in redimiculum praebeat, haec in collum, haec in crinis. Ita populos habent universos non solum conscios libidinis suae, verum etiam administros. (77) Eandem istius, qui se regem Siculorum esse dicebat, licentiam libidinemque fuisse cognoscite.

Aeschrionis Syracusani uxor est Pipa, cuius nomen istius nequitia tota Sicilia pervulgatum est; de qua muliere versus plurimi supra tribunal et supra praetoris caput scribebantur. Hic Aeschrio, Pipae vir adumbratus, in Herbitensibus decumis novus instituitur publicanus. Herbitenses cum viderent, si ad Aeschrionem pretium resedisset, se ad arbitrium libidinosissimae mulieris spoliatum iri, liciti sunt usque adeo quoad se efficere posse arbitrabantur. Supra adiecit Aeschrio; neque enim metuebat, ne praetore Verre decumana mulier damno adfici posset. Addicitur medimnum $\overline{\text{VIIIC}}$, dimidio fere pluris quam superiore anno. Aratores funditus evertebantur, et eo magis quod iam superioribus annis adflicti erant ac paene perditi. Intellexit iste ita magno venisse ut amplius ab Herbitensibus exprimi non posset: demit de capite medimna DC, iubet in tabulas pro medimnum $\overline{\text{VIIIC}}$ referri $\overline{\text{VIID}}$.

34 (78) Hordei decumas eiusdem agri Docimus emerat. Hic est Docimus ad quem iste deduxerat Tertiam, Isidori mimi filiam, vi abductam ab Rhodio tibicine. Huius Tertiae plus etiam quam Pipae, plus quam ceterarum, ac prope dicam tantum apud istum in Siciliensi praetura auctoritas potuit quantum in urbana Chelidonis. Veniunt Herbitam duo praetoris

haben, diesen Frauen aber Städte zuzuteilen, und zwar auf folgende Weise: diese Stadt leiste einer Frau die Zahlung für das Stirnband, diese für den Halsschmuck, diese für den Haarputz.[80] So haben sie ganze Völker nicht nur zu Mitwissern, sondern auch zu Dienern ihrer Gelüste. (77) Vernehmt nun, wie Verres, der von sich sagte, er sei der König der Sizilier, dieselbe Willkür und Lüsternheit bewiesen hat.

Die Frau des Syrakusaners Aischrion ist Pipa; ihr Name ist durch die Lasterhaftigkeit des Verres in ganz Sizilien bekannt geworden. Über dieses Weib wurden sehr viele Verse verfaßt und über dem Richterstuhl und über dem Haupte des Prätors angebracht. Dieser Aischrion, der Scheingemahl der Pipa, wird zum neuen Pächter für den Zehnten von Herbita bestimmt. Die Herbitaner erkannten, daß man sie nach dem Gutdünken des lüsternen Weibes ausplündern werde, wenn der Zuschlag an Aischrion falle; sie boten daher so weit mit, wie sie es sich gerade noch leisten zu können glaubten. Aischrion bot noch höher; denn er fürchtete nicht, daß die Zehntpächterin unter einem Prätor Verres Schaden erleiden könne. Der Zuschlag wird für 8100 Scheffel erteilt, für fast die Hälfte mehr als im Vorjahre.[81] Die Landwirte wurden völlig ruiniert, und das um so mehr, als sie schon in den früheren Jahren schwer angeschlagen und fast zugrunde gerichtet waren. Verres sah ein: die Pacht war so hoch vergeben worden, daß man von den Herbitanern nicht noch mehr erpressen konnte; er zieht daher vom Gesamtbetrage 600 Scheffel ab und befiehlt, in das Protokoll statt 8100 nur 7500 Scheffel einzutragen.

34 (78) Den Gerstezehnten desselben Gebietes hatte Dokimos erstanden. Es ist der Dokimos, dem Verres die Tertia zugeführt hatte, die Tochter des Schauspielers Isidoros, die einem Rhodischen Flötenspieler gewaltsam entführt worden war. Diese Tertia hatte noch mehr Einfluß bei Verres als Pipa, mehr als die anderen Frauen, und fast möchte ich sagen, sie vermochte ebensoviel bei ihm während seiner sizilischen Prätur wie Chelidon während seiner städtischen.[82] So kommen die beiden nach Herbita, als Nebenbuhler des Prätors nicht

81

aemuli non molesti, muliercularum deterrimarum improbissimi cognitores; incipiunt postulare, poscere, minari; non poterant tamen, cum cuperent, Apronium imitari; Siculi Siculos non tam pertimescebant. Cum omni ratione tamen illi calumniarentur, promittunt Herbitenses vadimonium Syracusas. Eo posteaquam ventum est, coguntur Aeschrioni, hoc est Pipae, tantum dare quantum erat de capite demptum, tritici modium $\overline{III}DC$. Mulierculae publicanae noluit ex decumis nimium lucri dare, ne forte ab nocturno suo quaestu animum ad vectigalia redimenda transferret. (79) Transactum putabant Herbitenses, cum iste, 'Quid? de hordeo,' inquit, 'et de Docimo, amiculo meo, quid cogitatis?' Atque hoc agebat in cubiculo, iudices, atque in lecto suo. Negabant illi quicquam sibi esse mandatum. 'Non audio: numerate HS $\overline{XII}$.' Quid facerent miseri, aut quid recusarent? praesertim cum in lecto decumanae mulieris vestigia viderent recentia, quibus illum inflammari ad perseverandum intellegebant. Ita civitas una sociorum atque amicorum duabus deterrimis mulierculis Verre praetore vectigalis fuit.

Atque ego nunc eum frumenti numerum et eas pecunias publice decumanis ab Herbitensibus datas esse dico; quo illi frumento et quibus pecuniis tamen ab decumanorum iniuriis civis suos non redemerunt. Perditis enim iam et direptis aratorum bonis, haec decumanis merces dabatur ut aliquando ex eorum agris atque ex urbibus abirent. (80) Itaque cum Philinus Herbitensis, homo disertus et prudens et domi nobilis, de

lästig, als Sachwalter der übelsten Frauenzimmer die gewissenlosesten Schufte. Sie beginnen Forderungen zu stellen, zu verlangen, zu drohen. Doch sie vermochten es, so sehr sie es auch wünschten, dem Apronius nicht gleichzutun; die Sizilier fürchteten sich vor Siziliern nicht in gleichem Maße. Als die Burschen sich jedoch auf jede Art von Schikanen verlegten, geben die Herbitaner die Versicherung ab, in Syrakus vor Gericht zu erscheinen. Dort angekommen, werden sie gezwungen, an Aischrion, das heißt an Pipa, so viel abzuliefern, wie von dem Gesamtbetrage abgezogen worden war, 3600 Maß Weizen. Verres wollte dem Frauenzimmer, der Pächterin, nicht allzuviel Gewinn aus dem Zehnten zukommen lassen, damit sie nicht etwa ihren Betätigungsdrang von ihrem nächtlichen Gewerbe auf die Steuerpacht verlagere. (79) Es sei nun alles überstanden, glaubten die Herbitaner – als Verres sagte: »Nun, wie denkt ihr über die Gerste und meinen lieben Freund Dokimos?« Und diese Verhandlung führte er in seinem Schlafzimmer, ihr Richter, und in seinem Bett. Die Herbitaner erklärten, darüber hätten sie keine Anweisung erhalten. »Ich höre wohl nicht recht; zahlt ihm 12 000 Sesterzen.« Was sollten die Armen tun und wie sich weigern? Zumal sie ja in dem Bett die frischen Spuren der Zehntpächterin sahen, die Verres, wie sie erkannten, zur Unnachgiebigkeit anstachelten. So wurde eine einzige Gemeinde unserer Bundesgenossen und Freunde zwei ganz üblen Frauenzimmern unter der Prätur des Verres steuerpflichtig.

Und ich behaupte jetzt, daß die Herbitaner diese Menge Getreides und diese Gelder aus öffentlichen Mitteln an die Zehntpächter entrichtet haben. Gleichwohl konnten sie mit diesem Getreide und diesen Geldern ihre Mitbürger nicht von den Übergriffen der Zehntpächter loskaufen. Denn als das Hab und Gut der Landwirte bereits vernichtet und ausgeplündert war, da erst zahlten sie an die Zehntpächter diesen Lohn, damit jene endlich aus ihren Feldern und den Städten abziehen möchten. (80) Als daher Philinos aus Herbita, ein redegewandter und verständiger und in seiner Heimat ange-

83

calamitate aratorum et de fuga et de reliquorum paucitate
publice diceret, animadvertistis, iudices, gemitum populi
Romani, cuius frequentia huic causae numquam defuit.
35 Qua de paucitate aratorum alio loco dicam: nunc illud
quod praeterii non omnino relinquendum videtur. Nam, per
deos immortalis, quod de capite iste dempsit, quo tandem
modo vobis non modo ferendum, verum etiam audiendum
videtur? (81) Unus adhuc fuit post Romam conditam, – di
immortales faxint, ne sit alter! – cui res publica totam se trade-
ret temporibus et malis coacta domesticis, L. Sulla. Hic tantum potuit ut nemo illo invito nec bona nec patriam nec vitam
retinere posset; tantum animi habuit ad audaciam ut dicere in
contione non dubitaret, bona civium Romanorum cum venderet, se praedam suam vendere. Eius omnis res gestas non solum
obtinemus, verum etiam propter maiorum incommodorum et
calamitatum metum publica auctoritate defendimus: unum
hoc aliquot senatus consultis reprehensum, decretumque est
ut, quibus ille de capite dempsisset, ii pecunias in aerarium
referrent. Statuit senatus hoc ne illi quidem esse licitum cui
concesserat omnia, a populo factarum quaesitarumque rerum
summas imminuere. (82) Illum viris fortissimis iudicarunt
patres conscripti remittere de summa non potuisse: te mulieri
deterrimae recte remisisse senatores iudicabunt? Ille, de quo
legem populus Romanus iusserat ut ipsius voluntas ei posset

sehener Mann, über das schwere Geschick der Landwirte und über ihren Weggang und über die geringe Anzahl der Zurückgebliebenen im Auftrag seiner Gemeinde berichtete, da habt ihr die Mißfallensäußerungen des römischen Volkes gehört, ihr Richter, das es niemals versäumte, sich zahlreich bei diesem Prozeß einzustellen. 35 Über die geringe Zahl der Landwirte werde ich an einer anderen Stelle sprechen.[83] Jetzt, scheint mir, darf ich auch das, was ich überging, nicht gänzlich beiseitelassen. Denn bei den unsterblichen Göttern! Daß Verres von der Pachtsumme etwas abzog, wie glaubt ihr denn eigentlich das ertragen, ja auch nur anhören zu können? (81) Nur *einen* Mann hat es bisher seit der Gründung Roms gegeben – die unsterblichen Götter mögen verhüten, daß es einen zweiten gibt! –, dem sich der Staat, durch die Zeitverhältnisse und schlimme innere Zustände gezwungen, ganz und gar auslieferte: L. Sulla. Der hatte so viel Macht, daß gegen seinen Willen niemand sein Hab und Gut oder sein Bürgerrecht oder sein Leben behalten konnte. Er verstieg sich in seinem hochfahrenden Sinn zu einer solchen Unverschämtheit, daß er, als er die Habe römischer Bürger verkaufte, nicht zögerte, in öffentlicher Versammlung zu erklären, er verkaufe seine Beute.[84] Alle Verordnungen dieses Mannes behalten wir nicht nur bei, sondern aus Furcht vor größeren Unannehmlichkeiten und Übeln verteidigen wir sie auch noch durch unser öffentliches Ansehen. Nur eine seiner Maßnahmen ist durch mehrere Senatsbeschlüsse mißbilligt worden, und man hat verfügt, daß diejenigen, denen er einen Nachlaß vom Gesamtpreis gewährt hatte,[85] die Gelder an die Staatskasse abführen sollten. Der Senat entschied damit, es solle selbst diesem Manne, dem er alles zugestanden hatte, nicht erlaubt sein, die Beträge der vom Volk erworbenen und gewonnenen Einkünfte zu schmälern. (82) Die versammelten Väter sind der Meinung gewesen, daß Sulla den tüchtigsten Männern von dem Gesamtpreis nichts habe ablassen dürfen: da sollen Senatoren der Meinung sein, daß du den übelsten Frauenzimmern zu Recht einen Nachlaß gewährt habest? Für Sulla hatte das römische Volk einen Beschluß gefaßt, daß sein Wille ihm

esse pro lege, tamen in hoc uno genere veterum religione
legum reprehenditur: tu, qui omnibus legibus implicatus
tenebare, libidinem tibi tuam pro lege esse voluisti? In illo
reprehenditur, quod ex ea pecunia remiserit quam ipse quae-
sierat: tibi concedetur, qui de capite vectigalium populi
Romani remisisti?

36 (83) Atque in hoc genere audaciae multo etiam impudentius in decimis Acestensium versatus est; quas cum addixisset
eidem illi Docimo, hoc est Tertiae, tritici modium $\overline{V}$, et accessionem ascripsisset HS MD, coegit Acestensis a Docimo tantundem publice accipere; id quod ex Acestensium publico
testimonio cognoscite. Recita. Testimonium publicum.
Audistis quanti decumas acceperit a Docimo civitas, tritici
modium $\overline{V}$ et accessionem: cognoscite nunc quanti se vendidisse rettulerit. Lex decumis vendundis C. Verre pr. Hoc
nomine videtis tritici modium CIↃ CIↃ CIↃ de capite esse
dempta, quae cum de populi Romani victu, de vectigalium
nervis, de sanguine detraxisset aerari, Tertiae mimae condo-
navit. Utrum impudentius ab sociis abstulit an turpius mere-
trici dedit an improbius populo Romano ademit an audacius
tabulas publicas commutavit? Ex horum severitate te ulla vis
eripiet aut ulla largitio? Non eripiet. Sed si eripuerit, non
intellegis haec quae iam dudum loquor ad aliam quaestionem
atque ad peculatus iudicium pertinere? (84) Itaque hoc mihi

als Gesetz gelten solle, und doch rügt man ihn in dieser einen Hinsicht aus Ehrfurcht vor den alten Gesetzen; du aber, der du durch alle Gesetze gebunden und verpflichtet warst, hast verlangt, daß deine Willkür dir als Gesetz gelte? An Sulla rügt man, daß er von dem Geld einen Nachlaß gewährte, das er selbst erworben hatte; mit dir aber soll man Nachsicht üben, der du von dem Steueraufkommen des römischen Volkes einen Nachlaß gewährt hast?

36 (83) Und in dieser Art von Frechheit hat er sich noch viel unverschämter beim Zehnten der Akestenser[86] aufgeführt. Er hatte ihn demselben Dokimos, das heißt der Tertia, für 5000 Maß Weizen zugesprochen und hatte noch einen Zuschuß von 1500 Sesterzen dazu eingetragen; er zwang die Akestenser, von Gemeinde wegen die Abgabe in gleicher Höhe von Dokimos zu übernehmen. Dies mögt ihr der öffentlichen Erklärung der Akestenser entnehmen. Lies vor. – (Die öffentliche Erklärung.) – Ihr habt gehört, für welchen Betrag die Gemeinde den Zehnten von Dokimos übernommen hat, für 5000 Maß Weizen und den Zuschuß. Vernehmt jetzt, einen wie hohen Pachtbetrag Verres verbucht hat. – (Vertrag über die Verpachtung des Zehnten unter dem Prätor Verres.) – Ihr seht, daß bei diesem Posten 3000 Maß Weizen von der Gesamtsumme abgezweigt worden sind; er hat sie dem Unterhalt des römischen Volkes, der Lebenskraft der Steuern, dem Mark der Staatskasse entzogen und der Schauspielerin Tertia geschenkt. Was war das Schlimmste: die Unverschämtheit, die Bundesgenossen auszurauben; oder die Schande, die Dirne zu beschenken; oder die Gewissenlosigkeit, dem römischen Volk etwas wegzunehmen; oder die Frechheit, öffentliche Protokolle zu fälschen? Sollte irgendeine Gewalt oder irgendeine Bestechung dich der Strenge dieser Richter hier entziehen? Es wird nicht der Fall sein. Doch wenn sie dich ihr entziehen sollte, bist du dir nicht im klaren darüber, daß die Dinge, über die ich schon eine ganze Zeit spreche, vor einen anderen Gerichtshof und zwar vor die Strafkammer für die Unterschlagung öffentlicher Gelder gehören? (84) Ich will mir daher diese ganze Angelegenheit

reservabo genus totum integrum: ad illam quam institui causam frumenti ac decumarum revertar.

Qui cum agros maximos et feracissimos per se ipsum, hoc est per Apronium, Verrem alterum, depopularetur, ad minores civitates habebat alios quos tamquam canis immitteret, nequam homines et improbos, quibus aut frumentum aut pecuniam publice cogebat dari. **37** A. Valentius est in Sicilia interpres, quo iste interprete non ad linguam Graecam, sed ad furta et flagitia uti solebat. Fit hic interpres, homo levis atque egens, repente decumanus; emit agri Liparensis miseri atque ieiuni decumas tritici medimnis DC. Liparenses vocantur; ipsi accipere decumas et numerare Valentio coguntur lucri HS $\overline{XXX}$. Per deos immortalis, utrum tibi sumes ad defensionem, tantone minoris te decumas vendidisse ut ad medimna DC HS $\overline{XXX}$ lucri statim sua voluntate civitas adderet, hoc est tritici medimnum $\overline{II}$, an, cum magno decumas vendidisses, te expressisse ab invitis Liparensibus hanc pecuniam? (85) Sed quid ego ex te quaero quid defensurus sis, potius quam cognoscam ex ipsa civitate quid gestum sit? Recita testimonium publicum Liparensium, deinde quem ad modum nummi Valentio sint dati. TESTIMONIUM PUBLICUM. QUO MODO SOLUTUM SIT, EX LITTERIS PUBLICIS. Etiamne haec tam parva civitas, tam procul a manibus tuis atque a conspectu remota, seiuncta a Sicilia, in insula inculta tenuique posita, cumulata aliis tuis maioribus iniuriis, in hoc quoque frumentario genere praedae tibi et quaestui fuit? Quam tu totam insulam cuidam tuorum sodalium sicut aliquod munusculum

aufbewahren und nicht daran rühren: ich kehre zu der Sache zurück, mit der ich angefangen habe, zum Getreide und zum Zehnten.

Während er die größten und fruchtbarsten Gebiete selbst, das heißt durch Apronius, den zweiten Verres, ausplünderte, hatte er für die kleineren Gemeinden andere, die er wie Hunde auf sie losließ, nichtswürdige und gewissenlose Leute, an die die Gemeinden entweder Getreide oder Geld abgeben mußten. 37 A. Valentius ist Dolmetscher in Sizilien, und Verres pflegte ihn nicht als Mittelsperson für die griechische Sprache, sondern für seine Gaunereien und Schandtaten zu verwenden.[87] Dieser Dolmetscher, ein unbedeutender und ärmlicher Mensch, wird plötzlich Zehntpächter; er ersteht für 600 Scheffel Weizen den Zehnten des kärglichen und mageren Bodens von Lipara[88]. Die Liparer werden vorgeladen; man zwingt sie, den Zehnten selbst zu übernehmen und an Valentius 30000 Sesterzen Gewinn zu zahlen. Bei den unsterblichen Göttern! Was willst du zu deiner Verteidigung anführen? Du habest den Zehnten so viel niedriger versteigert, daß die Gemeinde zu den 600 Scheffeln sogleich aus eigenem Entschluß 30000 Sesterzen Gewinn, das heißt 2000 Scheffel Weizen,[89] hinzufügte, oder du habest, nachdem du den Zehnten hoch verpachtet hattest, von den Liparern gegen ihren Willen dieses Geld erpreßt? (85) Doch warum frage ich dich, was du zu deiner Verteidigung anführen willst, statt mich lieber bei der Gemeinde selbst zu erkundigen, was geschehen ist? Lies die öffentliche Erklärung der Liparer vor, und dann, wie das Geld dem Valentius ausgezahlt worden ist. – (Die öffentliche Erklärung. Wie gezahlt worden ist, nach öffentlichen Urkunden.) – Auch diese Gemeinde, so klein, so weit von deinen Händen und Augen entfernt, getrennt von Sizilien, auf einer öden und ärmlichen Insel gelegen, noch anderen, größeren rechtswidrigen Maßnahmen von deiner Seite im Übermaß ausgeliefert, sie war für dich auch in dieser Hinsicht, der Getreideabgabe, ein Objekt der Ausbeutung und Gewinnsucht? Du hattest diese ganze Insel einem deiner Genossen gleichsam als ein kleines Angebinde geschenkt,

89

condonaras, ab hac etiam haec frumentaria lucra tamquam a mediterraneis exigebantur? Itaque qui tot annis agellos suos ante te praetorem redimere a piratis solebant, idem se ipsos a te pretio imposito redemerunt.

38 (86) Quid vero? a Tissensibus, perparva ac tenui civitate, sed aratoribus laboriosissimis frugalissimisque hominibus, nonne plus lucri nomine eripitur quam quantum omnino frumenti exararant? ad quos tu decumanum Diognetum Venerium misisti, novum genus publicani. Cur hoc auctore non Romae quoque servi publici ad vectigalia accedunt? Anno secundo Tissenses HS $\overline{XXI}$ lucri dare coguntur inviti; tertio anno $\overline{XII}$ mod. tritici lucri Diogneto Venerio dare coacti sunt. Hic Diognetus, qui ex publicis vectigalibus tanta lucra facit, vicarium nullum habet, nihil omnino peculi. Vos etiam nunc dubitate, si potestis, utrum tantum numerum tritici Venerius apparitor istius sibi acceperit an huic exegerit. (87) Atque haec ex publico Tissensium testimonio cognoscite. TESTIMONIUM PUBLICUM TISSENSIUM. Obscure, iudices, praetor ipse decumanus est, cum eius apparitores frumentum a civitatibus exigant, pecunias imperent, aliquanto plus ipsi lucri auferant quam quantum populo Romano decumarum nomine daturi sunt! Haec aequitas in tuo imperio fuit, haec praetoris dignitas, ut servos Venerios Siculorum dominos esse velles; hic dilectus, hoc discrimen te praetore fuit, ut aratores in servorum numero essent, servi in publicanorum.

39 (88) Quid? Amestratini miseri, impositis ita magnis decu-

90

und doch wurden von ihr noch diese Gewinne in Form von Getreide wie von den im Inneren Siziliens gelegenen Gebieten eingetrieben? Und so haben denn dieselben Leute, die in so vielen Jahren vor deiner Prätur ihre Äckerchen von den Seeräubern loszukaufen pflegten, sogar sich selbst von dir für einen auferlegten Preis losgekauft.

38 (86) Ja noch mehr: wird nicht den Bewohnern von Tissa[90], einer sehr kleinen und ärmlichen Gemeinde, die jedoch aus sehr arbeitsamen Bauern und genügsamen Menschen besteht, als sogenannter Gewinn mehr entrissen, als sie überhaupt an Getreide dem Boden abgewonnen hatten? Zu ihnen hast du als Zehntpächter den Venussklaven Diognetos geschickt: eine neue Art Steuerpächter. Warum sollen sich nach diesem Vorbild nicht auch in Rom die Staatssklaven mit den Steuern befassen? Im zweiten Jahr werden die Bewohner von Tissa gezwungen, gegen ihren Willen 21000 Sesterzen an Gewinn zu zahlen; im dritten Jahr hat man sie genötigt, 12000 Maß Weizen als Gewinn an den Venussklaven Diognetos zu liefern. Dieser Diognetos, der aus den öffentlichen Steuern so große Gewinne zieht, hat keinen Stellvertreter und überhaupt keine Ersparnisse.[91] Jetzt zweifelt noch, wenn ihr könnt, ob ein Venussklave, ein Amtsdiener des Verres, eine so große Menge Weizen für sich erhalten oder für Verres eingetrieben hat. (87) Und dies mögt ihr der öffentlichen Erklärung der Tissener entnehmen. – (Die öffentliche Erklärung der Tissener.) – Da bleibt wohl noch im dunklen, ihr Richter, daß der Prätor selbst als Zehntpächter auftritt, wenn seine Untergebenen Getreide von den Gemeinden eintreiben und ihnen Geldzahlungen auferlegen, für sich selbst aber einen wesentlich größeren Gewinn mitnehmen, als sie an das römische Volk als Zehnten abzuführen gewillt sind. Das war die Gerechtigkeit in deinem Herrschaftsbereich, das die Würde des Prätors, daß du die Sklaven der Venus zu Herren der Sizilier machtest; diese Einstufung, diese Klasseneinteilung gab es unter deiner Prätur, daß die Landwirte zu den Sklaven, die Sklaven zu den Steuerpächtern zählten.

39 (88) Wie? Den unglücklichen Amestratinern[92] wurde ein

mis ut ipsis reliqui nihil fieret, nonne tamen numerare pecunias coacti sunt? Addicuntur decumae M. Caesio, cum adessent legati Amestratini; statim cogitur Heraclius legatus numerare HS $\overline{\text{XXII}}$. Quid hoc est? quae est ista praeda, quae vis, quae direptio sociorum? Si erat Heraclio ab senatu mandatum ut emeret, emisset: si non erat, qui poterat sua sponte pecuniam numerare? Caesio renuntiat se dedisse. (89) Cognoscite renuntiationem ex litteris publicis. Recita. EX LITTERIS PUBLICIS. Quo senatus consulto erat hoc legato permissum? Nullo. Cur fecit? Coactus est. Quis hoc dicit? Tota civitas. Recita testimonium publicum. TESTIMONIUM PUBLICUM. Ab hac eadem civitate anno secundo simili ratione extortam esse pecuniam et Sex. Vennonio datam ex eodem testimonio cognovistis. At Amestratinos, homines tenuis, cum eorum decumas medimnis DCCC vendidisses Bariobali Venerio – cognoscite nomina publicanorum! – cogis eos plus lucri addere quam quanti venierant, cum magno venissent. Dant Bariobali medimna DCCCL, HS MD. Profecto numquam iste tam amens fuisset ut ex agro populi Romani plus frumenti servo Venerio quam populo Romano tribui pateretur, nisi omnis ea praeda servi nomine ad istum ipsum perveniret. (90) Petrini, cum eorum decumae magno addictae essent, tamen invitissimi P. Naevio Turpioni, homini improbissimo, qui iniuriarum Sacerdote praetore damnatus est, HS

so hoher Zehnte auferlegt, daß für sie selbst nichts mehr übrigblieb: wurden sie dennoch nicht gezwungen, auch noch Geld zu zahlen? Der Zehnte wurde in Anwesenheit der Gesandten von Amestratos dem M. Caesius zugesprochen. Sogleich zwingt man den Gesandten Heraclius, 22 000 Sesterzen zu zahlen. Was soll man dazu sagen? Was ist das für eine Ausbeutung, was für ein Gewaltakt, was für eine Ausplünderung der Bundesgenossen? Wenn Heraclius von seinem Gemeinderat angewiesen worden wäre, den Zehnten zu pachten, so hätte er ihn gepachtet; wenn er aber nicht dazu angewiesen worden war, wie konnte er dann von sich aus das Geld zahlen?[93] Er berichtet daheim, er habe an Caesius gezahlt. (89) Vernehmt seinen Bericht aus dem öffentlichen Protokoll. Lies vor. – (Aus dem öffentlichen Protokoll.) – Durch welchen Beschluß des Gemeinderates war der Gesandte dazu befugt? Durch keinen. Warum tat er es? Er wurde gezwungen. Wer sagt das? Die ganze Gemeinde. Lies die öffentliche Erklärung vor. – (Die öffentliche Erklärung.) – Ihr habt derselben Erklärung entnommen, daß eben dieser Gemeinde im zweiten Jahr auf ähnliche Weise Geld abgenötigt und an Sex. Vennonius gezahlt worden ist. Und doch zwingst du die Amestratiner, ärmliche Leute, nachdem du ihren Zehnten für 800 Scheffel an den Venusdiener Bariobal verpachtet hattest (beachtet die Namen der Steuerpächter!) – du zwingst sie, mehr an Gewinn hinzuzufügen, als die Pachtsumme betragen hatte, obwohl sie hoch gewesen war. Sie entrichten an Bariobal 850 Scheffel und 1500 Sesterzen. Gewiß wäre Verres niemals so unvernünftig gewesen zuzulassen, daß von einem Landgebiet des römischen Volkes ein Sklave der Venus mehr Getreide erhält als das römische Volk, wenn nicht diese ganze Beute unter dem Namen des Sklaven an ihn selbst gefallen wäre. (90) Der Zehnte der Petriner[94] war für einen hohen Erlös vergeben worden; dennoch wurden sie gezwungen, trotz ihres entschiedenen Protestes 52 000 Sesterzen an P. Naevius Turpio zu zahlen, einen ganz gewissenlosen Menschen, der unter der Prätur des Sacerdos wegen rechtswidriger Handlungen verurteilt worden war.[95] Hast du

93

$\overline{\text{LII}}$ dare coacti sunt. Itane dissolute decumas vendidisti ut, cum esset medimnum HS XV, venissent autem decumae medimnum $\overline{\text{III}}$, hoc est HS $\overline{\text{XXXXV}}$, lucri decumano HS $\overline{\text{LII}}$ darentur? At permagno decumas eius agri vendidisti. Videlicet gloriatur non Turpioni lucrum datum esse, sed Petrinis pecuniam ereptam.

40 (91) Quid? Halicyenses, quorum incolae decumas dant, ipsi agros immunis habent, nonne huic eidem Turpioni, cum decumae C med. venissent, HS $\overline{\text{XV}}$ dare coacti sunt? Si id quod maxime vis posses probare, haec ad decumanos lucra venisse, nihil te attigisse, tamen hae pecuniae per vim atque iniuriam tuam captae et conciliatae tibi fraudi ac damnationi esse deberent; cum vero hoc nemini persuadere possis, te tam amentem fuisse ut Apronium et Turpionem, servos homines, tuo liberumque tuorum periculo divites fieri velles, dubitaturum quemquam existimas quin illis emissariis haec tibi omnis pecunia quaesita sit? (92) Segestam item ad immunem civitatem Venerius Symmachus decumanus immittitur. Is ab isto litteras adfert, ut sibi contra omnia senatus consulta, contra omnia iura, contraque legem Rupiliam extra forum vadimonium promittant aratores. Audite litteras quas ad Segestanos miserit. LITTERAE C. VERRIS. Hic Venerius quem ad modum aratores eluserit, ex una pactione hominis honesti gratiosique cognoscite; in eodem enim genere sunt cetera. (93) Diocles est Panhormitanus, Phimes cognomine, homo

so leichtsinnig den Zehnten verpachtet? Der Scheffel kostete
15 Sesterzen, der Zehnte aber war für 3000 Scheffel, das heißt
für 45000 Sesterzen verpachtet, und doch wurden dem
Zehntpächter noch 52000 Sesterzen als Gewinn gezahlt?
Aber du hast ja den Zehnten dieses Landstriches sehr hoch
verpachtet. Freilich, wessen er sich rühmen kann, ist nicht
der Umstand, daß Turpio ein Gewinn gezahlt, sondern den
Petrinern ihr Geld entrissen wurde.

40 (91) Ferner: Die Gemeinde Halikyai, deren Bewohner
ohne Bürgerrecht den Zehnten entrichten, während die Bürger selbst abgabenfreie Äcker haben,[96] wurde sie nicht gezwungen, an eben diesen Turpio 15000 Sesterzen zu zahlen, während der Zehnte für 100 Scheffel verpachtet worden
war? Selbst wenn du, was du am liebsten möchtest, glaubhaft
machen könntest, daß diese Gewinne an die Zehntpächter
gefallen seien und du nichts damit zu tun hättest, so müßte es
dir doch schaden und zu deiner Verurteilung führen, daß es
mit Hilfe deiner gewalttätigen und ungerechten Herrschaft
möglich war, diese Gelder wegzunehmen und sich anzueig-
nen. Du kannst aber niemanden davon überzeugen, du seiest
so verrückt gewesen, daß du einen Apronius und Turpio,
Leute aus dem Sklavenstande, auf deine und deiner Kinder
Gefahr hin habest reich machen wollen; und da glaubst du,
jemand werde noch zweifeln, daß diese Sendboten das ganze
Geld für dich beschafft haben? (92) Ebenso wird auf Segesta,
eine abgabenfreie Gemeinde, der Venussklave Symmachos
als Zehntpächter losgelassen. Der bringt ein Schreiben von
Verres mit, die Landwirte sollten bei ihm entgegen allen
Senatsbeschlüssen, entgegen allen rechtlichen Bestimmungen
und entgegen dem Rupilischen Gesetz[97] außerhalb ihres
Bezirkes vor Gericht erscheinen. Hört euch das Schreiben an,
das er den Segestanern geschickt hat. – (Das Schreiben des C.
Verres.) – Wie unser Venussklave mit den Landwirten sein
Spiel getrieben hat, das mögt ihr an einem einzigen Pachtvertrag dieses ehrenwerten und freundlichen Menschen erkennen. Das übrige nämlich ist von derselben Art. (93) Diokles
aus Panormos, mit dem Beinamen Phimes, ist ein allgemein

inlustris ac nobilis. Arabat is agrum conductum in Segestano; nam commercium in eo agro nemini est; conductum habebat HS sex milibus. Pro decuma, cum pulsatus a Venerio esset, decidit HS $\overline{\text{XVI}}$ et medimnis DCLIIII. Id ex tabulis ipsius cognoscite. NOMEN DIOCLIS PANHORMITANI. Huic eidem Symmacho C. Annaeus Brocchus senator, homo eo splendore, ea virtute, qua omnes existimatis, nummos praeter frumentum coactus est dare. Venerione servo te praetore talis vir, senator populi Romani, quaestui fuit?

41 (94) Hunc ordinem si dignitate antecellere non existimabas, ne hoc quidem sciebas, iudicare? Antea cum equester ordo iudicaret, improbi et rapaces magistratus in provinciis inserviebant publicanis; ornabant eos qui in operis erant; quemcumque equitem Romanum in provincia viderant, beneficiis ac liberalitate prosequebantur; neque tantum illa res nocentibus proderat quantum obfuit multis, cum aliquid contra utilitatem eius ordinis voluntatemque fecissent. Retinebatur hoc tum nescio quo modo quasi communi consilio ab illis diligenter, ut, qui unum equitem Romanum contumelia dignum putasset, ab universo ordine malo dignus iudicaretur: (95) tu sic ordinem senatorium despexisti, sic ad iniurias libidinesque tuas omnia coaequasti, sic habuisti statutum cum animo ac deliberatum, omnis qui habitarent in Sicilia, aut qui Siciliam te praetore attigissent, iudices reicere ut illud non

bekannter und vornehmer Mann. Der bewirtschaftete im Gebiet von Segesta ein Grundstück, das er gepachtet hatte; denn Eigentum käuflich zu erwerben, ist in diesem Gebiet niemandem erlaubt. Er hatte das Grundstück für 6000 Sesterzen gepachtet. Der Venussklave mißhandelte ihn grob; daraufhin schloß er zur Abgeltung des Zehnten für 16000 Sesterzen und 654 Scheffel ab. Das mögt ihr aus seinen Büchern entnehmen. – (Der Schuldposten des Diokles aus Panormos.) – Der Senator C. Annaeus Brocchus, ein Mann von einem Ansehen und einer Tüchtigkeit, wie ihr alle sie ihm zuerkennt, wurde gezwungen, an eben diesen Symmachos außer dem Getreide noch Geld zu entrichten. Ein Sklave der Venus konnte unter deiner Prätur einen solchen Mann, einen Senator des römischen Volkes, als Erwerbsquelle benutzen?

41 (94) Wenn du schon nicht glaubtest, daß sich dieser Stand durch seinen Rang auszeichne, wußtest du nicht einmal, daß er das Richteramt ausübt? Früher, als der Richterstand dies Amt innehatte, da waren die schlechten und raubgierigen Beamten in den Provinzen den Steuerpächtern äußerst gefällig;[98] sie begünstigten diejenigen, die dort geschäftlich tätig waren, und erwiesen sich gegen jeden römischen Ritter, den sie in ihrer Provinz sahen, entgegenkommend und großzügig. Und dieses Verhalten nützte nicht so sehr den Übeltätern, als es vielen anderen schadete, wenn sie in irgendeiner Beziehung gegen den Nutzen oder Willen dieses Standes gehandelt hatten. Die Ritter hielten damals, ich weiß nicht wie, gleichsam auf Grund eines gemeinsamen Beschlusses, gewissenhaft daran fest, daß, wer auch nur bei *einem* römischen Ritter eine Kränkung für berechtigt halte, von dem ganzen Stande schlecht behandelt zu werden verdiene. (95) Du aber hast den Senatorenstand mißachtet, hast alles nach deinen ungerechten und willkürlichen Handlungen ausgerichtet, hast dir überlegt und beschlossen, alle Senatoren, die in Sizilien wohnten oder unter deiner Prätur den Boden Siziliens betraten, als Richter zu verwerfen, und all dies in einer Weise, daß du doch wohl nicht bedachtest, du werdest

97

cogitares tamen, ad eiusdem ordinis homines te iudices esse
venturum? in quibus si ex ipsorum domestico incommodo
nullus dolor insideret, tamen esset illa cogitatio, in alterius
iniuria sese despectos dignitatemque ordinis contemptam et
abiectam. Quod mehercule, iudices, mihi non mediocriter
ferendum videtur; habet enim quendam aculeum contumelia,
quem pati pudentes ac viri boni difficillime possunt. (96) Spo-
liasti Siculos; solent enim muti esse in iniuriis suis. Vexasti
negotiatores; inviti enim Romam raroque decedunt. Equites
Romanos ad Aproni iniurias dedisti; quid enim iam nocere
possunt quibus non licet iudicare? Quid? cum senatores sum-
mis iniuriis adficis, quid aliud dicis nisi hoc, 'Cedo mihi etiam
istum senatorem, ut hoc amplissimum nomen senatorium
non modo ad invidiam imperitorum, sed etiam ad contumeliam improborum natum esse videatur?' (97) Neque hoc in
uno fecit Annaeo, sed in omnibus senatoribus, ut ordinis
nomen non tantum ad honorem quantum ad ignominiam
valeret. In C. Cassio, clarissimo et fortissimo viro, cum is eo
ipso tempore primo istius anno consul esset, tanta improbitate usus est ut, cum eius uxor, femina primaria, paternas
haberet arationes in Leontino, frumentum omne decumanos
auferre iusserit. Hunc tu in hac causa testem, Verres, habebis,
quoniam iudicem ne haberes providisti. (98) Vos autem, iudices, putare debetis esse quiddam nobis inter nos commune
atque coniunctum. Multa sunt imposita huic ordini munera,
multi labores, multa pericula non solum legum ac iudiciorum,

vor Leuten eben dieses Standes als deinen Richtern erscheinen müssen? Denn diese mußten ja, auch wenn sie kein Groll über eine Schädigung der eigenen Familie erfüllte, gleichwohl auf den Gedanken kommen, durch das einem anderen zugefügte Unrecht seien sie selbst gedemütigt und das Ansehen des Standes mißachtet und herabgesetzt worden. Wahrhaftig, ihr Richter, das darf man, scheint mir, nicht ruhig hinnehmen. Denn die Kränkung birgt sozusagen einen Stachel in sich, mit dem sich Männer von Ehrgefühl und rechtschaffener Art nur sehr schwer abfinden können. (96) Du hast die Sizilier ausgeplündert; sie pflegen ja bei den Mißhandlungen, die sie erleiden, stumm zu bleiben. Du hast die Kaufleute übel behandelt: sie gehen ja ungern und selten nach Rom. Du hast römische Ritter den Willkürhandlungen des Apronius preisgegeben; denn was können die noch schaden, die das Richteramt nicht mehr ausüben dürfen? Ferner: wenn du Senatoren die schlimmsten Kränkungen zufügst, was tust du damit anderes kund als: »Schafft mir auch diesen Senator her, damit man sieht, daß der hochangesehene Senatorenname nicht nur den Gehässigkeiten einfältiger, sondern auch den Beschimpfungen gewissenloser Leute ausgesetzt ist.« (97) Und dies hat er sich nicht nur bei Annaeus geleistet, sondern bei allen Senatoren; so brachte der Name des Standes nicht so sehr Ehren als Beschimpfungen ein. Gegen C. Cassius, einen hochangesehenen und sehr tüchtigen Mann, der gerade zu der Zeit im ersten Amtsjahr des Verres Konsul war,[99] verfuhr er mit größter Frechheit: dessen Gattin, eine vornehme Frau, besaß im Leontinischen vom Vater ererbte Ländereien; Verres befahl den Zehntpächtern, das ganze Getreide zu beschlagnahmen. Diesen Cassius wirst du in dieser Sache als Zeugen gegen dich haben, Verres, da du ja sorglich darauf geachtet hast, ihn nicht zum Richter zu haben. (98) Ihr aber müßt glauben, ihr Richter, daß uns etwas Gemeinsames miteinander verbindet. Viele Bürden sind unserem Stande auferlegt, viele Mühen, viele Gefahren, nicht nur durch die Gesetze und Gerichte, sondern auch durch die Stimme des Volkes und die

sed etiam rumorum ac temporum: sic est hic ordo quasi propositus atque editus in altum ut ab omnibus ventis invidiae circumflari posse videatur. In hac tam misera et iniqua condicione vitae ne hoc quidem retinebimus, iudices, ut magistratibus nostris in obtinendo iure nostro ne contemptissimi ac despicatissimi esse videamur?

42 (99) Thermitani miserunt qui decumas emerent agri sui. Magni sua putabant interesse publice potius quamvis magno emi quam in aliquem istius emissarium inciderent. Adpositus erat Venuleius quidam qui emeret. Is liceri non destitit; illi quoad videbatur ferri aliquo modo posse contenderunt; postremo liceri destiterunt. Addicitur Venuleio tritici medimnum VIII milibus. Legatus Posidorus renuntiat. Cum omnibus hoc intolerandum videretur, tamen Venuleio dantur, ne accedat, tritici mod. $\overline{\text{VII}}$ et praeterea HS $\overline{\text{II}}$: ex quo facile apparet quae merces decumani, quae praetoris praeda esse videatur. Cedo Thermitanorum mihi litteras et testimonium. TABULAE THERMITANORUM ET TESTIMONIUM. (100) Imacharensis iam omni frumento ablato, iam omnibus iniuriis tuis exinanitos, tributum facere miseros ac perditos coegisti, ut Apronio darent HS $\overline{\text{XX}}$. Recita et decretum de tributis et publicum testimonium. SENATUS CONSULTUM DE TRIBUTO CONFERUNDO. TESTIMONIUM IMACHARENSIUM. Hennenses, cum decumae venissent agri Hennensis med. $\overline{\text{VIIICC}}$, Apronio coacti sunt dare tritici modium $\overline{\text{XVIII}}$ et HS III milia. Quaeso, attendite quantus numerus frumenti cogatur ex

Zeitumstände. Infolgedessen ist dieser Stand gleichsam der Blöße ausgesetzt und ragt hoch heraus, so daß er, scheint es, von allen Stürmen der Mißgunst umweht werden kann. Sollen wir in dieser so beklagenswerten und ungünstigen Lebensstellung nicht einmal daran festhalten, ihr Richter, daß wir unseren Beamten, wenn wir unser Recht zu behaupten suchen, nicht als Leute erscheinen, auf die man voller Verachtung herabsehen kann?

42 (99) Die Thermitaner[100] ordneten Leute ab, die den Zehnten ihrer Feldmark pachten sollten. Sie glaubten, es sei von großer Wichtigkeit für sie, den Zehnten lieber von Gemeinde wegen, wenn auch teuer, zu pachten als einem Abgesandten des Verres in die Hände zu fallen. Man hatte nämlich einen gewissen Venuleius dazu ausersehen, die Pacht zu ersteigern. Der ließ nicht ab zu bieten. Die Thermitaner hielten mit, solange es einigermaßen erträglich schien. Schließlich hörten sie auf zu bieten. Venuleius erhält den Zuschlag für 8000 Scheffel Weizen. Der Gesandte Posidoros erstattet hierüber Bericht. Die Forderung erschien allen unerträglich hoch; gleichwohl entrichtet man an Venuleius, damit er nicht erscheine, 7000 Maß Weizen und außerdem 2000 Sesterzen.[101] Hieraus ist leicht ersichtlich, was man als Lohn des Zehntpächters, was als Beute des Prätors ansehen muß. Ich bitte um das Protokoll und die Erklärung der Thermitaner. – (Das Protokoll und die Erklärung der Thermitaner.) – (100) Den Bewohnern von Imachara[102] hatte man schon das ganze Getreide weggenommen, man hatte sie schon durch alle möglichen Übergriffe von deiner Seite ausgeplündert; da zwangst du die Unglücklichen und Verzweifelten, eine Abgabe zu entrichten: sie mußten dem Apronius 20000 Sesterzen zahlen. Lies die Verordnung über die Abgaben und die öffentliche Erklärung vor. – (Der Ratsbeschluß über die Aufbringung der Abgaben. Die Erklärung der Bürger von Imachara.) – Der Zehnte des Gebietes von Henna war für 8200 Scheffel verpachtet worden; trotzdem zwang man die Hennenser, noch 18000 Maß Weizen und 3000 Sesterzen an Apronius zu entrichten.[103] Beachtet bitte, welch riesige

101

omni agro decumano. Nam per omnis civitates quae decumas debent percurrit oratio mea, et in hoc genere nunc, iudices, versor, non in quo singillatim aratores eversi bonis omnibus sint, sed quae publice decumanis lucra data sint, ut aliquando ex eorum agris atque urbibus expleti atque saturati cum hoc cumulo quaestus decederent. **43** (101) Calactinis quam ob rem imperasti anno tertio ut decumas agri sui, quas Calactae dare consueverant, Amestrati M. Caesio decumano darent? quod neque ante te praetorem illi fecerant neque tu ipse hoc ita statueras antea per biennium. Theomnastus Syracusanus in agrum Mutycensem cur abs te immissus est? qui aratores ita vexavit ut illi in alteras decumas, id quod in aliis quoque civitatibus ostendam, triticum emere necessario propter inopiam cogerentur. (102) Iam vero ex Hyblensium pactionibus intellegetis, quae factae sunt cum decumano Cn. Sergio, sexiens tanto quam quantum satum sit ablatum esse ab aratoribus. Recita sationes et pactiones ex litteris publicis. Cognoscite pactiones Menaenorum cum Venerio servo. Cognoscite item professiones sationum et pactiones Menaenorum. Patiemini, iudices, ab sociis, ab aratoribus populi Romani, ab eis qui vobis laborant, vobis serviunt, qui ita plebem Romanam ab sese ali volunt ut sibi ac liberis suis tantum supersit quo ipsi ali possint, ab his per summam iniuriam, per acerbissimas contumelias plus aliquanto ablatum esse quam natum sit?

(103) Sentio, iudices, moderandum mihi esse iam orationi

Menge Getreide man aus allen zehntpflichtigen Gebieten zusammenbringt. Denn in meiner Rede gehe ich schnell sämtliche Gemeinden durch, die Zehntabgaben leisten müssen, und ich befasse mich jetzt nicht mit *den* Fällen, ihr Richter, wo man die Landwirte einzeln um ihren ganzen Besitz gebracht hat, sondern mit den Gewinnen, die aus öffentlichen Mitteln an die Zehntpächter gezahlt worden sind, damit sie sich nur endlich vollgefüllt und gesättigt mitsamt diesem Übermaß an Gewinn aus den Feldern und Städten entfernten. **43** (101) Weshalb hast du im dritten Jahre den Kalaktinern befohlen, sie sollten den Zehnten ihres Gebietes, den sie in Kalakte[104] abzuliefern pflegten, in Amestratos an den Zehntpächter M. Caesius entrichten?[105] Das hatten sie weder vor deiner Prätur getan, noch hattest du selbst in den beiden Jahren vorher es so angeordnet. Warum entsandtest du den Syrakusaner Theomnastos in das Gebiet von Motyka[106]? Der hat die Landwirte so ausgeplündert, daß sie für den zweiten Zehnten[107] (ich werde das auch bei anderen Gemeinden aufzeigen)[108] aus Mangel an eigenem Getreide notgedrungen Weizen kaufen mußten. (102) Ferner könnt ihr aus den Pachtverträgen der Hybläer, die sie mit dem Zehntpächter Cn. Sergius abgeschlossen haben, ersehen, daß den Landwirten sechsmal soviel abgenommen wurde, wie ausgesät worden war. Lies aus dem öffentlichen Protokoll die Berichte über die Aussaat und die Verträge vor. Nehmt nun die Verträge der Menäer[109] mit dem Venussklaven zur Kenntnis. Nehmt ebenfalls die Angaben über die Aussaat und die Vertragsabschlüsse der Menäer zur Kenntnis. Wollt ihr dulden, ihr Richter, daß den Bundesgenossen, den Landwirten des römischen Volkes, denen, die für euch arbeiten, euch dienen, die das römische Volk so zu ernähren wünschen, daß für sie selbst und ihre Kinder gerade so viel übrigbleibt, womit sie sich selbst ernähren können – daß diesen durch das schlimmste Unrecht, durch die bittersten Mißhandlungen beträchtlich mehr abgenommen als erzeugt worden ist?

(103) Ich spüre, ihr Richter, ich muß jetzt in meiner Rede

meae fugiendamque vestram satietatem. Non versabor in uno
genere diutius, et ita cetera de oratione mea tollam ut in causa
tamen relinquam. Audietis Agrigentinorum, fortissimorum
virorum, diligentissimorum aratorum, querimonias; cognoscetis Entellinorum, hominum summi laboris summaeque
industriae, dolorem et iniurias; Heracliensium, Gelensium,
Soluntinorum incommoda proferentur; Catinensium, locupletissimorum hominum amicissimorumque, agros vexatos
ab Apronio cognoscetis; Tyndaritanam, nobilissimam civitatem, Cephaloeditanam, Haluntinam, Apolloniensem,
Enguinam, Capitinam perditas esse hac iniquitate decumarum intellegetis; Inensibus, Murgentinis, Assorinis, Helo-
rinis, Ietinis nihil omnino relictum; Cetarinos, Scherinos,
parvarum civitatum homines, omnino abiectos esse ac perditos; omnis denique agros decumanos per triennium populo
Romano ex parte decuma, C. Verri ex omni reliquo vectigalis
fuisse, et plerisque aratoribus nihil omnino superfuisse; si cui
quid autem aut relictum aut remissum sit, id fuisse tantum
quantum ex eo quo istius avaritia contenta fuit redundarit.
44 (104) Duarum mihi civitatum reliquos feci agros, iudices,
fere optimos ac nobilissimos, Aetnensem et Leontinum.
Horum ego agrorum missos faciam quaestus trienni; unum
annum eligam, quo facilius id quod institui explicare possim.
Sumam annum tertium, quod et recentissimus est et ab isto ita

Maß halten und eine Übersättigung von euch zu vermeiden suchen. Ich will mich nicht länger mit der einen Art abgeben, sondern die übrigen Fälle aus meiner Rede herausnehmen, mit der Einschränkung, daß ich mir ihre Behandlung in diesem Prozeß gleichwohl vorbehalte. Hören werdet ihr noch von den Beschwerden der Agrigentiner, außerordentlich tüchtiger Leute und sehr gewissenhafter Landwirte, werdet Kenntnis erhalten von dem Leid und dem Unrecht, das den Bürgern von Entella[110], höchst arbeitsamen und höchst fleißigen Leuten, zugefügt wurde; die Leiden der Einwohner von Herakleia[111], von Gela[112] und von Solus[113] sollen vor euch gebracht werden; wie Apronius die Ländereien der Catinenser[114], sehr wohlhabender und mit uns eng befreundeter Leute, ausgeplündert hat, sollt ihr erfahren; daß Tyndaris[115], eine sehr angesehene Gemeinde, Kephaloidion[116], Haluntion[117], Apollonia[118], Engyon[119] und Capitium[120] durch diese unbillige Handhabung des Zehnten zugrunde gerichtet worden sind, davon werdet ihr euch einen Begriff machen können; ebenso davon, daß man den Bewohnern von Ina[121], Murgantia[122], Assoros[123], Heloros[124] und Ietai[125] überhaupt nichts übriggelassen hat, daß die Ketarier[126] und Scheriner[127], Bürger kleiner Gemeinden, völlig in den Staub getreten und zugrunde gerichtet worden sind, kurz, daß alle zehntpflichtigen Landgebiete drei Jahre hindurch dem römischen Volke mit einem Zehntel, dem C. Verres mit allem übrigen steuerpflichtig waren und den meisten Landwirten überhaupt nichts übrigblieb, daß jedoch, wenn man jemandem etwas zurückließ oder zugestand, das nur soviel war, als über das hinausging, mit dem die Habgier des Verres zufrieden war.

44 (104) Zweier Gemeinden Landgebiete habe ich mir noch vorbehalten, ihr Richter, so ziemlich die besten und ausgezeichnetsten, die von Ätna und Leontinoi. Den dreijährigen Gewinn aus diesen Gebieten will ich beiseite lassen; ich will nur ein Jahr auswählen, um das, was ich mir vorgenommen, desto leichter darstellen zu können. Ich werde mir das dritte Jahr vornehmen, weil es das letzte ist und weil Verres es so

administratus ut, cum se certe decessurum videret, non laboraret si aratorem nullum in Sicilia omnino esset relicturus. Agri Aetnensis et Leontini decumas agemus. Attendite, iudices, diligenter. Agri sunt feraces, annus tertius, decumanus Apronius. (105) De Aetnensibus perpauca dicam; dixerunt enim ipsi priore actione publice. Memoria tenetis Artemidorum Aetnensem, legationis eius principem, publice dicere Apronium venisse Aetnam cum Veneriis; vocasse ad se magistratus, imperasse ut in foro sibi medio lecti sternerentur, cotidie solitum esse non modo in publico, sed etiam de publico convivari; cum in eius conviviis symphonia caneret maximisque poculis ministraretur, retineri solitos esse aratores, atque ab eis non modo per iniuriam sed etiam per contumeliam tantum exprimi frumenti quantum Apronius imperasset. (106) Audistis haec, iudices; quae nunc ego omnia praetereo et relinquo. Nihil de luxuria Aproni loquor, nihil de insolentia, nihil de permissa ab isto licentia, nihil de singulari nequitia ac turpitudine: tantum de quaestu ac lucro dicam unius agri et unius anni, quo facilius vos coniecturam de triennio et de tota Sicilia facere possitis. Sed mihi Aetnensium brevis est ratio; ipsi enim venerunt, ipsi publicas litteras deportaverunt; docuerunt vos quid lucelli fecerit homo non malus, familiaris praetoris, Apronius. Id, quaeso, ex ipsorum testimonio cognoscite. 45 Recita. TESTIMONIUM AETNENSIUM. Quid ais? Dic, dic, quaeso, clarius, ut populus Romanus de suis vectigalibus, de suis aratoribus, de suis sociis atque

verwaltet hat, daß es ihm, da er seinen baldigen Weggang mit
Gewißheit vor sich sah, nichts ausmachte, wenn er überhaupt
keinen Landwirt in Sizilien zurückließe. Wir wollen also den
Zehnten des Gebietes von Ätna und Leontinoi behandeln.
Gebt sorgfältig acht, ihr Richter. Die Felder sind ertragreich;
es ist das dritte Jahr; Zehntpächter ist Apronius. (105) Über
die Leute von Ätna will ich nur ganz wenig sagen; sie haben ja
selbst in der ersten Verhandlung im Namen der Gemeinde
ausgesagt. Ihr besinnt euch, daß Artemidoros aus Ätna, der
Leiter dieser Gesandtschaft, öffentlich erklärte: Apronius sei
mit den Venussklaven nach Ätna gekommen, habe die Behörden zu sich bestellt und habe befohlen, für ihn mitten auf dem
Marktplatz Speisesofas herzurichten; es sei seine tägliche
Gewohnheit gewesen, nicht nur in der Öffentlichkeit, sondern auch auf öffentliche Kosten zu tafeln; während bei seinen Tafelrunden Gesang mit Orchesterbegleitung erklang
und mit den größten Bechern aufgewartet wurde, habe man
regelmäßig Landwirte festgehalten und von ihnen nicht
nur auf widerrechtliche, sondern sogar auf kränkende Weise soviel Getreide erpreßt, wie Apronius befohlen habe.
(106) Alles dies habt ihr gehört, ihr Richter; ich übergehe es
jetzt und lasse es beiseite. Nichts sage ich über die Schwelge-
rei des Apronius, nichts über seine Unverschämtheit, nichts
über die Zügellosigkeit, der er freien Lauf ließ, nichts über
seine beispiellose Nichtsnutzigkeit und Gemeinheit; nur von
dem Ertrag und Gewinn aus *einem* Gebiet und während *eines*
Jahres will ich sprechen, damit ihr euch von daher um so
leichter ein Urteil über die drei Jahre und über ganz Sizilien
bilden könnt. Der Bericht über die Leute von Ätna kann also
kurz sein. Sie sind ja selbst erschienen, haben selbst öffentliche Schreiben mitgebracht; sie haben euch davon unterrich-
tet, was für ein Sümmchen als Gewinn dieser nicht üble Bursche an sich gebracht hat, der Freund des Prätors, Apronius.
Entnehmt das bitte ihrer eigenen Zeugenaussage. **45** Lies vor.
– (Die Zeugenaussage der Bürger von Ätna.) – Was sagst du
da? Sprich, sprich doch bitte lauter, damit das römische Volk
von seinen Steuern, von seinen Landwirten, von seinen Bun-

107

amicis audiat. $\overline{L}$ MED., HS $\overline{L}$. Per deos immortalis! unus ager uno anno trecenta milia mod. tritici et praeterea HS $\overline{L}$ lucri dat Apronio! Tantone minoris decumae venierunt quam fuerunt, an, cum satis magno venissent, hic tantus tamen frumenti pecuniaeque numerus ab aratoribus per vim ablatus est? Utrum enim horum dixeris, in eo culpa et crimen haerebit. (107) Nam illud quidem non dices – quod utinam dicas! – ad Apronium non pervenisse tantum. Ita te non modo publicis tenebo sed etiam privatis aratorum pactionibus ac litteris ut intellegas non te diligentiorem in faciendis furtis fuisse quam me in deprehendendis. Hoc tu feres? hoc quisquam defendet? hoc hi, si aliter de te statuere voluerint, sustinebunt? uno adventu ex uno agro Q. Apronium, praeter eam quam dixi pecuniam numeratam, CCC milia mod. tritici lucri nomine sustulisse! (108) Quid? hoc Aetnenses soli dicunt? Immo etiam Centuripini, qui agri Aetnensis multo maximam partem possident; quorum legatis, hominibus nobilissimis, Androni et Artemoni, senatus ea mandata dedit quae publice ad civitatem ipsorum pertinebant; de iis iniuriis quas cives Centuripini non in suis sed in aliorum finibus acceperant, senatus et populus Centuripinus legatos noluit mittere; ipsi aratores Centuripini, qui numerus est in Sicilia maximus hominum honestissimorum et locupletissimorum, tris legatos, civis suos, delegerunt, ut eorum testimonio non unius agri sed prope totius Siciliae calamitates cognosceretis. Arant

desgenossen und Freunden erfährt. 50000 Scheffel, 50000 Sesterzen. Bei den unsterblichen Göttern! Ein einziges Ackerbaugebiet erbringt in einem Jahre 300000 Maß[128] Weizen und außerdem 50000 Sesterzen Gewinn für Apronius! Ist der Zehnte so viel niedriger verpachtet worden als er wert war, oder, wenn man ihn hoch genug verpachtet hat, ist diese gewaltige Menge Getreide und Geld gleichwohl den Landwirten mit Gewalt abgenommen worden? Denn für welche dieser beiden Möglichkeiten du dich auch entscheidest, in jedem Falle klebt Schuld und Verbrechen daran. (107) Denn das wirst du gewiß nicht behaupten – möchtest du es doch behaupten! –, daß an Apronius nicht so viel gefallen ist. So will ich dich nicht nur durch amtliche Protokolle überführen, sondern auch durch die privaten Verträge und Schriftstücke der Landwirte, damit du erkennst, daß du nicht sorgfältiger bei der Ausführung der Diebstähle gewesen bist als ich bei ihrer Aufdeckung. Wirst du das überstehen? Wird das jemand rechtfertigen? Werden die Richter hier das hinnehmen können, auch wenn sie anders über dich zu entscheiden wünschten? Daß bei einem einzigen Besuche aus einem einzigen Gebiet Q. Apronius außer dem erwähnten Bargeld 300000 Maß Weizen als Gewinn mitgenommen hat? (108) Wie? Behaupten das allein die Bürger von Ätna? Nein, auch die Centuripiner, die den weitaus größten Teil des Ackerlandes von Ätna besitzen. Deren Gesandten Andron und Artemon, hochangesehenen Männern, hat der Gemeinderat nur Aufträge erteilt, die sich auf die öffentlichen Angelegenheiten ihrer eigenen Gemeinde bezogen; wegen der Übergriffe, die die Bürger von Centuripae nicht in ihrem eigenen, sondern auf fremdem Gebiete haben hinnehmen müssen, wollten der Rat und das Volk von Centuripae keine Gesandten schicken. Doch die Landwirte von Centuripae selbst, hochangesehene und sehr vermögende Leute, deren Zahl in Sizilien sehr groß ist, haben drei ihrer Mitbürger als Gesandte ausgewählt, damit ihr durch ihre Zeugenaussage nicht nur von den schweren Leiden eines einzigen Gebietes, sondern fast ganz Siziliens Kenntnis erhieltet. Die Centuripi-

enim tota Sicilia fere Centuripini, et hoc in te graviores certioresque testes sunt, quod ceterae civitates suis solum incommodis commoventur, Centuripini, quod in omnium fere finibus possessiones habent, etiam ceterarum civitatum damna ac detrimenta senserunt.

46 (109) Verum, uti dixi, ratio certa est Aetnensium et publicis et privatis litteris consignata. Meae diligentiae pensum magis in Leontino agro est exigendum propter hanc causam, quod ipsi Leontini publice non sane me multum adiuverunt; neque enim eos isto praetore hae decumanorum iniuriae laeserunt, potius etiam, iudices, adiuverunt. Mirum fortasse hoc vobis aut incredibile videatur, in tantis aratorum incommodis Leontinos, qui principes rei frumentariae fuerint, expertis incommodorum atque iniuriarum fuisse. Hoc causae est, iudices, quod in agro Leontino praeter unam Mnasistrati familiam glebam Leontinorum possidet nemo. Itaque Mnasistrati, hominis honestissimi atque optimi viri, testimonium, iudices, audistis: ceteros Leontinos, quibus non modo Apronius in agris sed ne tempestas quidem ulla nocere potuit, exspectare nolite: etenim non modo incommodi nihil ceperunt, sed etiam in Apronianis illis rapinis in quaestu sunt compendioque versati.

(110) Quapropter, quoniam Leontina civitas me atque legatio propter eam quam dixi causam defecit, mihimet ineunda ratio et via reperiunda est qua ad Aproni quaestum, sive adeo qua ad istius ingentem immanemque praedam possim pervenire. Agri Leontini decumae tertio anno venierunt tritici medimnum $\overline{XXXVI}$, hoc est tritici mod. CC et XVI milibus. Magno, iudices, magno; neque enim hoc possum negare. Itaque

ner betreiben nämlich in fast ganz Sizilien Ackerbau, und sie sind um so gewichtigere und glaubwürdigere Zeugen gegen dich, weil die übrigen Gemeinden nur über ihre eigenen Leiden erbittert sind, die Centuripiner aber, die in fast allen Gebieten Besitzungen haben, auch die Verluste und Schäden der übrigen Gemeinden zu spüren bekamen.

46 (109) Doch, wie gesagt, die Angaben der Leute von Ätna sind zweifelsfrei und durch amtliche und private Schriftstücke beglaubigt. Die meiner Sorgfalt gestellte Aufgabe läßt sich besser bei dem Gebiet von Leontinoi beurteilen, und zwar deswegen, weil die Leontiner selbst mich von Amts wegen nicht eben sehr unterstützt haben. Denn sie erlitten durch diese Rechtsbrüche, die die Zehntpächter unter der Prätur des Verres begingen, keinen Schaden, im Gegenteil, ihr Richter, sie hatten sogar noch Vorteil davon. Das mag euch vielleicht sonderbar oder unglaublich erscheinen, daß bei einer so üblen Behandlung der Landwirte die Leontiner, die im Getreidebau den ersten Platz einnahmen, von den üblen Machenschaften und Übergriffen verschont geblieben sind. Der Grund hiervon ist, ihr Richter, daß im Gebiet von Leontinoi außer der einen Familie des Mnasistratos kein Leontiner auch nur eine Scholle besitzt. Daher habt ihr die Zeugenaussage des Mnasistratos, eines hochangesehenen und vorzüglichen Mannes, gehört, ihr Richter; von den übrigen Leontinern, denen auf den Feldern kein Apronius, ja nicht einmal ein Unwetter schaden konnte, erwartet nichts. Denn sie erlitten nicht nur keinerlei Schaden, sondern waren sogar bei den Raubzügen des Apronius um ihren eigenen Gewinn und Vorteil bemüht.

(110) Da mir die Gemeinde von Leontinoi und eine Gesandtschaft aus dem genannten Grunde nicht zur Verfügung steht, muß ich also selbst Mittel und Wege finden, wie ich an den Gewinn des Apronius oder vielmehr wie ich an die ungeheure und unermeßliche Beute des Verres herankommen kann. Der Zehnte des leontinischen Ackerlandes wurde im dritten Jahre für 36 000 Scheffel Weizen, das heißt für 216 000 Maß Weizen verpachtet. Teuer, ihr Richter, teuer; das kann ich wirklich

necesse est aut damnum aut certe non magnum lucrum fecisse decumanos; hoc enim solet usu venire iis qui magno redemerunt. (111) Quid, si ostendo in hac una emptione lucri fieri tritici mod. C? quid, si CC? quid, si CCC? quid, si CCCC milia? dubitabitis etiam cui ista tanta praeda quaesita sit? Iniquum me esse quispiam dicet, qui ex lucri magnitudine coniecturam capiam furti atque praedae. Quid, si doceo, iudices, eos qui $\overline{CCCC}$ mod. lucri faciunt damnum facturos fuisse, si tua iniquitas, si tui ex cohorte recuperatores non intercederent, num quis poterit in tanto lucro tantaque iniquitate dubitare quin propter improbitatem tuam tam magnos quaestus feceris, propter magnitudinem quaestus improbus esse volueris?

47 (112) Quo modo igitur hoc adsequar, iudices, ut sciam quantum lucri factum sit? Non ex Aproni tabulis, quas ego cum conquirerem non inveni, et cum in ius ipsum eduxi expressi ut conficere tabulas se negaret. Si mentiebatur, quam ob rem removebat, si hae tabulae nihil tibi erant obfuturae? si omnino nullas confecerat litteras, ne id quidem satis significat illum non suum negotium gessisse? Ea est enim ratio decumanorum ut sine plurimis litteris confici non possit; singula enim nomina aratorum et cum singulis pactiones decumanorum litteris persequi et conficere necesse est. Iugera professi sunt aratores omnes imperio atque instituto tuo: non opinor quemquam minus esse professum quam quantum

nicht leugnen. Dennoch haben die Zehntpächter notwendigerweise entweder Verluste gemacht oder wenigstens keinen großen Gewinn. Denn das pflegt denen erfahrungsgemäß zu widerfahren, die die Pacht für einen hohen Preis übernommen haben. (111) Wie, wenn ich nun zeige, daß bei dieser einen Pacht ein Gewinn von einhunderttausend Maß Weizen erzielt wurde? Wie, wenn von zweihundert-, von dreihundert-, von vierhunderttausend? Wollt ihr da noch zweifeln, für wen diese große Beute zusammengebracht worden ist? Manch einer wird vielleicht sagen, ich sei ungerecht, da ich von der Größe des Gewinnes auf Diebstahl und Beute schließe. Wie, wenn ich nachweise, ihr Richter, daß die, die einen Gewinn von 400000 Maß erzielten, Verluste erlitten hätten, wenn nicht dein rechtswidriges Verhalten, wenn nicht deine Richter aus dem Gefolge sich eingeschaltet hätten? Kann etwa bei so großem Gewinn und so großer Ungerechtigkeit noch jemand zweifeln, daß du wegen deiner Gewissenlosigkeit so große Gewinne gemacht hast und wegen der Größe des Gewinnes keine Hemmungen hattest, gewissenlos zu sein?

47 (112) Wie werde ich also zu wissen bekommen, ihr Richter, wieviel Gewinn gemacht worden ist? Nicht aus den Rechnungsbüchern des Apronius; denn die fand ich nicht, als ich danach suchte; und als ich ihn vor Gericht zog, nötigte ich ihm das Geständnis ab, er führe keine Bücher. Wenn er log, weshalb beseitigte er dann diese Bücher, wenn sie dir nicht schaden konnten? Wenn er überhaupt keine schriftlichen Aufzeichnungen angefertigt hatte, verrät das nicht schon zur Genüge, daß er nicht seine eigenen Geschäfte betrieben hat? Die Geschäfte der Zehntpächter sind nämlich so, daß sie sich ohne viel Schreiberei nicht erledigen lassen. Sie machen es nämlich notwendig, die einzelnen Namen der Landwirte und die Pachtverträge der Zehntpächter mit jedem einzelnen aufzuschreiben und festzuhalten. Alle Landwirte haben auf deinen Befehl und deine Anweisung die Zahl ihrer Morgen angegeben. Ich nehme nicht an, daß jemand weniger angegeben hat, als er bebaute, da ihm so viele Martern, so viele Strafen,

arasset, cum tot cruces, tot supplicia, tot ex cohorte recuperatores proponerentur. In iugero Leontini agri medimnum fere
tritici seritur perpetua atque aequabili satione; ager efficit
cum octavo, bene ut agatur; verum ut omnes di adiuvent, cum
decumo. Quod si quando accidit, tum fit ut tantum decumae
sit quantum severis, hoc est ut, quot iugera sint sata, totidem
medimna decumae debeantur. (113) Hoc cum ita esset, primum illud dico, pluribus milibus medimnum venisse decumas agri Leontini quam quot milia iugerum sata essent in agro
Leontino. Quodsi fieri non poterat ut plus quam X medimna
ex iugero exararent, medimnum autem ex iugero decumano
dari oportebat, cum ager, id quod perraro evenit, cum
decumo extulisset, quae erat ratio decumanis, siquidem decumae ac non bona venibant aratorum, ut pluribus aliquanto
medimnis decumas emerent quam iugera erant sata? In Leontino iugerum subscriptio ac professio non est plus $\overline{XXX}$; decumae $\overline{XXXVI}$ medimnum venierunt. Erravit an potius insanivit
Apronius? 48 Immo tum insanisset, si aratoribus id quod
deberent licitum esset, et non quod Apronius imperasset
necesse fuisset dare.
(114) Si ostendam minus tribus medimnis in iugerum neminem dedisse decumae, concedes, opinor, ut cum decumo
fructus arationis perceptus sit, neminem minus tribus decumis dedisse. Atque hoc in benefici loco petitum est ab Apronio, ut in iugera singula ternis medimnis decidere liceret.
Nam cum a multis quaterna, etiam quina exigerentur, multis
autem non modo granum nullum, sed ne paleae quidem ex
omni fructu atque ex annuo labore relinquerentur, tum aratores Centuripini, qui numerus in agro Leontino maximus est,
unum in locum convenerunt, hominem suae civitatis in pri-

so viele Richter aus dem Gefolge angedroht wurden. Auf einem Morgen des leontinischen Landes wird ungefähr ein Scheffel Weizen ausgesät, bei beständiger und gleichmäßiger Aussaat. Der Acker trägt achtfache Frucht, wenn es gut geht, doch zehnfache nur, wenn alle Götter günstig gesonnen sind. Wenn das einmal geschieht, dann ergibt es sich, daß der Zehnte so viel beträgt, wie man ausgesät hat, das heißt man ist ebenso viele Scheffel an Zehntem abzuliefern verpflichtet, wie man Morgen bestellt hat. (113) Unter diesen Umständen behaupte ich erstens, daß der Zehnte des leontinischen Anbaugebietes für mehr Tausende von Scheffeln versteigert wurde, als Tausende von Morgen in diesem Gebiet bestellt wurden. Wenn man unmöglich mehr als zehn Scheffel von einem Morgen ernten konnte, andererseits aber ein Scheffel von jedem Morgen an den Zehntpächter abgeliefert werden mußte, in dem Falle, daß das Land, was sehr selten vorkam, zehnfältige Frucht trug: was für eine Berechnung stellten dann die Zehntpächter an, sofern der Zehnte und nicht die Güter der Landwirte versteigert wurden, wenn sie den Zehnten für beträchtlich mehr Scheffel ersteigerten, als Morgen bestellt waren? Im Leontinischen weist das Verzeichnis und die Angabe der Morgen nicht mehr als 30000 aus. Der Zehnte wurde für 36000 Scheffel versteigert. Hat sich Apronius geirrt oder war er vielmehr verrückt? 48 Nein, er wäre nur dann verrückt gewesen, wenn die Landwirte nur das, wozu sie verpflichtet waren, hätten abzugeben brauchen, und nicht das, was Apronius befahl, hätten abliefern müssen.

(114) Wenn ich zeige, daß niemand weniger als drei Scheffel je Morgen an Zehntabgabe entrichtet hat, dann wirst du, glaube ich, zugeben, daß, selbst wenn der Ernteertrag das Zehnfache der Aussaat ergab, niemand weniger als den dreifachen Zehnten abgeliefert hat. Und das erbat man sich noch als Vergünstigung von Apronius, daß man für drei Scheffel je Morgen abschließen dürfe. Denn als von vielen vier, ja sogar fünf Scheffel gefordert wurden, vielen aber kein Körnchen, ja nicht einmal die Spreu von dem ganzen Ernteertrag und von der Arbeit eines Jahres übrigblieb, da trafen sich die Land-

115

mis honestum ac nobilem, Andronem Centuripinum, legarunt ad Apronium, (eundem quem hoc tempore ad hoc iudicium legatum et testem Centuripina civitas misit), ut is apud eum causam aratorum ageret, ab eoque peteret ut ab aratoribus Centuripinis ne amplius in iugera singula quam terna medimna exigeret. (115) Hoc vix ab Apronio in summo beneficio pro iis qui etiam tum incolumes erant impetratum est. Id cum impetrabatur, hoc videlicet impetrabatur, ut pro singulis decumis ternas decumas dare liceret. Quodsi tua res non ageretur, a te potius postularent ne amplius quam singulas, quam ab Apronio ut ne plus quam ternas decumas darent. Nunc ut hoc tempore ea quae regie seu potius tyrannice statuit in aratores Apronius praetermittam, neque eos appellem a quibus omne frumentum eripuit, et quibus nihil non modo de fructu sed ne de bonis quidem suis reliqui fecit, ex hisce ternis medimnis, quod benefici gratiaeque causa concessit, quid lucri fiat cognoscite.

49 (116) Professio est agri Leontini ad iugerum $\overline{\text{XXX}}$; haec sunt ad tritici medimnum $\overline{\text{XC}}$, id est mod. $\overline{\text{DXXXX}}$; deductis tritici mod. $\overline{\text{CCXVI}}$, quanti decumae venierunt, reliqua sunt tritici $\overline{\text{CCCXXIIII}}$. Adde totius summae DXXXX milium mod. tris quinquagesimas; fit tritici mod. $\overline{\text{XXXIICCCC}}$ (ab omnibus enim ternae praeterea quinquagesimae exigebantur); sunt haec iam ad $\overline{\text{CCCLX}}$ mod. tritici. At ego $\overline{\text{CCCC}}$ lucri facta esse dixeram; non enim duco in hac ratione eos quibus ternis medimnis non est licitum decidere. Verum ut hac ipsa

wirte von Centuripae, die größte Gruppe im Bezirk von Leontinoi, zu einer Versammlung; sie entsandten einen in ihrer Gemeinde besonders geschätzten und angesehenen Mann, den Andron von Centuripae, zu Apronius (es ist derselbe, den derzeit die Gemeinde von Centuripae als Gesandten und Zeugen zu diesem Prozeß geschickt hat); der sollte bei ihm die Sache der Landwirte vertreten und ihn bitten, von den Landwirten aus Centuripae nicht mehr als drei Scheffel je Morgen zu verlangen. (115) Dies erreichte man bei Apronius nur mit Mühe als besondere Vergünstigung für diejenigen, die damals noch nicht geschädigt waren. Indem man dies erreichte, erreichte man allerdings nur, daß man statt des einfachen den dreifachen Zehnten entrichten durfte; hätte es sich hierbei nicht um deinen Vorteil gehandelt, sie hätten lieber von dir gefordert, nicht mehr als den einfachen, statt von Apronius, nicht mehr als den dreifachen Zehnten entrichten zu müssen. Ich will jetzt für den Augenblick beiseite lassen, was Apronius in seinem herrischen oder richtiger despotischen Auftreten gegen die Landwirte verordnet hat, und ich will auch die nicht nennen, denen er das ganze Getreide weggenommen und denen er nichts vom Ernteertrag, ja nicht einmal etwas von ihrem Hab und Gut übriggelassen hat; nehmt vielmehr zur Kenntnis, was für einen Gewinn er mit diesen drei Scheffeln machte, die er als Vergünstigung und Gnade zugestanden hat.

49 (116) Laut Angaben beläuft sich das leontinische Ackerland auf etwa 30 000 Morgen. Das ergibt ungefähr 90 000 Scheffel, das heißt 540 000 Maß Weizen. Zieht man 216 000 Maß Weizen ab, den Betrag, für den der Zehnte verpachtet war, so bleiben 324 000 Maß Weizen übrig. Man rechne drei Fünfzigstel des Gesamtbetrages, der 540 000 Maß, hinzu; das ergibt 32 400 Maß Weizen (denn von allen wurden zusätzlich noch drei Fünfzigstel verlangt), und so kommt man bereits auf etwa 360 000 Maß Weizen. Aber ich hatte gesagt, man habe einen Gewinn von 400 000 gemacht; ich berücksichtige nämlich in dieser Rechnung nicht diejenigen, denen man nicht erlaubte, auf je drei Scheffel abzuschließen. Um jedoch

ratione summam mei promissi compleam, ad singula medimna multi HS binos, multi HS singulos semis accessionis cogebantur dare, qui minimum, singulos nummos. Minimum ut sequamur, quoniam $\overline{XC}$ med. duximus, accedant eo
novo pessimoque exemplo HS $\overline{XC}$. (117) Hic mihi etiam
dicere audebit magno se decumas vendidisse, cum ex eodem
agro dimidio ipse plus abstulerit quam populo Romano miserit? $\overline{CCXVI}$ decumas agri Leontini vendidisti; si ex lege,
magno; si ut lex esset libido tua, si ut quae dimidiae essent
decumae vocarentur, parvo vendidisti; multo enim pluris
fructus annui Siciliae venire potuerunt, si id te senatus aut
populus Romanus facere voluisset. Etenim decumae saepe
tanti venierunt, cum lege Hieronica venirent, quanti nunc
lege Verria venierunt. Cedo mihi C. Norbani decumas venditas. C. NORBANI DECUMAE VENDITAE AGRI LEONTINI. Atqui
tum neque iudicium de modo iugerum dabatur, neque erat
Artemidorus Cornelius recuperator, neque ab aratore magistratus Siculus tantum exigebat quantum decumanus edide-
rat, nec beneficium petebatur a decumano, ut in iugera singula ternis medimnis decidere liceret, nec nummorum accessionem cogebatur arator dare nec ternas quinquagesimas frumenti addere: et tamen populo Romano magnus frumenti
numerus mittebatur.
50 (118) Quid vero istae sibi quinquagesimae, quid porro
nummorum accessiones volunt? quo id iure atque adeo quo id
more fecisti? Nummos dabat arator. Quo modo aut unde?

auch nach dieser Rechnung die Summe – gemäß meinem Versprechen – vollständig zu machen: viele wurden gezwungen, für jeden Scheffel zwei Sesterzen als Zugabe zu zahlen, viele, anderthalb Sesterzen oder als Mindestbetrag einen Sesterz. Wenn wir uns an den Mindestbetrag halten, so kommen, da wir 90 000 Scheffel veranschlagt haben, nach diesem bisher unbekannten und scheußlichen Beispiel noch 90 000 Sesterzen hinzu.[129] (117) Wird Verres mir jetzt noch zu sagen wagen, er habe den Zehnten hoch verpachtet, da er doch aus demselben Gebiet sich selbst um die Hälfte[130] mehr angeeignet als dem römischen Volk geliefert hat? Du hast den Zehnten des leontinischen Gebietes für 216 000 Maß verpachtet; wenn nach dem Gesetz, hoch; wenn so, daß deine Willkür das Gesetz war, wenn so, daß man, was die Hälfte war, Zehnten nannte, so hast du zu einem niedrigen Preis verpachtet. Denn der jährliche Ernteertrag Siziliens hätte viel höher verpachtet werden können, wenn dich der Senat oder das römische Volk dazu ermächtigt hätte. Denn der Zehnte ist ja, als er nach dem Gesetze des Hieron verpachtet wurde, oft ebensohoch verpachtet worden, wie jetzt nach dem Gesetz des Verres. Ich bitte um den Pachtvertrag, den C. Norbanus[131] über den Zehnten abgeschlossen hat. – (Pachtvertrag des C. Norbanus, den Zehnten des leontinischen Gebietes betreffend.) – Doch damals wurde kein Gericht eingesetzt, um die Angaben über die Zahl der Morgen zu prüfen, noch war ein Artemidoros Cornelius Richter, noch trieb die sizilische Behörde von einem Landwirt so viel ein, wie der Zehntpächter bestimmt hatte, noch erbat man es sich vom Zehntpächter als Vergünstigung, für drei Scheffel je Morgen abschließen zu dürfen, noch zwang man den Landwirt, ein Aufgeld zu zahlen, noch, drei Fünzigstel an Getreide obendrein zu geben, und trotzdem wurde eine große Menge Getreide an das römische Volk geliefert. 50 (118) Doch was hat es mit diesen Fünfzigsteln, was fernerhin mit den Geldzuschüssen auf sich? Nach welchem Recht, oder vielmehr, nach welchem Brauch bist du da vorgegangen? »Das Geld zahlte der Landwirt.« Wie, oder wovon? Wenn er

qui, si largissimus esse vellet, cumulatiore mensura uteretur,
ut antea solebant facere in decumis, cum aequa lege et condicione venibant. Is nummum dabat! Unde? de frumento?
quasi habuisset te praetore quod venderet. De vivo igitur erat
aliquid resecandum, ut esset unde Apronio ad illos fructus
arationum hoc corallarium nummorum adderetur. Iam id
porro utrum libentes an inviti dabant? Libentes? amabant,
credo, Apronium. Inviti? qua re nisi vi et malo cogebantur?
Iam iste homo amentissimus in vendundis decumis nummorum faciebat accessiones ad singulas decumas, neque multum; bina aut terna milia nummum addebat; fiunt per triennium HS fortasse D milia. Hoc neque exemplo cuiusquam
neque ullo iure fecit, neque eam pecuniam rettulit; neque hoc
parvum crimen quem ad modum defensurus sit homo quisquam umquam excogitabit.

(119) Quod cum ita sit, audes dicere te magno decumas vendidisse, cum sit perspicuum te bona fortunasque aratorum non
populi Romani, sed tui quaestus causa vendidisse? Ut si qui
vilicus ex eo fundo qui sestertia dena meritasset, excisis arbo-
ribus ac venditis, demptis tegulis, instrumento, pecore abalie-
nato, domino XX milia nummum pro X miserit, sibi alia praeterea centum confecerit, primo dominus ignarus incommodi
sui gaudeat vilicoque delectetur, quod tanto plus sibi mercedis ex fundo refectum sit, deinde, cum audierit eas res quibus
fundi fructus et cultura continetur amotas et venditas, summo

besonders freigebig sein wollte, dann hätte er das Maß etwas voller machen können, wie man es früher beim Zehnten zu tun pflegte, als er nach angemessenen Vorschriften und Bedingungen verpachtet wurde. Doch er gab Geld. Wovon? Von dem Erlös seines Getreides? Als ob er unter deiner Prätur etwas zu verkaufen gehabt hätte. Er mußte also das Kapital angreifen, um dem Apronius zu den landwirtschaftlichen Erträgen dieses Geldgeschenk zusätzlich zu geben. Und weiter: zahlten sie das Geld gern oder unwillig? Gern? Sie liebten wohl den Apronius. Unwillig? Wodurch zwang man sie, wenn nicht durch Gewalt und Mißhandlung? Dieser wahnsinnige Mensch setzte doch bei der Verpachtung des Zehnten Geldzuschüsse für jeden einzelnen Zehnten[132] fest, und zwar nicht viel; er schlug jedesmal zwei- oder dreitausend Sesterzen auf. Das macht in drei Jahren ungefähr 500 000 Sesterzen. Und für diese Handlung konnte er sich auf keinen Vorgang und keine rechtliche Befugnis berufen, und er hat dieses Geld weder abgeliefert, noch wird irgend jemand jemals einen Weg ausklügeln können, diese kleine Verfehlung irgendwie zu rechtfertigen.

(119) Unter diesen Umständen wagst du noch zu behaupten, du habest den Zehnten hoch verpachtet, da doch deutlich zu erkennen ist, daß du die Habe und das Vermögen der Landwirte nicht zum Nutzen des römischen Volkes, sondern zu deinem eigenen Vorteil verpachtet hast? Angenommen, ein Gutsverwalter, der ein Grundstück bewirtschaftet, das 10 000 Sesterzen abzuwerfen pflegte, fällt die Bäume und verkauft sie, deckt die Dachziegel ab, veräußert die Geräte und das Vieh; daraufhin schickt er dem Eigentümer statt zehntausend zwanzigtausend Sesterzen, während er für sich selbst weitere 100 000 zusammengebracht hat; zuerst freut sich der Eigentümer, der von seinem Schaden noch nichts ahnt, und ist von seinem Verwalter sehr angetan, weil ihm ein so viel höherer Gewinn aus dem Gut zugeflossen ist; dann aber, als er hört, daß die Gegenstände, von denen der Ertrag und die Bewirtschaftung des Gutes abhängen, entfernt und verkauft sind, verhängt er über den Verwalter die schwerste Strafe und ist

supplicio vilicum adficiat et secum male actum putet: item
populus Romanus, cum audit pluris decumas vendidisse C.
Verrem quam innocentissimum hominem cui iste successit,
C. Sacerdotem, putat se bonum in arationibus fructibusque
suis habuisse custodem ac vilicum; cum senserit istum omne
instrumentum aratorum, omnia subsidia vectigalium vendidisse, omnem spem posteritatis avaritia sua sustulisse, arationes et agros vectigalis vastasse atque exinanisse, ipsum maximos quaestus praedasque fecisse, intelleget secum actum esse
pessime, istum autem summo supplicio dignum existima-
bit.
51 (120) Unde ergo hoc intellegi potest? Ex hoc maxime,
quod ager decumanus provinciae Siciliae propter istius avaritiam desertus est. Neque id solum accidit uti minus multis
iugis ararent, si qui in agris remanserunt, sed etiam ut permulti locupletes homines, magni et navi aratores, agros latos
ac fertilis desererent totasque arationes derelinquerent. Id
adeo sciri facillime potest ex litteris publicis civitatum, propterea quod lege Hieronica numerus aratorum quotannis apud
magistratus publice subscribitur. Recita tandem, quot acceperit aratores agri Leontini Verres: LXXXIIII. Quot anno
tertio profiteantur: XXXII. Duo et quinquaginta aratores ita
video deiectos ut iis ne vicarii quidem successerint. Quot
aratores adveniente te fuerunt agri Mutycensis? Videamus ex
litteris publicis. CLXXXVII. Quid? anno tertio? LXXXVI.
Centum et unum aratores unus ager istius iniuria desiderat,

davon überzeugt, daß man übel mit ihm verfahren ist. Ebenso das römische Volk: wenn es hört, daß C. Verres den Zehnten höher verpachtet hat als sein ganz uneigennütziger Vorgänger C. Sacerdos, dann glaubt es, einen guten Aufseher und Verwalter für seine Ländereien und Erträge gefunden zu haben; wenn es aber merkt, daß der Mann alle Geräte der Landwirte und alles, worauf die Steuereinnahmen beruhen, veräußert, daß er durch seine Habgier jegliche Zukunftshoffnung vernichtet, daß er das Staatsland und die abgabenpflichtigen Anbaugebiete verwüstet und ausgeplündert, daß er selbst die größten Gewinne und die reichste Beute gemacht hat, dann wird es einsehen, daß man mit ihm sehr übel verfahren ist, für den Schuldigen aber wird es die schlimmste Strafe für angemessen halten.

51 (120) Woraus kann man das nun ersehen? Hauptsächlich daraus, daß das zehntpflichtige Land der Provinz Sizilien infolge der Habgier des Verres verödet ist. Und es ist nicht nur dahin gekommen, daß diejenigen, die auf ihren Höfen blieben, mit einer geringeren Zahl von Gespannen ihre Felder bestellen, sondern auch dahin, daß sehr viele wohlhabende Leute, große und tüchtige Bauern, ihre ausgedehnten und fruchtbaren Äcker verlassen und den landwirtschaftlichen Betrieb gänzlich aufgegeben haben. Das läßt sich sogar sehr leicht aus den öffentlichen Protokollen der Gemeinden ersehen, weil nach dem Gesetz des Hieron die Zahl der Landwirte jährlich von Gemeinde wegen bei den Behörden erfaßt wird. Lies doch mal vor, wie viele Landwirte Verres in dem Gebiet von Leontinoi vorgefunden hat. Vierundachtzig. Und wie viele sich im dritten Jahr gemeldet haben. Zweiunddreißig. Zweiundfünfzig Landwirte hat man, wie ich sehe, so gründlich vertrieben, daß sich nicht einmal Nachfolger für sie gefunden haben. Wie viele Landwirte gab es bei deiner Ankunft im Gebiet von Motyka[133]? Wir wollen in den öffentlichen Protokollen nachsehen. Einhundertsiebenundachtzig. Und wie viele im dritten Jahre? Sechsundachtzig. Einhundertundeinen Landwirt hat also wegen der rechtswidrigen Maßnahmen des Verres ein einziger Bezirk oder viel-

atque adeo nostra res publica, quoniam illa populi Romani
vectigalia sunt, hunc tot patrum familias numerum desiderat
et reposcit. Ager Herbitensis primo anno habuit aratores
CCLII, tertio CXX: hinc CXXXII patres familias extorres profugerunt. Agyrinensis ager – quorum hominum, quam hone-
storum, quam locupletium! – CCL aratores habuit primo
anno praeturae tuae. Quid? tertio anno? LXXX, quem ad
modum legatos Agyrinensis recitare ex publicis litteris audistis. **52** (121) Pro di immortales! si ex provincia tota CLXX
aratores eiecisses, possesne severis iudicibus salvus esse?
Unus ager Agyrinensis CLXX aratoribus inanior cum sit, vos
coniecturam totius provinciae nonne facietis? Atque hoc
peraeque in omni agro decumano reperietis; quibus aliquid
tamen reliqui fuerit ex magno patrimonio, eos in agris minore
instrumento, minus multis iugis remansisse, quod metue-
bant, si discessissent, ne reliquas fortunas omnis amitterent;
quibus autem iste nihil reliqui quod perderent fecerat, eos
plane non solum ex agris, verum etiam ex civitatibus suis
profugisse. Illi ipsi qui remanserant, vix decuma pars aratorum, relicturi agros omnes erant, nisi ad eos Metellus Roma
litteras misisset se decumas lege Hieronica venditurum, et nisi
ab iis hoc petivisset, ut sererent quam plurimum; quod illi
semper sui causa fecerant, cum eos nemo rogaret, quam diu
intellegebant sese sibi et populo Romano, non Verri et Apronio serere, impendere, laborare.
(122) Iam vero, iudices, si Siculorum fortunas neglegitis, si

mehr unser Staat verloren (denn es handelt sich ja um die Steuereinnahmen des römischen Volkes), diese große Zahl von Familienvätern hat er verloren und fordert sie zurück. Das Gebiet von Herbita[134] hatte im ersten Jahre zweihundertzweiundfünfzig Landwirte, im dritten einhundertzwanzig; dort verließen einhundertzweiunddreißig Familienväter ihre Heimat. Das Gebiet von Agyrion[135] (was für Leute, wie angesehene, wie wohlhabende gab es dort!) hatte zweihundertfünfzig Landwirte im ersten Jahr deiner Prätur. Und wie viele im dritten Jahr? Achtzig, wie ihr die Gesandten von Agyrion aus den öffentlichen Protokollen habt verlesen hören. **52** (121) Bei den unsterblichen Göttern! Wenn du aus der ganzen Provinz einhundertsiebzig Landwirte hinausgetrieben hättest, könntest du da bei strengen Richtern ohne Strafe davonkommen? Da der eine Bezirk von Agyrion um einhundertsiebzig Landwirte ärmer geworden ist, werdet ihr daraus nicht auf die ganze Provinz schließen können? Und diesen Zustand werdet ihr in gleicher Weise in allen zehntpflichtigen Landgebieten vorfinden: die Leute, denen trotz allem von einem großen Vermögen noch etwas übrigblieb, blieben mit weniger Gerät und mit einer geringeren Zahl von Gespannen auf ihren Höfen zurück, weil sie fürchteten, sie würden, wenn sie weggingen, auch das ganze restliche Vermögen verlieren; doch diejenigen, denen Verres nichts übriggelassen hatte, was sie verlieren konnten, die verließen ausnahmslos nicht nur ihre Höfe, sondern sogar ihre Gemeinden. Selbst die, die zurückgeblieben waren, kaum der zehnte Teil der Landwirte, hätten alle ihre Gehöfte verlassen, wenn nicht Metellus von Rom ein Schreiben an sie gesandt hätte, er werde den Zehnten nach dem Gesetz des Hieron verpachten, und wenn er sie nicht gebeten hätte, sie möchten soviel wie möglich aussäen. Das hatten sie immer in eigenem Interesse getan, ohne daß jemand sie bat, solange sie das Gefühl hatten, daß sie für sich und das römische Volk, nicht für Verres und Apronius säten, Kosten aufwandten und arbeiteten.

(122) Doch jetzt, ihr Richter, wenn euch auch das Schicksal der Sizilier gleichgültig läßt, wenn es euch nichts ausmacht,

125

quem ad modum socii populi Romani a magistratibus nostris tractentur non laboratis, at vos communem populi Romani causam suscipite atque defendite. Eiectos aratores esse dico, agros vectigalis vexatos atque exinanitos a Verre, populatam vastatamque provinciam: haec omnia doceo litteris civitatum, ostendo testimoniis et publicis honestissimarum civitatum et privatis primariorum virorum. 53 Quid vultis amplius? Num exspectatis dum L. Metellus, is qui multos in istum testis imperio et potestate deterruit, idem absens de istius scelere, improbitate, audacia testimonium dicat? Non opinor. At is optime qui successit isti potuit cognoscere. Ita est; verum amicitia impeditur. At debet vos certiores facere quo pacto se habeat provincia. (123) Debet; verum tamen non cogitur. Num quis in Verrem L. Metelli testimonium requirit? Nemo. Num quis postulat? Non opinor. Quid? si testimonio L. Metelli ac litteris haec omnia vera esse docebo, quid dicetis? utrum L. Metellum falsum scribere an amicum laedendi esse cupidum, an praetorem quem ad modum provincia adflicta sit nescire? Recita litteras L. Metelli, quas ad Cn. Pompeium et M. Crassum consules, quas ad M. Mummium praetorem, quas ad quaestores urbanos misit. EPISTULA L. METELLI. DECUMAS FRUMENTI LEGE HIERONICA VENDIDI. Cum scribit se lege Hieronica vendidisse, quid scribit? Ita se vendidisse ut omnis praeter Verrem. Cum scribit se lege Hieronica vendidisse, quid scribit? Se per istum erepta Siculis maiorum nostrorum beneficia, ius ipsorum, condicionem societatis,

wie die Bundesgenossen des römischen Volkes von unseren Beamten behandelt werden, müßt ihr euch doch wenigstens des Gesamtinteresses des römischen Volkes annehmen und euch dafür einsetzen. Die Landwirte, behaupte ich, sind vertrieben, die steuerpflichtigen Landgebiete von Verres heimgesucht und ausgeplündert, die Provinz entvölkert und verwüstet. Dies alles beweise ich durch Urkunden der Gemeinden, zeige ich durch die öffentlichen Zeugenaussagen der angesehensten Städte und durch die privaten der vornehmsten Männer. 53 Was wollt ihr mehr? Wollt ihr etwa warten, bis derselbe L. Metellus, der viele Zeugen gegen Verres durch seinen Befehl und sein Machtwort zurückgehalten hat,[136] in Abwesenheit über die Verbrechen, die Gewissenlosigkeit und die Frechheit des Verres Zeugnis ablegt? Ich vermute: nicht. Immerhin konnte er, sein Amtsnachfolger, am besten die Sache untersuchen. Allerdings, aber die Freundschaft hindert ihn daran. Aber er muß euch davon in Kenntnis setzen, in welchem Zustand sich die Provinz befindet. (123) Das muß er; indes, er kann nicht dazu gezwungen werden. Vermißt noch jemand die Zeugenaussage des L. Metellus gegen Verres? Niemand. Verlangt sie jemand? Ich glaube nicht. Wie, wenn ich euch durch eine Erklärung und ein Schreiben des L. Metellus beweisen kann, daß alles dies wahr ist, was werdet ihr dann sagen? L. Metellus schreibe die Unwahrheit, oder er wolle seinem Freunde schaden, oder der Prätor wisse nicht, wie übel die Provinz zugerichtet worden sei? Verlies das Schreiben des L. Metellus, das er an die Konsuln Cn. Pompeius und M. Crassus, an den Prätor M. Mummius, an die Stadtquästoren gerichtet hat. – (Schreiben des L. Metellus: »Ich habe den Getreidezehnten nach dem Gesetze des Hieron verpachtet.«) – Wenn er schreibt, er habe nach dem Gesetz des Hieron verpachtet, was schreibt er dann? Er habe so verpachtet wie alle außer Verres. Wenn er schreibt, er habe nach dem Gesetz des Hieron verpachtet, was schreibt er dann? Er habe den Siziliern die ihnen durch Verres entzogenen Vergünstigungen unserer Vorfahren, ihr eigenes Recht, den früheren Stand der Bundesgenossenschaft, der Freundschaft und

127

amicitiae, foederum reddidisse. (124) Dicit quanti cuiusque agri decumas vendiderit; deinde quid scribit? Recita de epistula reliqua. SUMMA UI DATA EST A ME OPERA UT QUAM PLURIMO DECUMAS VENDEREM. Cur igitur, Metelle, non ita magno vendidisti? Quia desertas arationes, inanis agros, provinciam miseram perditamque offendisti. Quid? id ipsum quod satum est qua ratione quisquam qui sereret inventus est? Recita. Litteras ait se misisse et confirmasse, suam se interposuisse auctoritatem; tantum modo aratoribus Metellus obsides non dedit se in nulla re Verri similem futurum. At quid est tandem in quo se elaborasse dicit? Recita. UT ARATORES, QUI RELIQUI ERANT, QUAM PLURIMUM SERERENT. Qui reliqui? quid hoc est 'reliqui'? quo ex bello, qua ex vastitate? Quaenam in Sicilia tanta clades aut quod bellum tam diuturnum, tam calamitosum te praetore versatum est ut is qui tibi successerit 'reliquos' aratores collegisse et recreasse videatur?

54 (125) Cum bellis Carthaginiensibus Sicilia vexata est, et post nostra patrumque memoria cum bis in ea provincia magnae fugitivorum copiae versatae sunt, tamen aratorum interitio facta nulla est. Tum sementi prohibita aut messe amissa fructus annuus interibat; tamen incolumis numerus manebat dominorum atque aratorum; tum qui M. Laevino aut P. Rupilio aut M'. Aquilio praetores in eam provinciam successerant aratores reliquos non colligebant. Tantone plus Verres cum Apronio provinciae Siciliae calamitatis importavit quam aut Hasdrubal cum Poenorum exercitu, aut Athenio cum fugitivorum maximis copiis, ut temporibus illis, simul

der vertraglichen Bestimmungen zurückgegeben. (124) Er gibt an, wie hoch er den Zehnten jedes Gebietes verpachtet habe; was schreibt er außerdem noch? Lies weiter aus dem Briefe vor. »Ich habe mir die größte Mühe gegeben, den Zehnten so hoch wie möglich zu verpachten.« Warum hast du ihn dann nicht ebenso hoch verpachtet, Metellus? Weil du verödete Anbaugebiete, leere Felder, eine elende und zugrunde gerichtete Provinz vorgefunden hast. Wie? Was selbst das betrifft, was ausgesät wurde: wie fand sich überhaupt jemand, der die Aussaat besorgte? Lies vor. Er sagt, er habe ein Schreiben abgesandt und darin Mut zugesprochen – er habe sein persönliches Gewicht in die Waagschale geworfen, fast hätte Metellus den Landwirten Geiseln gestellt –, daß er dem Verres in keiner Beziehung ähnlich sein wolle. Aber was ist es eigentlich, wofür er sich so eifrig eingesetzt zu haben behauptet? Lies vor. »Daß die Landwirte, die noch übrig waren, soviel wie möglich aussäen möchten.« Welche übrigen? Was bedeutet das: »die übrigen«? Von welchem Kriege, von welcher Verwüstung? Welche große Plage oder welcher Krieg, so langwierig, so verheerend, hat in Sizilien unter deiner Prätur gewütet, daß dein Nachfolger als der erscheint, der die noch »übrigen« Bauern erfaßt und ihnen wieder Mut gemacht hat?

54 (125) Als Sizilien durch die Punischen Kriege[137] hart mitgenommen wurde und später, zu unseren und unserer Väter Zeiten, als sich in dieser Provinz zweimal große Haufen entlaufener Sklaven herumtrieben,[138] gab es dennoch keinen Ruin der Landwirte. Damals ging der Ertrag eines Jahres verloren, weil die Aussaat verhindert wurde oder die Ernte verlorenging; gleichwohl blieb die Zahl der Eigentümer und Landwirte unverändert. Damals brauchten die Prätoren, die in der Provinz Nachfolger eines M. Laevinus[139] oder P. Rupilius[140] oder M. Aquilius[141] waren, die übriggebliebenen Landwirte nicht erst wieder zu erfassen. Hat nicht Verres mitsamt Apronius der Provinz Sizilien so viel mehr Schaden zugefügt als Hasdrubal[142] mitsamt dem punischen Heer oder Athenion[143] mitsamt den gewaltigen Haufen entlaufener

atque hostis superatus esset, ager araretur omnis neque aratori praetor per litteras supplicaret neque eum praesens oraret ut quam plurimum sereret; nunc autem ne post abitum quidem huius importunissimae pestis quisquam reperiretur qui sua voluntate araret, pauci essent reliqui qui L. Metelli auctoritate in agros atque ad suum larem familiarem redirent?

(126) His te litteris, homo audacissime atque amentissime, iugulatum esse non sentis? non vides, cum is qui tibi successit aratores reliquos appellet, hoc eum diserte scribere, reliquos hos esse non ex bello neque ex aliqua eius modi calamitate, sed ex tuo scelere, importunitate, avaritia, crudelitate? Recita cetera. Tamen pro eo ut temporis difficultas aratorumque penuria tulit. 'Aratorum,' inquit, 'penuria.' Si ego accusator totiens de re eadem dicerem, vererer ne animos vestros offenderem, iudices. Clamat Metellus, Nisi litteras misissem: non est satis. Nisi praesens confirmassem: ne id quidem satis est. Reliquos, inquit, aratores. Reliquos? prope lugubri verbo calamitatem provinciae Siciliae significat: addit, aratorum penuria. 55 (127) Exspectate etiam, iudices, exspectate, si potestis, auctoritatem accusationis meae. Dico aratores istius avaritia eiectos: scribit Metellus 'reliquos' ab se esse confirmatos. Dico agros relictos arationesque esse desertas: scribit Metellus aratorum esse 'penuriam'. Hoc cum scribit, illud ostendit, deiectos, fortunis omnibus expulsos esse populi Romani socios atque amicos. Quibus si qua calamitas propter istum salvis vectigalibus

Sklaven, daß zwar in jenen Zeiten, sobald der Feind überwunden war, das gesamte Land bestellt wurde und der Prätor
den Landwirt nicht schriftlich anzuflehen noch im persönlich zu bitten brauchte, soviel wie möglich auszusäen, daß
sich jetzt aber nicht einmal nach dem Weggang dieses widerli-
chen Scheusals jemand fand, der freiwillig sein Land bestellt
hätte, und nur noch wenige übrig waren, die sich durch den
Einfluß des L. Metellus bestimmen ließen, zu ihren Feldern
und an ihren häuslichen Herd zurückzukehren?

(126) Merkst du nicht, du frecher und unverschämter
Mensch, daß dir mit diesem Brief das Messer an die Kehle
gesetzt ist? Siehst du nicht, daß dein Nachfolger, wenn er von
übriggebliebenen Landwirten spricht, deutlich zu verstehen
gibt, daß nicht ein Krieg oder ein derartiges Unglück sie
übriggelassen hat, sondern deine Niedertracht und Rücksichtslosigkeit, Habgier und Grausamkeit? Lies das übrige
vor. »Jedoch nur soweit wie die schwierigen Zeitumstände
und der Mangel an Landwirten es zuließen.« – »Der Mangel
an Landwirten«, sagt er. Wenn ich als Ankläger ebensooft
über dieselbe Sache spräche, so würde ich, fürchte ich, ihr
Richter, Anstoß bei euch erregen. Metellus spricht deutlich
aus: »wenn ich nicht Schreiben versandt hätte«; hiermit nicht
genug: »wenn ich nicht persönlich Mut zugesprochen hätte«;
auch dies ist noch nicht genug, er sagt »den übriggebliebenen
Landwirten«. Den übriggebliebenen? Nahezu durch ein
Wort der Trauer weist er auf die mißliche Lage der Provinz
Sizilien hin; er fügt hinzu: »der Mangel an Landwirten«.
55 (127) Erwartet nun, ihr Richter, erwartet, wenn ihr es
über euch gewinnt, noch eine weitere Bekräftigung meiner
Anklage. Ich behaupte, die Habgier des Verres habe die
Landwirte vertrieben; Metellus schreibt, er habe den übriggebliebenen Mut gemacht; ich behaupte, die Gehöfte seien verlassen und die Anbauflächen verödet; Metellus schreibt, es
bestehe ein Mangel an Landwirten. Indem er das schreibt,
gibt er zu verstehen, daß die Bundesgenossen und Freunde
des römischen Volkes vertrieben und ihres gesamten Hab und
Gutes beraubt worden sind. Wäre ihnen durch die Schuld des

131

nostris accidisset, animum advertere tamen in eum vos oporteret, praesertim cum ea lege iudicaretis quae sociorum causa esset constituta: cum vero perditis profligatisque sociis vectigalia populi Romani sint deminuta, res frumentaria, commeatus, copiae, salus urbis atque exercituum nostrorum in posteritatem istius avaritia interierit, saltem populi Romani commoda respicite si sociis fidelissimis prospicere non laboratis. (128) Atque ut intellegatis ab isto prae lucro praedaque praesenti nec vectigalium nec posteritatis habitam esse rationem, cognoscite quid ad extremum scribat Metellus. IN RELIQUUM TAMEN TEMPUS VECTIGALIBUS PROSPEXI. In reliquum tempus vectigalibus ait se prospexisse. Non scriberet se vectigalibus prospexisse nisi hoc vellet ostendere, te vectigalia perdidisse. Quid enim erat quod vectigalibus prospiceret Metellus in decumis et in tota re frumentaria, si iste non vectigalia populi Romani quaestu suo pervertisset? Atque ipse Metellus, qui vectigalibus prospicit, qui 'reliquos' aratores colligit, quid adsequitur nisi hoc, ut arent, si qui possunt, quibus aratrum saltem aliquod satelles istius Apronius reliquum fecit, qui tamen in agris spe atque exspectatione Metelli remanserunt? Quid ceteri Siculi? quid ille maximus numerus aratorum qui non modo ex agris eiecti sunt, sed etiam ex civitatibus suis, ex provincia denique bonis fortunisque omnibus ereptis profugerunt, qua ratione ii revocabuntur? Quot praetorum inno-

Verres ohne Nachteil für unsere Steuern ein Schaden widerfahren, so müßtet ihr dennoch strafend gegen ihn vorgehen, zumal da ihr nach dem Gesetz Recht sprechen sollt, das im Interesse der Bundesgenossen erlassen worden ist. Da jedoch durch den Ruin und die Vernichtung der Bundesgenossen auch die Steuereinnahmen des römischen Volkes vermindert worden sind, da die Habgier des Verres die Getreideversorgung, die Zufuhr, die Hilfsmittel und das Wohl der Stadt und unserer Heere auch für die Zukunft zugrunde gerichtet hat, solltet ihr wenigstens Rücksicht auf die Interessen des römischen Volkes nehmen, wenn ihr es schon nicht der Mühe für wert erachtet, für die zuverlässigsten Bundesgenossen Sorge zu tragen. (128) Und damit euch klar wird, daß sich Verres um seines Gewinnes und seiner augenblicklichen Beute willen weder wegen unserer Steuern noch wegen der Zukunft Gedanken gemacht hat, hört euch an, was Metellus noch zuletzt schreibt. »Für die folgende Zeit habe ich jedoch die Steuereinnahmen sichergestellt.« Für die folgende Zeit also, sagt er, habe er die Steuereinnahmen sichergestellt. Er schriebe nicht, er habe die Steuereinnahmen sichergestellt, wenn er nicht zu verstehen geben wollte, daß du sie zugrunde gerichtet hast. Denn welchen Grund hätte Metellus gehabt, beim Zehnten und beim ganzen Getreidewesen die Steuereinnahmen sicherzustellen, wenn Verres nicht das Steueraufkommen des römischen Volkes durch seine Gewinnsucht zerrüttet hätte? Und selbst Metellus, der die Steuereinnahmen sicherstellt, der die übriggebliebenen Landwirte erfaßt, was erreicht er denn mehr, als daß diejenigen wieder Land bebauen, die es noch können, denen Apronius, der Spießgeselle des Verres, wenigstens einen Pflug gelassen hat, die trotz allem in der Hoffnung auf Metellus und in der Erwartung seines Kommens auf ihren Höfen geblieben sind? Wie steht es mit den übrigen Siziliern? Wie mit der riesigen Zahl von Landwirten, die nicht nur von ihren Grundstücken vertrieben wurden, sondern, ihres gesamten Besitzes und Vermögens beraubt, aus ihren Gemeinden, ja aus der Provinz geflohen sind – wie soll man die zurückrufen? Wie vieler Prätoren

133

centia sapientiaque opus est ut illa aratorum multitudo aliquando in suis agris ac sedibus conlocetur?

56 (129) Ac ne miremini tantam multitudinem profugisse
quantam ex litteris publicis aratorumque professionibus
cognovistis, scitote tantam acerbitatem istius, tantum scelus
in aratores fuisse, – incredibile dictu est, iudices, sed et factum
et tota Sicilia pervagatum, – ut homines propter iniurias licen-
tiamque decumanorum mortem sibi ipsi consciverint. Centuripinum Dioclem, hominem locupletem, suspendisse se
constat quo die sit ei nuntiatum Apronium decumas rede-
misse. Tyracinum, principem civitatis, eadem ratione mortem oppetisse dixit apud vos homo nobilissimus, Archonidas
Helorinus, cum audisset tantum decumanum professum esse
ex edicto istius sibi deberi quantum ille bonis suis omnibus
efficere non posset. Haec tu, tametsi omnium hominum dis-
solutissimus crudelissimusque semper fuisti, tamen numquam perpeterere, propterea quod ille gemitus luctusque provinciae ad tui capitis periculum pertinebat; non, inquam, perpeterere ut homines iniuriae tuae remedium morte ac suspen-
dio quaererent, nisi ea res ad quaestum et ad praedam tuam
pertineret.

(130) Quid? illud perpeterere? Attendite, iudices; omnibus
enim nervis mihi contendendum est atque in hoc elaboran-
dum, ut omnes intellegant quam improbam, quam manife-
stam, quam confessam rem pecunia redimere conetur. Grave
crimen est hoc et vehemens et post hominum memoriam iudi-
ciaque de pecuniis repetundis constituta gravissimum, praetorem socios habuisse decumanos. **57** Non hoc nunc primum

Uneigennützigkeit und Klugheit bedarf es, um diese Menge von Landwirten einmal wieder auf ihren Grundstücken und Wohnsitzen seßhaft zu machen?

56 (129) Und damit ihr euch nicht wundert, daß eine so große Menge geflohen ist, wie ihr sie den öffentlichen Protokollen und den Angaben der Landwirte entnommen habt, so wisset, daß die Grausamkeit des Verres so groß und so groß seine Bösartigkeit gegen die Landwirte gewesen ist – es klingt unglaublich, was ich sage, ihr Richter, aber es ist Tatsache und in ganz Sizilien bekannt –, daß manche wegen der Übergriffe und der Willkür der Zehntpächter Selbstmord begangen haben. So steht fest, daß sich Diokles, ein wohlhabender Bürger aus Centuripae, an dem Tage erhängte, an dem man ihm berichtete, Apronius habe den Zehnten gepachtet. Tyrakinos, einer der ersten Männer seiner Gemeinde, hat, wie Archonidas, ein hochangesehener Mann aus Heloros[144], vor euch aussagte, auf dieselbe Weise den Tod gesucht, als er hörte, der Zehntpächter habe gemäß dem Erlaß des Verres eine so hohe Steuerschuld angesetzt, wie sie er mit seinem gesamten Vermögen nicht aufbringen konnte. Dies hättest du, wenn du auch immer der zügelloseste und grausamste unter allen Menschen gewesen bist, dennoch niemals geschehen lassen, und zwar deshalb nicht, weil das Stöhnen und Klagen der Provinz eine Gefahr für deine eigene Person bedeutete – du hättest es nicht geschehen lassen, sage ich, daß Menschen im Tode durch Erhängen Rettung vor deinen ungerechten Maßnahmen suchten, wenn du nicht den Vorteil und die Beute davon gehabt hättest.

(130) Wie? Du hättest das nur geschehen lassen? Gebt acht, ihr Richter; ich muß mich nämlich mit allen Kräften anstrengen und darum bemühen, daß alle einsehen, wie schamlos, wie mit Händen zu greifen, wie offen eingestanden die Sache ist, von der er sich jetzt mit Geld freizukaufen sucht. Schwer wiegt dieser Vorwurf und stark und seit Menschengedenken, seit Gerichtshöfe für Erpressungen eingerichtet sind, besonders schwer: daß ein Prätor die Zehntpächter als Geschäftspartner gehabt habe. **57** Das hört er jetzt nicht zum ersten Mal

135

audit privatus de inimico, reus ab accusatore: iam antea
in sella sedens praetor, cum provinciam Siciliam obtineret,
cum ab omnibus non solum, id quod commune est, propter
imperium, sed etiam, id quod istius praecipuum est, propter
crudelitatem metueretur, miliens audivit, cum eius animum
ad persequendum non neglegentia tardaret, sed conscientia
sceleris avaritiaeque suae refrenaret. Loquebantur enim decumani palam, et praeter ceteros is qui apud istum plurimum
poterat maximosque agros populabatur, Apronius, perpar-
vum ex illis magnis lucris ad se pervenire, praetorem esse
socium. (131) Hoc cum palam decumani tota provincia
loquerentur tuumque nomen in re tam turpi nefariaque inter-
ponerent, nihilne tibi venit in mentem existimationi tuae consulere, nihil denique capiti ac fortunis tuis providere? cum tui
nominis terror in auribus animisque aratorum versaretur,
cum decumani aratoribus ad pactiones faciendas non suam
vim, sed tuum scelus ac nomen opponerent. Ecquod iudicium
Romae tam dissolutum, tam perditum, tam nummarium fore
putasti, quo ex iudicio te ulla Salus servare posset? cum
planum fieret, decumis contra instituta leges consuetudinem-
que omnium venditis, in aratorum bonis fortunisque diri-
piendis decumanos dictitasse tuas esse partis, tuam rem, tuam
praedam, idque te tacuisse et, cum dissimulare non posses,
potuisse tamen perpeti et perferre, quod magnitudo lucri ob-
scuraret periculi magnitudinem plusque aliquanto apud te
pecuniae cupiditas quam iudici metus posset.
(132) Esto, cetera negare non potes; ne illud quidem tibi reli-

als Privatmann von seinem Feinde, als Angeklagter von seinem Ankläger: er hat es schon früher tausendmal gehört, als er, der auf dem Amtsstuhl sitzende Prätor, die Provinz Sizilien verwaltete, als ihn nicht nur, was allgemein üblich ist, wegen seiner Amtsgewalt, sondern auch, was in seinem Falle das Besondere ist, wegen seiner Grausamkeit fürchteten; er hat es gehört, da ihn nicht Gleichgültigkeit bei der Verfolgung übler Nachrede[145] hemmte, sondern das Bewußtsein seiner Schuld und seiner Habgier davon zurückhielt. Denn die Zehntpächter sprachen es öffentlich aus, und vor allen anderen der Mann, der bei Verres am meisten vermochte und die größten Anbaugebiete verwüstete, Apronius: nur sehr wenig von den großen Gewinnen gelange an sie, der Prätor sei ihr Teilhaber. (131) Als die Zehntpächter öffentlich in der ganzen Provinz davon sprachen und deinen Namen mit einer so schändlichen und frevelhaften Sache in Verbindung brachten, kam dir da nicht in den Sinn, auf deinen Ruf bedacht, ja nicht einmal, um deine Person und dein Vermögen besorgt zu sein? Als der Schrecken deines Namens die Ohren und Gedanken der Landwirte erfüllte, als die Zehntpächter den Landwirten, um sie zum Abschluß zu bewegen, nicht mit ihrer Macht, sondern mit deiner Verbrechernatur und deinem Namen drohten: glaubtest du da, irgendein Gericht in Rom werde so nachlässig, so verworfen, so bestechlich sein, daß dich irgendeine Göttin des Heils vor diesem Gericht bewahren könnte? Und das, wenn deutlich würde, daß nach der Verpachtung des Zehnten, die allen Bestimmungen, Gesetzen und Gewohnheiten widersprach, und bei der Plünderung der Güter und des Vermögens der Landwirte die Zehntpächter immer wieder erklärt hätten, es gehe um deine Anteile, deine Sache, deine Beute, daß du dazu geschwiegen, und da du es nicht verheimlichen konntest, es doch hinzunehmen und zu ertragen vermochtest, weil die Größe des Gewinnes die Größe der Gefahr in den Schatten stellte und die Geldgier erheblich mehr bei dir vermochte als die Angst vor dem Gericht?

(132) Nun gut, das übrige kannst du nicht leugnen: nicht

quum fecisti, ut hoc posses dicere, nihil eorum te audisse,
nihil ad tuas auris de infamia tua pervenisse. Querebantur
cum luctu et gemitu aratores: tu id nesciebas? Fremebat tota
provincia: nemo id tibi renuntiabat? Romae querimoniae de
tuis iniuriis conventusque habebantur: ignorabas haec? ignorabas haec omnia? Quid? cum palam Syracusis te audiente
maximo conventu L. Rubrius Q. Apronium sponsione laces-
sivit, Ni Apronius dictitaret te sibi in decumis esse
socium, haec te vox non perculit, non perturbavit, non ut
capiti et fortunis tuis prospiceres excitavit? Tacuisti, sedasti
etiam litis illorum, et sponsio illa ne fieret laborasti. **58** Pro di
immortales, hoc aut innocens homo perpeti potuisset, aut
quamvis nocens, qui modo iudicia Romae fore putaret, non
aliqua simulatione existimationi se hominum venditasset?
(133) Quid est hoc? sponsio fit de capite ac fortunis tuis: tu
sedes et quiescis? non persequeris? non perseveras? non per-
quiris cui dixerit Apronius, quis audierit? unde hoc natum,
quem ad modum prolatum sit? Si tibi aliquis ad aurem acces-
sisset et dixisset Apronium dictitare te sibi esse socium, commoveri te oportuit, evocare Apronium, nec illum ante tibi
satis facere quam tu omnium existimationi satis fecisses: cum
vero in foro celeberrimo tanta frequentia hoc verbo ac simulatione Apronio, re vera tibi obiectum esset, tu umquam tantam
plagam tacitus accipere potuisses nisi hoc ita statuisses, in re

einmal *die* Ausrede hast du dir offengelassen, du habest nichts davon gehört, es sei dir nichts über deinen schlechten Ruf zu Ohren gekommen. Unter Stöhnen und Jammern beschwerten sich die Landwirte: du wußtest das nicht? Die ganze Provinz murrte: niemand berichtete dir das? In Rom gab es Beschwerden über deine Ungerechtigkeiten, und man kam deswegen zusammen: du wußtest nichts davon? Du wußtest nichts von alledem? Wie? Als L. Rubrius den Q. Apronius in Syrakus vor deinen Ohren und vor einer zahlreichen Versammlung öffentlich durch eine Prozeßwette[146] zu einer gerichtlichen Entscheidung darüber herausforderte, *ob nicht Apronius wiederholt behauptet habe, du seiest beim Zehnten sein Teilhaber*, hat dich diese Äußerung nicht getroffen, nicht beunruhigt, nicht aufgestört, um deine Person und dein Vermögen besorgt zu sein? Du hast geschwiegen, hast sogar ihren Streit beigelegt und dich darum bemüht, daß die Prozeßwette nicht zustande kam. **58** Bei den unsterblichen Göttern! Hätte das ein Unschuldiger ertragen können? Oder hätte ein noch so Schuldiger, wenn er auch nur daran dachte, es gebe Gerichte in Rom, nicht versucht, durch irgendeine Heuchelei für seinen Ruf bei den Leuten etwas zu tun? (133) Was bedeutet das? Man fordert eine Prozeßwette über deine Person und dein Vermögen; du sitzt da und tust nichts, du gehst der Sache nicht nach, du bestehst nicht darauf, erkundigst dich nicht, zu wem Apronius es gesagt, wer es gehört habe, von wem die Behauptung ausgegangen sei, wie sie sich verbreitet habe? Hätte sich dir jemand genähert und ins Ohr geflüstert, Apronius pflege zu sagen, du seiest sein Teilhaber, dann hättest du hochgehen, Apronius vorladen und dich mit einer Entschuldigung seinerseits nicht eher zufrieden geben sollen, als bis du die öffentliche Meinung zufriedengestellt hättest. Jedoch, der Vorwurf wurde auf einem sehr belebten Markt vor einer großen Menge dem Worte und Scheine nach dem Apronius, in Wirklichkeit aber dir gemacht: hättest du es je über dich gebracht, einen so bösen Hieb schweigend hinzunehmen, wenn du nicht fest geglaubt hättest, du würdest, was immer du bei einer so hand-

139

tam manifesta quicquid dixisses te deterius esse facturum?
(134) Quaestores, legatos, praefectos, tribunos suos multi
missos fecerunt et de provincia decedere iusserunt, quod
illorum culpa se minus commode audire arbitrarentur aut
quod peccare ipsos aliqua in re iudicarent: tu Apronium,
hominem vix liberum, contaminatum, perditum, flagi-
tiosum, qui non modo animum integrum sed ne animam quidem puram conservare potuisset, eum in tanto tuo dedecore
profecto verbo quidem graviore appellasses, neque apud te
tam sancta religio societatis fuisset ut tui capitis periculum
neglegeres, nisi rem tam notam esse omnibus et tam manife-
stam videres.
(135) Cum eodem Apronio postea P. Scandilius, eques
Romanus, quem vos omnes nostis, eandem sponsionem de
societate fecit quam Rubrius facere voluerat. Institit, oppressit, non remisit; facta est sponsio HS $\overline{V}$; coepit Scandilius
recuperatores aut iudicem postulare. 59 Satisne vobis praetori
improbo circumdati cancelli videntur in sua provincia, immo
vero in sella ac tribunali, ut aut de suo capite iudicium fieri
patiatur praesens ac sedens, aut confiteatur se omnibus iudiciis convinci necesse esse? Sponsio est, NI TE APRONIUS
SOCIUM IN DECUMIS ESSE DICAT; provincia tua est, ades, abs te
iudicium postulatur; quid facis, quid decernis? Recuperatores
dicis te daturum. Bene agis; tametsi qui tantis erunt cervicibus
recuperatores qui audeant in provincia, cum praetor adsit,

greiflichen Sache auch sagtest, den Fall nur noch schlimmer machen? (134) Schon viele haben ihre Quästoren, Legaten, Präfekten und Tribunen entlassen und sie aufgefordert, sich aus der Provinz zu entfernen, weil sie glaubten, sie kämen durch deren Schuld in einen nicht ganz einwandfreien Ruf, oder weil sie meinten, daß jene in irgendeiner Beziehung strafbar gehandelt hätten; dann hättest du den Apronius, einen gerade erst aus dem Sklavenstande freigelassenen, schmutzigen, verkommenen und schändlichen Burschen, der nicht seine Gedanken, ja nicht einmal seinen Atem reinzuhalten vermochte – dann hättest du ihn in dieser deiner großen Schande gewiß mit einem ziemlich harten Wort zurechtgewiesen, und es wäre dir die Rücksicht auf eure Geschäftsverbindung nicht so heilig gewesen, daß du die Gefahr für deine Person hintansetztest, wenn du nicht gesehen hättest, daß die Sache so allgemein bekannt und so mit Händen zu greifen war.

(135) Mit demselben Apronius schloß danach der römische Ritter P. Scandilius, den ihr alle kennt, dieselbe Prozeßwette wegen der Geschäftsverbindung ab, die Rubrius hatte abschließen wollen.[147] Er trat fest auf, er drängte ihn, er ließ nicht nach; die Prozeßwette wurde über 5000 Sesterzen abgeschlossen; Scandilius schickte sich an, Schnellrichter oder einen gewöhnlichen Richter zu verlangen. **59** Glaubt ihr, daß die Schranken sicher genug sind, die einen gewissenlosen Prätor in seiner Provinz oder vielmehr auf seinem erhöhten Richterstuhl umgeben? Muß er sich doch anwesend und dabeisitzend ein gerichtliches Verfahren über seine Person gefallen lassen oder eingestehen, daß alle Gerichte ihn notwendig schuldig sprechen würden! Die Prozeßwette lautet: »Wenn Apronius nicht behauptete, daß du beim Zehnten sein Teilhaber seist«.[148] Es handelt sich um deine Provinz, du bist zugegen, man verlangt von dir die Einsetzung eines Gerichtes; was tust du, was beschließt du? Du sagst, du würdest Schnellrichter einsetzen. Du tust recht daran; indes wo wird es Richter geben, die so viel Rückgrat haben, daß sie es wagen, in der Provinz in Anwesenheit des Prätors nicht nur gegen

non solum contra voluntatem eius sed etiam contra fortunas
iudicare? (136) Verum esto; manifesta res est; nemo esset quin
hoc se audisse liquido diceret; locupletissimus quisque ac cer-
tissimus testis esset; nemo erat Sicilia tota quin sciret decumas
esse praetoris, nemo quin audisset id Apronium dictitasse;
praeterea conventus honestus Syracusis, multi equites Romani, viri primarii, ex qua copia recuperatores reici oporteret, qui aliter iudicare nullo modo possent. Instat Scandilius
poscere recuperatores. Tum iste homo innocens, qui illam
suspicionem levare atque ab sese removere cuperet, recuperatores dicit se de cohorte sua daturum.
60 (137) Pro deum hominumque fidem, quem ego accuso? in
quo meam industriam ac diligentiam spectari volo? quid est
quod ego dicendo aut cogitando efficere aut adsequi debeam?
Teneo, teneo, inquam, in mediis vectigalibus populi Romani,
in ipsis fructibus provinciae Siciliae furem manifesto averten-
tem rem frumentariam omnem, pecuniam maximam, – teneo,
inquam, ita ut negare non possit. Nam quid hic dicet? Sponsio facta est cum cognitore tuo Apronio de fortunis tuis omnibus, ni socium te sibi in decumis esse dictitaret; exspectant omnes quantae tibi ea res curae sit, quem ad modum
hominum existimationi te atque innocentiam tuam probari
velis. Hic tu medicum et haruspicem et praeconem tuum
recuperatores dabis aut etiam illum ipsum quem tu in cohorte
tua Cassianum iudicem habebas, si qua res maior esset, Papi-
rium Potamonem, hominem severum ex vetere illa equestri
disciplina? Scandilius postulare de conventu recuperatores.
Tum iste negat se de existimatione sua cuiquam nisi suis com-

seinen Willen, sondern auch gegen sein Wohl zu entscheiden? (136) Doch dem sei so; die Sache ist völlig klar; jeder erklärt, er habe es deutlich gehört. Alle glaubwürdigen und zuverlässigen Leute hätten es bezeugen können; jeder in ganz Sizilien wußte, daß der Zehnte dem Prätor gehörte; jeder hatte gehört, daß Apronius dies wiederholt geäußert hatte; außerdem gab es in Syrakus eine angesehene Vereinigung römischer Bürger, viele angesehene römische Ritter; aus deren Zahl hätten die Schnellrichter gewählt werden müssen, und die hätten auf keinen Fall anders entscheiden können. Scandilius bleibt bei seiner Forderung von Schnellrichtern. Da erklärt dieser harmlose Mensch, der den Verdacht abzuschwächen und von sich abzuwenden wünschte, er werde Schnellrichter aus seinem Gefolge bestellen.

60 (137) So wahr mir Götter und Menschen beistehen mögen! Wen klage ich an? An wem soll sich meine Tatkraft und Gewissenhaftigkeit erweisen? Was soll ich durch mein Plädoyer oder Nachdenken bewirken oder erreichen? Ich halte ihn, ich halte den Dieb, sage ich, der inmitten der Steuern des römischen Volkes, der selbst bei den Ernteerträgen der Provinz Sizilien vor aller Augen das gesamte Getreide und eine riesige Geldsumme unterschlägt; ich halte ihn so, sage ich, daß er nicht leugnen kann. Denn was soll er sagen? Eine Prozeßwette ist abgeschlossen mit deinem Geschäftsführer Apronius, und dabei geht es um deine gesamte Existenz, falls jener wiederholt erklären sollte, du seiest beim Zehnten sein Teilhaber. Alle sind gespannt, wieviel Sorgen dir diese Geschichte bereiten werde, wie du dich vor der öffentlichen Meinung rechtfertigen und deine Unschuld nachweisen willst. Wirst du da deinen Arzt und deinen Opferbeschauer und deinen Ausrufer zu Schnellrichtern bestellen oder gar den Mann, den du in deinem Gefolge für wichtigere Fälle hattest, einen Richter nach der Art des Cassius[149], den Papirius Potamo[150], eine strenge Persönlichkeit aus der alten Schule der Ritter? Scandilius fordert Schnellrichter aus der Bezirksversammlung. Da erklärt Verres, er werde eine Angelegenheit, die seinen Ruf betreffe, keinem anderen als seinen

143

missurum. Negotiatores sibi putant esse turpe id forum sibi
iniquum eierare ubi negotientur; praetor provinciam suam
sibi totam iniquam eierat. (138) Impudentiam singularem!
Hic postulat se Romae absolvi qui in sua provincia iudicarit
absolvi se nullo modo posse, qui plus existimet apud lectissi-
mos senatores pecuniam quam apud tris negotiatores metum
valere! Scandilius vero negat sese apud Artemidorum recuperatorem verbum esse facturum, et tamen auget atque onerat te
bonis condicionibus, si tu uti velis; si ex provincia Sicilia tota
statuas idoneum iudicem aut recuperatorem nullum posse
reperiri, postulat abs te ut Romam rem reicias. (139) Hic enim
vero tu exclamas hominem improbum, qui postulet ibi de tua
existimatione iudicium fieri ubi te invidiosum esse intellegat:
negas te Romam reiecturum, negas de conventu recuperatores daturum, cohortem tuam proponis. Scandilius rem se
totam relicturum dicit et suo tempore esse rediturum. Quid
tu ibi tum? quid facis? Scandilium cogis – quid? sponsionem
acceptam facere? Impudenter tollis exspectatum existimationis tuae iudicium: non facis. (140) Quid ergo? Apronio per-
mittis ut quos velit de cohorte sumat recuperatores? Indi-
gnum uni potius ex iniquis sumundi quam utrique ex aequis
reiciundi fieri potestatem. Neutrum facis eorum. Quid ergo?
Estne aliquid quod improbius fieri possit? Est; cogit enim
Scandilium quinque illa milia nummum dare atque adnume-
rare Apronio.
Quid potuit elegantius facere praetor cupidus existimationis

Leuten anvertrauen. Die Kaufleute halten es für unanständig, die Gerichtsstätte des Bezirkes, in dem sie ihre Geschäfte betreiben, als parteilich abzulehnen; doch der Prätor lehnt seine ganze Provinz als parteilich ab. (138) Welch eine beispiellose Unverschämtheit! *Der* Mann verlangt in Rom freigesprochen zu werden, der das Urteil gefällt hat, er könne in seiner Provinz auf keinen Fall freigesprochen werden, der glaubt, bei den erlauchtesten Senatoren vermöge das Geld mehr als die Furcht bei drei Kaufleuten! Scandilius jedoch erklärt, er werde vor dem Richter Artemidoros kein Wort äußern, und dennoch achtet und überhäuft er dich mit guten Vorschlägen, sofern du nur davon hättest Gebrauch machen wollen: wenn du aber der Ansicht seiest, in der ganzen Provinz Sizilien lasse sich kein geeigneter Richter oder Schnellrichter finden, möchtest du, verlangt er von dir, die Sache nach Rom überweisen. (139) Da aber rufst du aus, der Mensch sei unverschämt, da er verlange, daß man dort über deine Ehre Gericht halten solle, wo du, wie er genau wisse, verhaßt seiest. Du lehnst es ab, die Sache nach Rom zu verweisen; du lehnst es ab, Richter aus der Bezirksversammlung zu bestellen; du schlägst dein Gefolge vor. Scandilius erklärt, er wolle die ganze Sache aufgeben und sich zu gegebener Zeit wieder einstellen. Was ist nun deine Antwort darauf? Was tust du? Du zwingst Scandilius – wozu? Die Prozeßwette als erledigt hinzustellen?[151] Dann hebst du in unverschämter Weise das allgemein erwartete Gericht über deine Ehre auf – das tust du nicht. (140) Was denn? Gestattest du dem Apronius, nach seinem Belieben Schnellrichter aus deinem Gefolge auszuwählen? Es wäre empörend, wenn einer die Berechtigung erhielte, aus einer Zahl von parteilichen Leuten zu wählen, statt daß beide die Gelegenheit erhielten, aus einer Zahl unparteilicher einzelne abzulehnen. Keines von beiden tust du. Was denn? Gibt es noch etwas Unverschämteres, was man tun kann? Ja; er zwingt nämlich den Scandilius, die 5000 Sesterzen an Apronius zu entrichten und bar auszuzahlen. Was konnte der um seinen guten Ruf besorgte Prätor Geschickteres tun, er, der jeden Verdacht von sich abzuwen-

145

bonae, qui ab se omnem suspicionem propulsare, qui se eripere ex infamia cuperet? **61** Adductus erat in sermonem, invidiam, vituperationem; dictitarat homo improbus atque impurus, Apronius, socium esse praetorem; venerat res in iudicium atque discrimen; potestas erat isti homini integro atque innocenti data, ut, in Apronium cum animum advertisset, sese gravissima levaret infamia. Quid excogitat poenae, quid animadversionis in Apronium? Cogit Scandilium Apronio ob singularem improbitatem atque audaciam praedicationemque nefariae societatis HS $\overline{V}$ mercedis ac praemi nomine dare. (141) Quid interfuit, homo audacissime, utrum hoc decerneres, an id quod Apronius dictitabat tute de te profiterere ac dictitares? Quem hominem, si qui pudor in te atque adeo si qui metus fuisset, sine supplicio dimittere non debuisti, hunc abs te sine praemio discedere noluisti? Omnia simul intellegere potestis, iudices, ex hoc uno crimine Scandiliano: primum hoc non esse Romae natum de societate decumarum, non ab accusatore fictum, non, – ut solemus interdum in defensionibus dicere, – crimen domesticum ac vernaculum, non ex tempore periculi tui constitutum, sed vetus, agitatum iam et te praetore iactatum, et non ab inimicis Romae compositum sed Romam ex provincia deportatum. (142) Simul illud intellegi potest istius in Apronium studium, Aproni de isto non modo confessio verum etiam commemoratio. Eodem accedit quod hoc quoque intellegere potestis, istum statuisse in provincia sua existimationis suae iudicium extra cohortem suam committendum fuisse nemini.

den, der sich von der üblen Nachrede zu befreien wünschte? **61** Er war Zielscheibe des Geredes, des Hasses, des Tadels geworden; der schamlose und schmutzige Apronius hatte wiederholt geäußert, der Prätor sei sein Teilhaber; die Sache war schon vor Gericht und zur Entscheidung gekommen. Unserem sauberen und unschuldigen Manne war die Möglichkeit gegeben, Apronius zu bestrafen und sich dadurch von der schweren Last der üblen Nachrede zu befreien. Was für eine Strafe, was für einen Schritt gegen Apronius denkt er sich aus? Er zwingt den Scandilius, dem Apronius für seine beispiellose Schamlosigkeit und Frechheit und für die Bekanntgabe der ruchlosen Geschäftsverbindung als Lohn und Auszeichnung 5000 Sesterzen zu zahlen. (141) Was für einen Unterschied machte es, du Ausbund der Frechheit, ob du eine solche Entscheidung fälltest oder selbst von dir zugabst und sagtest, was Apronius zu sagen pflegte? Diesen Menschen hättest du, wenn auch nur ein Funken Anstand oder auch nur die geringste Befürchtung in dir gewesen wäre, nicht ohne Bestrafung davonkommen lassen dürfen, und den wolltest du nicht ohne Belohnung von dir weggehen lassen? Aus dieser einen Beschuldigung des Scandilius könnt ihr alles zugleich ersehen, ihr Richter. Erstens ist der Vorwurf des Zusammenwirkens bei der Zehntabgabe nicht in Rom aufgekommen, nicht vom Ankläger erdacht, nicht, wie wir bisweilen bei Verteidigungen zu sagen pflegen, eine hausgemachte Erfindung des Gegners, nicht etwas, was sich aus dem Umstand deiner Gefährdung ergeben hätte, sondern eine alte Sache, die schon längst im Umlauf und während deiner Prätur verbreitet war und nicht erst von Feinden in Rom ausgedacht, sondern aus der Provinz nach Rom herübergebracht worden ist. (142) Zugleich kann man daraus die Wertschätzung ersehen, die Verres für Apronius empfand, und daß Apronius nicht nur Geständnisse über ihn machte, sondern auch von sich aus über ihn sprach. Außerdem könnt ihr daraus auch ersehen, daß Verres glaubte, in seiner Provinz niemandem außer seinem Gefolge ein Gerichtsverfahren über seine Ehre anvertrauen zu dürfen.

62 Ecquis est iudex cui non ab initio decumani criminis persuasum sit istum in aratorum bona fortunasque impetum fecisse? Quis hoc non ex eo statim iudicavit, quod ostendi istum decumas nova lege atque adeo nulla lege contra omnium consuetudinem atque instituta vendidisse? (143) Verum ut istos ego iudices tam severos, tam diligentis, tam religiosos non habeam, ecquis est ex iniuriarum magnitudine, improbitate decretorum, iudiciorum iniquitate qui hoc non iam dudum statuerit et iudicarit? Etiam sane sit aliquis dissolutior in iudicando, legum offici rei publicae sociorum atque amicorum neglegentior: quid? is possitne de istius improbitate dubitare, cum tanta lucra facta, tam iniquas pactiones vi et metu expressas cognoverit, cum tanta praemia civitates vi atque imperio, virgarum ac mortis metu, non modo Apronio atque eius similibus verum etiam Veneriis servis dare coactas? (144) Quodsi quis sociorum incommodis minus commovetur, – si quem aratorum fugae calamitates exsilia suspendia denique non permovent, – non possum dubitare quin is tamen, cum vastatam Siciliam, relictos agros ex civitatum litteris et ex epistula L. Metelli cognoverit, statuat fieri non posse ut de isto non severissime iudicetur. Erit etiam aliquis qui haec omnia dissimulare ac neglegere possit? Attuli sponsiones ipso praesente factas de decumarum societate ab ipso prohibitas iudicari: quid est quod possit quisquam manifestius hoc desiderare? Non dubito quin vobis satis fecerim,

62 Gibt es einen Richter, der nicht von Anfang an, seit der Zehnte Gegenstand der Anklage ist, überzeugt gewesen ist, daß Verres über das Hab und Gut der Landwirte hergefallen ist? Wer hat das nicht sofort daraus geschlossen, daß er, wie ich gezeigt habe, den Zehnten nach einem neuen oder vielmehr nach gar keinem Gesetz gegen alle Gepflogenheiten und Richtlinien verpachtet hat? (143) Doch gesetzt den Fall, ich hätte so strenge, so achtsame, so gewissenhafte Richter nicht, gibt es jemanden, der nicht schon längst aus der Größe seiner Rechtsbrüche, der Gewissenlosigkeit seiner Erlasse, der Unbilligkeit seiner Gerichtsverfahren diese Überzeugung und Einsicht gewonnen hätte? Mag einer auch immerhin etwas nachlässig in seinen Urteilen und etwas gleichgültig gegen die Gesetze, die Pflicht, den Staat, die Bundesgenossen und Freunde sein: Wie? Könnte selbst der noch an der Gewissenlosigkeit des Verres zweifeln, wenn er erfährt, daß so riesige Gewinne gemacht, so ungerechte Pachtverträge durch Gewalt und Einschüchterung erpreßt worden sind, daß man die Gemeinden durch Zwang und Machtgebot, durch die Furcht vor Auspeitschung und Tod dazu gebracht hat, hohe Zuwendungen nicht nur dem Apronius und seinesgleichen, sondern auch den Sklaven der Venus zukommen zu lassen? (144) Wenn auch jemand von den Leiden der Bundesgenossen nur wenig sich betroffen fühlt, wenn ihn die Flucht, das Unheil, die Verbannung, ja sogar der Selbstmord der Landwirte nicht aufregen, so kann ich dennoch nicht bezweifeln, daß der, wenn er aus den Urkunden der Gemeinden und dem Brief des L. Metellus von der Verwüstung Siziliens und der Verödung der Felder erfährt, auf jeden Fall den Standpunkt vertritt, daß über Verres das allerstrengste Urteil gefällt werden müsse. Wird es auch dann noch jemanden geben, der alles dies absichtlich übersehen und vernachlässigen kann? Ich habe Prozeßwetten über seine Teilhaberschaft am Zehnten beigebracht, die in seiner Gegenwart abgeschlossen wurden und deren Entscheidung er selbst verhindert hat – kann man noch etwas Handgreiflicheres verlangen als dies? Ich bezweifle nicht, daß ich euch zufriedengestellt habe, ihr

iudices; verum tamen progrediar longius, non mehercule quo
magis hoc vobis persuadeatur quam iam persuasum esse con-
fido, sed ut ille aliquando impudentiae suae finem faciat, aliquando desinat ea se putare emere quae ipse semper habuit
venalia, – fidem ius iurandum veritatem officium religionem,
– desinant amici eius ea dictitare quae detrimento maculae
invidiae infamiae nobis omnibus esse possint. (145) At qui
amici! O miserum, o invidiosum offensumque paucorum
culpa atque indignitate ordinem senatorium! Albam Aemi-
lium sedentem in faucibus macelli loqui palam vicisse Ver-
rem, emptos habere iudices, alium HS $\overline{CCCC}$, alium HS $\overline{D}$,
quem minimo, $\overline{CCC}$! Atque ei cum responsum esset fieri non
posse, multos testis esse dicturos, me praeterea causae non
defuturum, 'Licet hercle,' inquit, 'omnes omnia dicant, in
illo, nisi ita res manifesta erit adlata ut responderi nihil possit,
vicimus.' (146) Bene agis, Alba: ad tuam veniam condicionem. Nihil putas valere in iudiciis coniecturam, nihil suspicionem, nihil ante actae vitae existimationem, nihil virorum
bonorum testimonia, nihil civitatum auctoritates ac litteras:
res manifestas quaeris. Non quaero iudices Cassianos, vete-
rem iudiciorum severitatem non requiro, vestram in hac re
fidem dignitatem religionem in iudicando non imploro;
Albam habebo iudicem, eum hominem qui se ipse scurram
improbissimum existimari vult, cum a scurris semper potius
gladiator quam scurra appellatus sit; adferam rem eius modi
in decumis ut Alba fateatur istum in re frumentaria et in bonis
aratorum aperte palamque esse praedatum.

Richter; aber ich will doch noch fortfahren, wahrhaftig nicht, um euch noch mehr von dem zu überzeugen, wovon ihr, wie ich glaube, schon überzeugt seid; vielmehr soll Verres endlich seiner Unverschämtheit ein Ende setzen; er soll endlich aufhören zu glauben, er könne das kaufen, was er selbst stets feilgeboten hat: die Ehrlichkeit, den Eid, die Wahrheit, das Pflichtgefühl, das Gewissen; seine Freunde sollen aufhören, immer wieder Dinge zu sagen, die uns allen nur Schaden, Schande, Anfeindung und schlechten Ruf einbringen können. (145) Doch was für Freunde! Armer Senatorenstand, verhaßt und verrufen durch die Schuld und das unwürdige Benehmen einiger weniger! Alba Aemilius sitzt untätig am Eingang zum Fleischmarkt herum und verkündet öffentlich, Verres habe gesiegt, er habe die Richter gekauft, den einen für 400 000, einen anderen für 500 000, den preisgünstigsten für 300 000 Sesterzen! Und als man ihm antwortete, das könne nicht angehen, viele Zeugen würden aussagen, außerdem würde ich in der Sache nichts unterlassen, sagte er: »Wahrhaftig, alle mögen alles nur Mögliche aussagen, wenn man bei Verres die Sache nicht so handgreiflich vorbringt, daß sich nichts mehr dagegen sagen läßt, dann haben wir gesiegt.« (146) Wohlgesprochen, Alba; ich gehe auf deine Bedingung ein. Nichts, glaubst du, gelte bei den Gerichten die Vermutung, nichts der Verdacht, nichts der Ruf des früheren Lebens, nichts die Zeugenaussagen aufrechter Männer, nichts die Erklärungen und Urkunden der Gemeinden: du verlangst handgreifliche Tatsachen. Ich verlange nicht Richter nach Art des Cassius, ich wünsche mir nicht die alte Strenge der Gerichte, ich beschwöre in dieser Sache nicht eure Pflichttreue, Ehre und Gewissenhaftigkeit in der Urteilsfindung: Alba will ich zum Richter haben, einen Mann, der selbst als der schamloseste Possenreißer gelten möchte, den jedoch die Possenreißer stets lieber einen Banditen als einen Possenreißer genannt haben. Ich will in der Angelegenheit des Zehnten etwas derart Überzeugendes vorbringen, daß auch ein Alba zugeben muß: Verres hat sich an der Getreideversorgung und der Habe der Landwirte offen und unverhohlen bereichert.

151

63 (147) Decumas agri Leontini magno dicis te vendidisse.
Ostendi iam illud initio, non existimandum magno vendidisse
eum qui verbo decumas vendiderit, re et condicione et lege et
edicto et licentia decumanorum decumas aratoribus nullas
reliquas fecerit. Etiam illud ostendi, vendidisse alios magno
decumas agri Leontini ceterorumque agrorum, et lege Hieronica vendidisse et pluris etiam quam te vendidisse, nec aratorem quemquam esse questum; nec enim fuit quod quisquam
queri posset, cum lege aequissime scripta venderent, neque
illud umquam aratoris interfuit, quanti decumae venirent.
Non enim ita est ut, si magno venierint, plus arator debeat, si
parvo, minus; ut frumenta nata sunt, ita decumae veneunt;
aratoris autem interest ita se frumenta habere ut decumae
quam plurimo venire possint; dum arator ne plus decuma det,
expedit ei decumam esse quam maximam. (148) Verum hoc,
ut opinor, esse vis caput defensionis tuae, magno te decumas
vendidisse, atque aliorum quidem agrorum pro portione
magno decumas vendidisse, agri vero Leontini, qui plurimum
efficit, tritici mod. $\overline{\text{CCXVI}}$. Si doceo pluris aliquanto potuisse
te vendere, neque iis voluisse addicere qui contra Apronium
licerentur, et Apronio multo minoris quam aliis potueris vendere tradidisse, – si hoc doceo, poteritne te ipse Alba, tuus
antiquissimus non solum amicus verum etiam amator, absol-
vere?
64 Dico equitem Romanum, hominem in primis honestum.

63 (147) Du habest, sagst du, den Zehnten des leontinischen Gebietes hoch verpachtet. Ich habe schon zu Anfang gezeigt: man darf nicht glauben, daß der hoch verpachtet hat, der zwar dem Wortlaut nach den Zehnten verpachtet hat, in Wirklichkeit aber durch seine Bedingungen und Bestimmungen und Verordnungen und durch die Willkür der Zehntpächter den Landwirten kein Zehntel übriggelassen hat.[152] Auch habe ich gezeigt, daß andere den Zehnten des leontinischen Gebietes und der übrigen Anbaugebiete hoch verpachtet haben und daß sie ihn nach dem Gesetz des Hieron verpachtet haben, und zwar für einen noch höheren Erlös als du ihn verpachtet hast,[153] und daß kein Landwirt sich darüber beklagt hat; denn es bestand für niemanden ein Grund, sich zu beklagen, da die Verpachtung nach einem äußerst gerecht abgefaßten Gesetz erfolgte, noch interessierte es jemals einen Landwirt, wie hoch der Zehnte verpachtet wurde. Denn es ist ja nicht so, daß der Landwirt bei einer hohen Pacht mehr schuldig ist, bei einer niedrigen weniger. Wie das Getreide gedeiht, so wird der Zehnte verpachtet. Dem Landwirt aber liegt daran, daß sein Getreide so steht, daß der Zehnte möglichst hoch verpachtet werden kann. Solange der Landwirt nicht mehr als den Zehnten abzuliefern braucht, ist es vorteilhaft für ihn, daß der Zehnte möglichst hoch ist. (148) Doch das, glaube ich, soll der Hauptpunkt deiner Verteidigung sein: du habest den Zehnten hoch verpachtet, und zwar den der übrigen Anbaugebiete entsprechend den Verhältnissen, aber den des leontinischen Gebietes, das am meisten hervorbringt, für 216 000 Maß Weizen. Wenn ich nun nachweise, daß du ihn wesentlich höher hättest verpachten können, ihn aber nicht denen zuschlagen wolltest, die gegen Apronius boten, und daß du ihn für einen viel niedrigeren Erlös dem Apronius überlassen hast, als du ihn an andere hättest verpachten können – wenn ich das nachweise, wird dich dann selbst ein Alba noch freisprechen können, der älteste nicht nur deiner Freunde, sondern auch deiner Liebhaber?

64 Ich behaupte: der römische Ritter Q. Minucius, ein hochangesehener Mann, wollte mit seinesgleichen für den Zehnten

Q. Minucium, cum sui similibus ad decumas agri Leontini tritici mod. non mille non duo nec tria milia, sed ad unas unius agri decumas tritici modium triginta voluisse addere: ei potestatem emendi non esse factam, ne res abiret ab Apronio. (149) Negare hoc, nisi forte negare omnia constituisti, nullo modo potes; palam res gesta est maximo conventu Syracusis; testis est tota provincia, propterea quod undique ad emendas decumas solent eo convenire. Quod sive fateris sive convinceris, quot et quam manifestis in rebus teneare non vides? Primum tuam rem illam et praedam fuisse; nam ni ita esset, cur tu Apronium malebas, quem omnes tuum procuratorem esse in decumis, tuum negotium agere loquebantur, quam Minucium decumas agri Leontini sumere? Deinde immensum atque infinitum lucrum esse factum; nam si $\overline{\text{XXX}}$ tu commotus non esses, certe hoc idem lucri Minucius Apronio libenter dedisset, si ille accipere voluisset. (150) Quantam igitur illi spem praedae propositam arbitramur fuisse qui tantum praesens lucrum nulla opera insumpta contempserit atque despexerit? Deinde ipse Minucius numquam tanti habere voluisset, si decumas tu lege Hieronica venderes; sed quia tuis novis edictis et iniquissimis institutis plus aliquanto se quam decumas ablaturum videbat, idcirco longius progressus est. At Apronio semper plus etiam multo abs te permissum est quam quod edixeras. Quantum igitur quaestum putamus factum esse per eum cui quidvis licitum sit, cum tantum lucri voluerit addere is cui, si decumas emisset, idem non liceret? (151) Postremo illa quidem certe tibi praecisa defensio est, in

des leontinischen Gebietes nicht eintausend, nicht zweitausend, nicht dreitausend Maß Weizen mehr, nein er wollte allein für den Zehnten eines einzigen Bezirkes 30 000 Maß Weizen mehr geben; man gab ihm nicht die Pachterlaubnis, damit die Sache nicht dem Apronius entgehe. (149) Leugnen kannst du das auf keinen Fall, es sei denn, du hättest dich entschlossen, alles zu leugnen; der Vorgang hat sich in der Öffentlichkeit abgespielt vor einem sehr großen Personenkreis zu Syrakus; Zeuge ist die ganze Provinz, weil man sich von überall her für die Zehntpacht dorthin zu begeben pflegt. Ob du es nun zugibst oder überführt wirst: siehst du nicht, in wie vielen und wie handgreiflichen Punkten du festsitzt? Zunächst hat es sich um deine Sache und Beute gehandelt; denn wenn es nicht so wäre, warum wolltest du dann durchaus, daß Apronius – von dem alle sagten, er sei in Zehntsachen dein Bevollmächtigter, betreibe dein Geschäft – den Zehnten des leontinischen Gebietes erhielt und nicht Minucius? Sodann ergab sich ein unermeßlicher und grenzenloser Gewinn; denn wenn dich die 30 000 Maß nicht reizten, so hätte Minucius gewiß gern denselben Gewinn dem Apronius zukommen lassen, wenn der nur willens gewesen wäre, ihn anzunehmen.[154] (150) Welch große Hoffnung auf Gewinn muß demnach wohl dem vorgeschwebt haben, der einen so hohen, sofortigen und ganz mühelosen Gewinn verachtet und verschmäht hat? Ferner hätte selbst Minucius den Zehnten niemals für einen so hohen Betrag haben wollen, wenn du ihn nach dem Gesetz des Hieron verpachtet hättest. Aber weil er sah, daß er nach deinen neuartigen Erlassen und höchst ungerechten Anordnungen wesentlich mehr als den Zehnten herausholen werde, deshalb ist er weiter gegangen. Aber dem Apronius hast du immer noch viel mehr erlaubt, als du in deinen Erlassen bestimmt hattest. Einen wie hohen Gewinn also, meinen wir, hat der erzielt, dem alles erlaubt war, wenn *der* einen so hohen Betrag hinzufügen wollte, dem, hätte er die Zehntpacht erhalten, nicht dasselbe erlaubt gewesen wäre? (151) Schließlich ist dir jedenfalls die Ausrede abgeschnitten, mit der du immer alle deine Diebstähle und

qua tu semper omnia tua furta atque flagitia latere posse
arbitratus es, magno te decumas vendidisse, plebi Romanae
consuluisse, annonae prospexisse. Non potest hoc dicere is
qui negare non potest se unius agri decumas XXX milibus
modium minoris quam potuerit vendidisse; ut etiamsi tibi
hoc concedam, Minucio ideo te non tradidisse quod iam
addixisses Apronio (aiunt enim te ita dictitare, quod ego
exspecto cupioque te illud defendere) – verum ut ita sit,
tamen non potes hoc quasi praeclarum aliquid praedicare,
magno te decumas vendidisse, cum fuisse fateare qui multo
pluris voluerit emere.

65 (152) Tenetur igitur iam, iudices, et manifesto tenetur avaritia, cupiditas hominis, scelus, improbitas, audacia. Quid? si
haec quae dico ipsius amici defensoresque iudicarunt, quid
amplius vultis? Adventu L. Metelli praetoris, cum omnis eius
comites iste sibi suo illo panchresto medicamento amicos red-
didisset, aditum est ad Metellum; eductus est Apronius. Edu-
xit vir primarius, C. Gallus senator; postulavit ab L. Metello
ut ex edicto suo iudicium daret in Apronium, QUOD PER VIM
AUT METUM ABSTULISSET, quam formulam Octavianam et
Romae Metellus habuerat et habebat in provincia. Non impe-
trat, cum hoc diceret Metellus, praeiudicium se de capite C.
Verris per hoc iudicium nolle fieri. Tota Metelli cohors
hominum non ingratorum aderat Apronio; C. Gallus, homo
vestri ordinis, a suo familiarissimo L. Metello iudicium

Schandtaten verschleiern zu können glaubtest: daß du den Zehnten hoch verpachtet, an das Wohl des einfachen Volkes von Rom gedacht, für einen ausreichenden Vorrat an Getreide gesorgt habest. Dies kann der nicht behaupten, der nicht leugnen kann, daß er den Zehnten aus einem einzigen Bezirk um 30000 Maß niedriger verpachtet hat, als er gekonnt hätte. Auch wenn ich dir zugebe, daß du ihn deshalb dem Minucius nicht überlassen hast, weil du ihn bereits dem Apronius zugesprochen hattest (man sagt nämlich, so laute deine Erklärung, und ich erwarte und wünsche, daß du sie zu deiner Rechtfertigung anführst) – doch auch wenn es sich so verhält, kannst du trotzdem nicht, als handle es sich um eine großartige Leistung, rühmend hervorheben, du habest den Zehnten hoch verpachtet, da du doch zugibst, es habe jemanden gegeben, der ihn für einen viel höheren Betrag pachten wollte.

65 (152) Fest steht jetzt also, ihr Richter, und zwar eindeutig fest die Habsucht und Gier unseres Mannes, seine Ruchlosigkeit, Unverschämtheit und Frechheit. Wie, wenn das, was ich sage, seine eigenen Freunde und Fürsprecher bekräftigt haben, was wollt ihr mehr? Als sich Verres nach Ankunft des Prätors L. Metellus dessen sämtliche Begleiter durch sein bekanntes Universalmittel zu Freunden gemacht hatte, trat man an ihn heran; man forderte ein Gerichtsverfahren gegen Apronius; die Forderung erhob der Senator C. Gallus, ein Mann von hohem Rang. Der verlangte von L. Metellus, er möge gemäß seinem Edikt ein Gericht gegen Apronius bestellen, *weil er sich durch Gewalt und Drohung Vorteile verschafft habe*; an diese Prozeßformel, eine Schöpfung des Octavius[155], hatte Metellus sich in Rom gehalten und hielt sich auch in der Provinz daran. Gallus hatte keinen Erfolg: Metellus erklärte, er wünsche nicht, daß durch dieses Gerichtsverfahren eine Vorentscheidung über Kopf und Kragen des Verres getroffen werde. Das ganze Gefolge des Metellus, lauter nicht undankbare Leute, stand dem Apronius bei; C. Gallus, ein Mann eures Standes, kann bei seinem bestem Freunde L. Metellus kein Verfahren nach dessen eige-

ex edicto non potest impetrare. (153) Non reprehendo Metellum, – pepercit homini amico et, quem ad modum ipsum dicere audivi, necessario: non reprehendo, inquam, Metellum, sed hoc miror, quo modo de quo homine praeiudicium noluerit fieri per recuperatores, de hoc ipse non modo praeiudicarit verum gravissime ac vehementissime iudicarit. Primum enim si Apronium absolutum iri putaret, nihil erat quod ullum praeiudicium vereretur; deinde si condemnato Apronio coniunctam cum eo Verris causam omnes erant existimaturi, Metellus quidem certe iam hoc iudicabat, eorum rem causamque esse coniunctam, qui statueret Apronio condemnato de isto praeiudicium futurum. Et simul una res utrique rei est argumento, et aratores vi et metu coactos Apronio multo plus quam debuerint dedisse, et Apronium istius rem suo nomine egisse, cum L. Metellus statuerit non posse Apronium condemnari quin simul de istius scelere atque improbitate iudicaretur.

66 (154) Venio nunc ad epistulam Timarchidi, liberti istius et accensi; de qua cum dixero, totum hoc crimen decumanum peroraro. Haec epistula est, iudices, quam nos Syracusis in aedibus Aproni cum litteras conquireremus invenimus. Missa est, ut ipsa significat, ex itinere, cum Verres iam de provincia decessisset, Timarchidi manu scripta. Recita. Epistula Timarchidi. Timarchides Verris accensus Apronio salutem dicit. Iam hoc quidem non reprehendo quod adscribit 'accensus'; cur enim sibi hoc scribae soli sumant, 'L. Papirius scriba'? Volo ego hoc esse commune accensorum, lictorum, viatorum. Fac diligentiam adhibeas, quod ad

nem Edikt erwirken. (153) Ich tadle Metellus nicht; er schonte seinen Freund und, wie ich ihn selbst habe sagen hören, seinen Verwandten[156]; ich tadle den Metellus nicht, sage ich, doch darüber wundere ich mich, daß er über *den* Mann keine richterliche Vorentscheidung gefällt wissen wollte, über den er selbst nicht nur ein vorläufiges, sondern ein sehr strenges und hartes Urteil gefällt hat. Denn erstens, wenn er überzeugt war, Apronius werde freigesprochen werden, bestand kein Grund, eine Vorentscheidung zu fürchten. Zum anderen hätten zwar nach der Verurteilung des Apronius alle geglaubt, die Sache des Verres sei mit der seinigen verknüpft; Metellus dagegen glaubte schon jetzt zweifellos daran, daß die Sache und der Fall der beiden verknüpft sei, da er feststellte, die Verurteilung des Apronius werde eine Vorentscheidung über Verres bedeuten. Und zugleich liefert *eine* Sache den Beweis für zweierlei: daß die Landwirte, durch Gewalt und Drohung gezwungen, an Apronius viel mehr geliefert haben, als sie verpflichtet waren, und daß Apronius die Sache des Verres in seinem Namen betrieben hat, hat doch L. Metellus erklärt, Apronius könne nicht verurteilt werden, ohne daß man zugleich ein Urteil über das Verbrechen und die Schamlosigkeit des Verres fälle.

66 (154) Ich komme jetzt zu dem Brief des Timarchides[157], seines Freigelassenen und Amtsdieners. Wenn ich darüber gesprochen habe, dann will ich damit den ganzen Anklagepunkt wegen der Zehnten zum Abschluß bringen. Dies ist ein Brief, ihr Richter, den wir zu Syrakus im Hause des Apronius gefunden haben, als wir nach Schriftstücken suchten. Er ist, wie aus ihm selbst ersichtlich, während der Reise abgeschickt worden, als Verres bereits die Provinz verlassen hatte; er ist von der Hand des Timarchides geschrieben. Lies vor. – (Brief des Timarchides: »Timarchides, Amtsdiener des Verres, grüßt Apronius.«) – Dies tadle ich freilich nicht weiter, daß er »Amtsdiener« hinzusetzt. Denn warum sollen sich das nur die Schreiber herausnehmen: »L. Papirius[158], der Schreiber?« Ich wünschte, daß dies bei Amtsdienern, Liktoren und Boten allgemein Brauch würde.[159] »Beweise Umsicht, wo es sich

159

PRAETORIS EXISTIMATIONEM ATTINET. Commendat Apronio Verrem, et hortatur ut inimicis eius resistat. Bono praesidio munitur existimatio tua, siquidem in Aproni constituitur diligentia atque auctoritate. HABES VIRTUTEM, ELOQUENTIAM. (155) Quam copiose laudatur Apronius a Timarchide, quam magnifice! Cui ego illum non putem placere oportere qui tanto opere Timarchidi probatus sit? HABES SUMPTUM UNDE FACIAS. Necesse est, si quid redundarit de vestro frumentario quaestu, ad illum potissimum per quem agebatis defluxisse. SCRIBAS, APPARITORES RECENTIS ARRIPE; CUM L. VOLTEIO, QUI PLURIMUM POTEST, CAEDE, CONCIDE. Videte quam valde malitiae suae confidat Timarchides, qui etiam Apronio improbitatis praecepta det. Iam hoc 'caede, concide'! nonne vobis verba domo patroni depromere videtur ad omne genus nequitiae accommodata? VOLO, MI FRATER, FRATERCULO TUO CREDAS. Consorti quidem in lucris atque furtis, gemino et simillimo nequitia, improbitate, audacia. 67 IN COHORTE CARUS HABEBERE. Quid est hoc 'in cohorte'? quo pertinet? Apronium doces? quid? in vestram cohortem te monitore an sua sponte pervenerat? QUOD CUIQUE OPUS EST, OPPONE. Qua impudentia putatis eum in dominatione fuisse qui in fuga tam improbus sit? Ait omnia pecunia effici posse: dare, profundere oportere, si velis vincere. Non hoc mihi tam molestum est Apronio suadere. Timarchidem, quam quod hoc idem patrono suo praecipit. TE POSTULANTE OMNES VINCERE SOLENT. (156) Verre quidem praetore, non Sacerdote, non

um den Ruf des Prätors handelt.« Er legt dem Apronius das Wohl des Verres ans Herz und ermahnt ihn, dessen Feinden entgegenzutreten. Durch eine gute Schutzwehr ist dein Ruf gesichert, wenn er auf der Umsicht und dem Einfluß des Apronius beruht. »Du besitzt Tatkraft und die Fähigkeit zu reden.« (155) Wie beredt wird Apronius von Timarchides gelobt, wie großartig! Wem muß, möchte ich glauben, ein Mann nicht gefallen, der in einem so hohen Maße die Anerkennung eines Timarchides gefunden hat? »Du hast Mittel, von denen du die Kosten bestreiten kannst.« Notwendig muß der Überschuß aus eurem Getreidegeschäft in erster Linie in die Tasche des Mannes geflossen sein, durch den ihr die Sache betrieben habt. »Mache dich an die neuen Schreiber und Amtsdiener heran; gemeinsam mit L. Volteius, der sehr viel Einfluß hat, hau zu und schlag drein.« Bemerkt, wieviel Timarchides seiner eigenen Schlechtigkeit zutraut, wenn er sogar einem Apronius Anweisungen zu einem unredlichen Verhalten gibt. Schon dies »hau zu und schlag drein«: glaubt ihr nicht, daß er die Worte, die sich auf jede Art von Lasterhaftigkeit anwenden lassen, aus dem Hause seines Herrn entlehnt?[160] »Ich sähe es gern, mein Bruderherz, du schenktest deinem Brüderchen Glauben« – deinem Genossen nämlich bei gewinnbringenden Geschäften und Diebereien, deinem Zwillingsbruder und genauen Ebenbild an Schlechtigkeit, Gemeinheit und Frechheit. 67 »Man wird dich im Gefolge schätzen.« Was heißt »im Gefolge«? Worauf zielt das ab? Du erteilst Apronius Lehren? Wie? War er auf dein Drängen oder von sich aus in euer Gefolge gekommen?[161] »Trag jedem an, was er braucht.« Wie unverschämt, glaubt ihr wohl, ist der in seiner Machtfülle gewesen, der auf der Flucht so unverschämt ist? Er sagt, mit Geld könne man alles erreichen; man müsse geben, ja mit vollen Händen austeilen, wenn man seinen Willen durchsetzen wolle. Ich finde es nicht so unerträglich, daß Timarchides dem Apronius diesen Rat erteilt, als vielmehr, daß er seinem Herrn dasselbe empfiehlt. »Wenn du es verlangst, dann pflegen sich alle durchzusetzen.« (156) Jedenfalls unter dem Prätor Verres, nicht unter Sacerdos, nicht unter

Peducaeo, non hoc ipso Metello. Scis Metellum sapientem esse. Hoc vero ferri iam non potest, inrideri viri optimi, L. Metelli, ingenium et contemni ac despici a fugitivo Timarchide. Si Volteium habebis, omnia ludibundus conficies. Hic vehementer errat Timarchides, qui aut Volteium pecunia corrumpi putet posse, aut Metellum unius arbitratu gerere praeturam, sed errat coniectura domestica. Quia multos et per se et per alios multa ludibundos apud Verrem effecisse vidit, ad omnis eosdem patere aditus arbitratur. Facilius vos efficiebatis ludibundi quae volebatis a Verre, quod multa eius ludorum genera noratis. Inculcatum est Metello et Volteio te aratores evertisse. Quis istuc Apronio attribuebat, cum aratorem aliquem everterat, aut Timarchidi, cum ob iudicandum aut decernendum aut imperandum aliquid aut remittendum pecuniam acceperat, aut Sextio lictori, cum aliquem innocentem securi percusserat? Nemo; omnes ei tum attribuebant quem nunc condemnari volunt. (157) Obtuderunt eius auris te socium praetoris fuisse. Videsne hoc quam clarum sit et fuerit, cum etiam Timarchides hoc metuat? concedesne non hoc crimen nos in te confingere, sed iam pridem ad crimen aliquam defensionem libertum quaerere? Libertus et accensus tuus, et tibi ac liberis tuis omnibus in rebus coniunctus ac proximus, ad Apronium scribit vulgo esse ab omnibus ita demonstratum Metello, tibi Apronium in decumis socium fuisse. Fac sciat improbitatem aratorum; ipsi sudabunt, si di volunt. Quod istuc, per deos immortalis, aut qua de causa excitatum esse dicamus

162

Peducaeus,[162] selbst nicht unter Metellus. »Wie du weißt, ist Metellus ein verständiger Mann.« Das läßt sich nun wirklich nicht mehr ertragen, daß der Charakter des L. Metellus, eines vorzüglichen Mannes, von dem entlaufenen Sklaven Timarchides verspottet und verachtet und herabgesetzt wird. »Wenn du Volteius auf deiner Seite hast, wirst du alles spielend zuwege bringen.« Da irrt sich Timarchides gewaltig, wenn er glaubt, Volteius könne man mit Geld bestechen oder Metellus verwalte die Prätur nach dem Gutdünken eines einzelnen, aber er irrt sich aufgrund einer aus der eigenen Erfahrung gewonnenen Schlußfolgerung. Weil er gesehen hat, daß viele durch ihn und durch andere vieles spielend bei Verres erreichten, glaubt er, alle seien in gleicher Weise zugänglich. Allzu leicht erreichtet ihr spielend bei Verres, was ihr wolltet, weil ihr viele Arten seiner Spiele kanntet. »Man hat dem Metellus und Volteius eingehämmert, du habest die Landwirte zugrunde gerichtet.« Wer lastete es denn dem Apronius an, wenn er einen Landwirt zugrunde richtete, oder dem Timarchides, wenn er für ein Gerichtsurteil oder für eine Entscheidung, für einen Befehl oder ein Entgegenkommen Geld annahm,[163] oder dem Liktor Sextius, wenn er einen Unschuldigen mit dem Beil hinrichtete?[164] Niemand. Alle lasteten es damals dem an, den sie jetzt verurteilt wissen wollen. (157) »Sie haben ihm in den Ohren gelegen, du seiest der Teilhaber des Prätors gewesen.« Siehst du, wie wohlbekannt das war und noch ist, wenn auch Timarchides sich davor fürchtet? Wirst du zugeben, daß nicht wir uns diesen Vorwurf gegen dich ausdenken, sondern vielmehr dein Freigelassener seit langem ihn irgendwie abzuwehren sucht? Dein Freigelassener und Amtsdiener, der mit dir und deinen Kindern in jeder Beziehung sehr eng verbunden war, schreibt an Apronius, von allen Seiten sei dem Metellus bedeutet worden, daß Apronius beim Zehnten dein Teilhaber gewesen sei. »Mache ihn mit der Schlechtigkeit der Landwirte bekannt; die sollen schwitzen, so die Götter wollen.« Was soll das, bei den unsterblichen Göttern, oder aus welchem Grunde, sollen wir sagen, ist gegen die Landwirte ein so feindseliger und so

163

in aratores tam infestum odium atque tantum? Quantam iniuriam fecerunt Verri aratores ut eos etiam libertus et accensus
eius tam irato animo ac litteris insequatur?

68 Neque ego huius fugitivi, iudices, vobis epistulam recitas-
sem, nisi ut ex ea totius familiae praecepta et instituta et disciplinam cognosceretis. Videtis ut moneat Apronium quibus
rebus ac muneribus se insinuet in familiaritatem Metelli, Volteium corrumpat, scribas accensumque pretio deleniat. Ea
praecipit quae vidit, ea monet alienum hominem quae domi
didicit ipse; verum in hoc errat uno, quod existimat easdem
vias ad omnium familiaritates esse munitas. (158) Quamquam
merito sum iratus Metello, tamen haec quae vera sunt dicam.
Apronius ipsum Metellum non pretio, ut Verrem, non convivio, non muliere, non sermone impuro atque improbo posset
corrumpere, quibus rebus non sensim atque moderate ad
istius amicitiam adrepserat, sed brevi tempore totum hominem totamque eius praeturam possederat; cohortem autem
Metelli, quam vocat, quid erat quod corrumperet, exqua
recuperatores in aratorem nulli dabantur? (159) Nam quod
scribit Metelli filium puerum esse, vehementer errat; non
enim ad omnis praetorum filios idem aditus sunt. O Timarchide, Metelli est filius in provincia non puer, sed adulescens
pudens ac bonus, dignus illo loco ac nomine; vester iste puer
praetextatus in provincia quem ad modum fuisset dicerem si
pueri esse illam culpam ac non patris existimarem. Tune, cum

großer Haß geschürt worden? Welch großes Unrecht haben denn die Landwirte dem Verres angetan, daß sogar sein Freigelassener und Amtsdiener sie mit so blindwütigen Gefühlen und Briefen verfolgt?

68 Ich hätte euch den Brief des entlaufenen Sklaven nicht vorgelesen, ihr Richter, wenn ich damit nicht die Absicht verfolgt hätte, euch dadurch eine Vorstellung von den Weisungen und Gewohnheiten und Grundsätzen der ganzen Sippschaft zu geben. Ihr seht, er gibt dem Apronius Hinweise, mit welchen Mitteln und Geschenken er sich die Freundschaft des Metellus erschleichen, den Volteius bestechen, durch Geld die Schreiber und den Amtsdiener für sich gewinnen soll. Er empfiehlt, was er gesehen, er weist einen anderen auf das hin, was er selbst daheim gelernt hat. Doch er irrt in dem einen Punkte, daß er glaubt, zu jedermanns Freundschaft gebe es dieselben gebahnten Wege. (158) Ich bin mit Recht über Metellus verärgert; trotzdem will ich sagen, was wahr ist. Apronius hätte den Metellus selbst nicht wie einen Verres durch Geld, durch ein Gelage, durch ein Frauenzimmer, durch schmutzige und schamlose Reden verführen können: lauter Mittel, mit denen er sich nicht allmählich und unaufdringlich in die Freundschaft des Verres eingeschmeichelt, sondern in kurzer Zeit den ganzen Menschen und seine ganze Prätur in Besitz genommen hatte. Was aber das Gefolge des Metellus betrifft, das Timarchides nennt, warum sollte er es bestechen, da doch aus seiner Mitte keine Schnellrichter gegen einen Landwirt bestellt wurden? (159) Denn wenn er schreibt, der Sohn des Metellus sei noch ein Knabe, so irrt er sich gewaltig; denn nicht alle Söhne von Prätoren sind in gleicher Weise zugänglich. Mein lieber Timarchides, der Sohn des Metellus in der Provinz ist kein Knabe, sondern ein zurückhaltender und anständiger junger Mann, würdig seines Ranges und seines Namens; wie sich jedoch euer Knabe, der Knabe in der verbrämten Toga,[165] in der Provinz benommen hat, dazu würde ich etwas sagen, wenn ich glaubte, daß die Schuld bei dem Knaben und nicht beim Vater liege. Du kanntest doch dich und deinen Lebens-

te ac tuam vitam nosses, in Siciliam tecum grandem praetextatum filium ducebas, ut, etiamsi natura puerum a paternis vitiis atque a generis similitudine abduceret, consuetudo tamen eum et disciplina degenerare non sineret? (160) Fac enim fuisse in eo C. Laeli aut M. Catonis materiem atque indolem: quid ex eo boni sperari atque effici potest qui in patris luxurie sic vixerit ut nullum umquam pudicum neque sobrium convivium viderit, qui in epulis cotidianis adulta aetate per triennium inter impudicas mulieres et intemperantis viros versatus sit, nihil umquam audierit a patre quo pudentior aut melior esset, nihil umquam patrem facere viderit quod cum imitatus esset non, id quod turpissimum est, patris similis putaretur?
69 (161) Quibus in rebus non solum filio, Verres, verum etiam rei publicae fecisti iniuriam. Susceperas enim liberos non solum tibi sed etiam patriae, qui non modo tibi voluptati sed etiam qui aliquando usui rei publicae esse possent. Eos instituere atque erudire ad maiorum instituta, ad civitatis disciplinam, non ad tua flagitia neque ad tuas turpitudines debuisti: esset ex inerti atque improbo et impuro parente navus et pudens et probus filius, haberet aliquid abs te res publica muneris. Nunc pro te Verrem substituisti alterum civitati; nisi forte hoc deteriorem, si fieri potest, quod tu eius modi evasisti non in hominis luxuriosi, sed tantum in furis ac divisoris disciplina educatus; (162) quid isto fore festivius arbitramur, si est tuus natura filius, consuetudine discipulus, voluntate similis? Quem ego, iudices, quamvis bonum fortemque

wandel; nahmst du dann deinen herangewachsenen Sohn, der noch die verbrämte Toga trug, deshalb mit dir nach Sizilien, damit Gewöhnung und Unterweisung den Knaben, wenn ihn auch seine Veranlagung von den Lastern des Vaters und von der Ähnlichkeit mit der Sippe abbringen sollte, trotzdem nicht aus der Art schlagen ließen? (160) Denn nimm an, er hätte das Zeug und die Befähigung für einen C. Laelius oder M. Cato[166] gehabt: was läßt sich Gutes bei jemandem erwarten oder bewirken, der in der vergnügungssüchtigen Gesellschaft seines Vaters so lebte, daß er niemals ein unanstößiges und maßvolles Trinkgelage erlebt hat, der, schon herangewachsen, bei den täglichen Mahlzeiten drei Jahre lang zwischen schamlosen Frauenzimmern und ausschweifenden Männern seine Tage verbrachte, niemals etwas vom Vater hörte, wodurch er hätte anständiger oder besser werden können, niemals den Vater etwas tun sah, bei dessen Nachahmung er nicht – was doch das Allerschändlichste ist – als das Ebenbild seines Vaters angesehen worden wäre?

69 (161) Hierin hast du nicht nur deinem Sohne, Verres, sondern auch dem Staate Unrecht angetan. Du hattest ja deine Kinder nicht nur für dich, sondern auch für das Vaterland aufgezogen, und sie sollten nicht nur dir Freude, sondern dereinst auch dem Staat Nutzen bringen. Du hättest sie nach den Sitten der Vorfahren und nach den Erziehungsgrundsätzen des Staates, nicht nach dem Muster deiner Schandtaten und deiner Gemeinheiten unterrichten und erziehen sollen. Dann hätte es von einem schlaffen und schamlosen und schmutzigen Vater einen tüchtigen und anständigen und rechtschaffenen Sohn gegeben, der Staat hätte von dir ein Geschenk erhalten. Jetzt hast du dem Staate statt deiner einen zweiten Verres aufgebürdet, wenn nicht womöglich einen noch schlechteren, weil du ein solcher Mensch geworden bist, obwohl du nicht in der Schule eines Lüstlings, sondern nur in der eines Diebes und Geldverteilers[167] aufgewachsen bist. (162) Was können wir Netteres erwarten als diesen Menschen, wenn er von der Anlage her dein Sohn, durch Gewöhnung dein Schüler, der Gesinnung nach dein Ebenbild ist?

167

facile paterer evadere; non enim me inimicitiae commovent, si quae mihi cum isto futurae sunt. Nam si in omnibus rebus innocens fuero meique similis, quid mihi istius inimicitiae nocebunt? sin aliqua in re Verris similis fuero, non magis mihi deerit inimicus quam Verri defuit. Etenim, iudices, eius modi res publica debet esse, et erit veritate iudiciorum constituta, ut inimicus neque deesse nocenti possit neque obesse innocenti. Qua propter nulla res est quam ob rem ego istum nolim ex paternis probris ac vitiis emergere; id quod tametsi isti difficile est, tamen haud scio an fieri possit, praesertim si, sicut nunc fit, custodes amicorum eum sectabuntur, quoniam pater tam neglegens ac dissolutus est. (163) Verum huc longius quam voluntas fuit ab epistula Timarchidi digressa est oratio mea, qua recitata conclusurum me esse crimen decumanum dixeram; ex quo intellexistis innumerabilem frumenti numerum per triennium aversum ab re publica esse ereptumque aratoribus.

70 Sequitur ut de frumento empto vos, iudices, doceam, maximo atque impudentissimo furto; de quo dum certa et pauca et magna dicam breviter, attendite. Frumentum emere in Sicilia debuit Verres ex senatus consulto et ex lege Terentia et Cassia frumentaria. Emundi duo genera fuerunt, unum decumanum, alterum quod praeterea civitatibus aequaliter esset distributum; illius decumani tantum quantum ex primis decumis fuisset, huius imperati in annos singulos tritici mod.

Doch ich würde es mir gern gefallen lassen, ihr Richter, wenn aus ihm ein noch so anständiger und tüchtiger Mann wird. Denn die Feindschaft, in die ich etwa mit ihm geraten werde, beunruhigt mich nicht. Wenn ich mich nämlich in allen Fällen unsträflich verhalte und mir gleich bleibe, was kann mir dann seine Feindschaft schon schaden? Wenn ich jedoch in irgendeiner Beziehung dem Verres gleichzusetzen bin, dann wird es mir ebensowenig an einem Feinde fehlen, wie es dem Verres daran gefehlt hat. Denn in einem Gemeinwesen muß es so sein, ihr Richter, und wird es so sein, wenn es wirkliche Gerichte aufweist, daß ein Feind dem Schuldigen nicht fehlen und dem Unschuldigen nicht schaden kann. Und deshalb besteht kein Grund, weshalb ich nicht wünschen sollte, daß der junge Mann aus den Schandtaten und Lastern des Vaters herausfindet. Das ist sicherlich schwer für ihn, aber vielleicht doch nicht unmöglich, zumal wenn, wie es jetzt geschieht, von den Freunden zur Beaufsichtigung eingesetzte Personen ihn überall begleiten, da ja der Vater so nachlässig und gleichgültig ist. (163) Doch weiter, als es meine Absicht war, ist meine Rede von dem Briefe des Timarchides abgekommen, mit dessen Verlesung ich, wie ich gesagt hatte, die den Zehnten betreffende Anklage beschließen wollte. Ihr habt aus ihr ersehen, daß eine unermeßliche Menge Getreide drei Jahre lang dem Staate entwendet und den Landwirten geraubt worden ist.

70 Anschließend nun muß ich euch über das Kaufgetreide unterrichten, ihr Richter, ein Gegenstand riesiger und ganz unverschämter Veruntreuung. Ich will hierüber in Kürze nur Sicheres und Weniges und Belangvolles anführen; schenkt mir bitte eure Aufmerksamkeit. Verres sollte aufgrund eines Senatsbeschlusses und des Getreidegesetzes des Terentius und Cassius[168] in Sizilien Getreide kaufen. Es gab zwei Arten des Ankaufs, einmal die des zweiten Zehnten, zum anderen die des Getreides, dessen Lieferung man außerdem noch gleichmäßig auf die Gemeinden umlegte. Von dem Zehntgetreide sollte er so viel kaufen, wie aus dem ersten Zehnten aufgekommen war, und von dem zusätzlich auferlegten in

169

$\overline{\text{DCCC}}$; pretium autem constitutum decumano in modios singulos HS III, imperato HS III s. Ita in frumentum imperatum HS duodetriciens in annos singulos Verri decernebatur quod aratoribus solveret, in alteras decumas fere ad nonagiens. Sic per triennium ad hanc frumenti emptionem Siciliensem prope centiens et viciens erogatum est.

(164) Hanc pecuniam tantam datam tibi ex aerario inopi atque exhausto, datam ad frumentum, hoc est ad necessitatem salutis et vitae, datam ut Siculis aratoribus, quibus tanta onera res publica imponeret, solveretur, abs te sic laceratam esse dico ut possim illud probare, si velim, omnem te hanc pecuniam domum tuam avertisse. Etenim sic hanc rem totam administrasti ut hoc quod dico probari aequissimo iudici possit. Sed ego habebo rationem auctoritatis meae; meminero quo animo, quo consilio ad causam publicam accesserim; non agam tecum accusatorie, nihil fingam, nihil cuiquam probari volo me dicente quod non ante mihimet ipsi probatum sit. (165) In hac pecunia publica, iudices, haec insunt tria genera furtorum: primum, cum posita esset pecunia apud eas societates unde erat attributa, binis centesimis faeneratus est, deinde permultis civitatibus pro frumento nihil solvit omnino, postremo, si cui civitati solvit, tantum detraxit quantum commodum fuit, nulli quod debitum est reddidit.

71 Ac primum hoc ex te quaero: tu, cui publicani ex Carpinati litteris gratias egerunt, pecunia publica ex aerario erogata, ex vectigalibus populi Romani ad emendum frumentum attri-

jedem Jahre 800 000 Maß Weizen; als Preis aber waren für das
Zehntgetreide drei, für das auferlegte Getreide dreieinhalb
Sesterzen je Maß festgelegt. Daher bewilligte man dem Verres
für das auferlegte Getreide 2 800 000 Sesterzen für jedes Jahr,
die er den Landwirten zahlen sollte, für den zweiten Zehnten
ungefähr 9 000 000. So wurden drei Jahre lang jährlich für
diesen Getreideankauf in Sizilien fast zwölf Millionen Sesterzen ausgegeben.

(164) Dieser hohe Geldbetrag wurde dir aus einem ärmlichen
und erschöpften Staatshaushalt[169] gegeben, gegeben für
Getreide, das heißt für die Erhaltung der notwendigen Le-
bensbedürfnisse, gegeben, damit er an die sizilischen Landwirte, denen der Staat so große Lasten auferlegte, ausgezahlt
würde; du aber hast ihn, behaupte ich, so vertan, daß ich,
wenn ich wollte, beweisen könnte, du habest dieses ganze
Geld in deine eigene Tasche gesteckt. Denn du hast diese ganze Sache so gehandhabt, daß sich das, was ich sage,
auch einem ganz unvoreingenommenen Richter glaubhaft
machen ließe. Doch ich will an meinen eigenen Ruf denken,
will mich erinnern, in welcher Absicht, mit welcher Überlegung ich diese öffentliche Rechtssache übernommen habe.
Ich werde nicht mit Advokatenkniffen gegen dich vorgehen,
werde nichts erdichten, will nicht, daß aufgrund meiner Rede
jemandem glaubhaft erscheint, was nicht vorher mir selbst
glaubhaft gewesen ist. (165) Bei diesen öffentlichen Geldern,
ihr Richter, lassen sich drei Arten von Unterschlagung feststellen: Erstens hat Verres das Geld bei den Pachtgesellschaf-
ten, auf die es angewiesen war, angelegt und sich mit zwei
Prozent monatlich verzinsen lassen;[170] zweitens hat er bei
sehr vielen Gemeinden für das Getreide überhaupt nichts
bezahlt; schließlich zog er, wenn er schon einer Gemeinde
etwas zahlte, so viel ab, wie ihm genehm war, und keiner
erstattete er den vollen schuldigen Betrag.

71 Und nun frage ich dich zuerst: hast du, dem die Steuerpächter aufgrund der Briefe des Carpinatius ihren Dank
abstatteten,[171] aus diesen öffentlichen Geldern, die aus der
Staatskasse gezahlt, aus den Steuereinnahmen des römischen

buta, fueritne tibi quaestui, pensitaritne tibi binas centesimas? Credo te negaturum; turpis enim est et periculosa confessio. (166) Mihi autem hoc perarduum est demonstrare. Quibus enim testibus? publicanis? Tractati honorifice sunt: tacebunt. Litteris eorum? Decreto decumanorum remotae sunt. Quo me igitur vertam? rem tam improbam, crimen tantae audaciae tantaeque impudentiae propter inopiam testium ac litterarum praetermittam? Non faciam, iudices, utar teste – quo? P. Vettio Chilone, homine equestris ordinis honestissimo atque ornatissimo, qui isti ita et amicus et necessarius est ut, etiamsi vir bonus non esset, tamen quod contra istum diceret grave videretur, ita vir bonus est ut, etiamsi inimicissimus isti esset, tamen eius testimonio credi oporteret.

(167) Admiratur et exspectat quidnam Vettius dicturus sit. Nihil dicet ex tempore, nihil ex sua voluntate, nihil, cum utrumvis licuisse videatur. Misit in Siciliam litteras ad Carpinatium, cum esset magister scripturae et sex publicorum, quas ego Syracusis apud Carpinatium in litterarum adlatarum libris, Romae in litterarum missarum apud magistrum L. Tullium, familiarem tuum, inveni; quibus ex litteris impudentiam faeneratoris, quaeso, cognoscite. LITTERAE MISSAE P. VETTI, P. SERVILI, C. ANTISTI MAGISTRORUM. Praesto se tibi ait futurum Vettius et observaturum quem ad modum rationes ad aerarium referas, ut, si hanc ex faenore pecuniam populo non rettuleris, reddas societati. (168) Possumus hoc

Volkes für den Getreideankauf angewiesen waren, für dich
Gewinn gezogen, haben sie dir zwei Prozent monatlich ein-
gebracht? Vermutlich wirst du es abstreiten; denn schimpf-
lich und gefährlich wäre das Geständnis. (166) Für mich aber
ist es sehr schwierig, das zu beweisen. Denn welche Zeugen
habe ich? Die Steuerpächter? Sie sind ehrenvoll behandelt
worden: sie werden schweigen. Ihre Schriftstücke? Auf
Beschluß der Zehntpächter sind sie beseitigt worden. Wohin
soll ich mich also wenden? Soll ich eine solche Schurkerei, ein
so freches und so schamloses Verbrechen aus Mangel an Zeugen und Urkunden mit Stillschweigen übergehen? Nein, ihr
Richter, ich will es nicht tun; ich will einen Zeugen vorführen
– wen? Den P. Vettius Chilo, einen sehr ehrenwerten und
hochangesehenen Mann aus dem Ritterstand; der ist mit Verres so eng befreundet und verwandt, daß seine Aussage gegen
ihn auch dann als schwerwiegend erschiene, wenn er kein
rechtschaffener Mann wäre; nun ist er aber ein so rechtschaffener Mann, daß man seiner Zeugenaussage auch dann glauben müßte, wenn er der schärfste Feind von Verres wäre.
(167) Unser Freund wundert sich und ist gespannt, was Vettius denn sagen wird. Doch der wird nicht gemäß den Erfor-
dernissen des Augenblickes reden, nicht nach seinem Belieben, nicht zu einem Zeitpunkt, da man glauben kann, ihm sei
beides erlaubt, zu reden oder zu schweigen. Er hat ein Schreiben nach Sizilien an Carpinatius geschickt; der war damals
der Geschäftsführer für das Weidegeld[172] und sechs weitere
Staatspachten. Ich fand das Schreiben in Syrakus bei Carpinatius in den Verzeichnissen der Eingänge, in Rom bei dem
Geschäftsführer L. Tullius, deinem Freunde, in den Verzeichnissen der Ausgänge. Bitte erseht aus diesem Schreiben
die Schamlosigkeit dieses Wucherers. – (Das Schreiben der
Geschäftsführer P. Vettius, P. Servilius, C. Antistius.) – Er
werde zur Stelle sein, wenn du kommst, sagt Vettius, und
darauf achten, wie du Rechnung bei der Staatskasse ablegst,
damit du den Zinsertrag an die Pachtgesellschaft zurücker-
stattest, wenn du ihn nicht an den Staat ablieferst. (168) Können wir dank dieses Zeugen, können wir dank des Schreibens

173

teste, possumus P. Servili et C. Antisti magistrorum litteris, primorum hominum atque honestissimorum, possumus auctoritate societatis, cuius litteris utimur, quod dicimus obtinere, an aliqua firmiora aut graviora quaerenda sunt? 72 Vettius, tuus familiarissimus, Vettius, tuus adfinis, cuius sororem habes in matrimonio, Vettius, frater tui quaestoris, testatur litteris impudentissimum tuum furtum certissimumque peculatum; nam quo alio nomine pecuniae publicae faeneratio est appellanda? Recita reliqua. Scribam tuum dicit, Verres, huius perscriptorem faenerationis fuisse: ei quoque magistri minantur in litteris, et casu tum duo magistri fuerunt cum Vettio. Binas centesimas ab sese ablatas ferendum non putant, et recte non putant. Quis enim hoc fecit umquam, quis denique conatus est facere aut posse fieri cogitavit, ut, cum senatus usura publicanos saepe iuvisset, magistratus a publicanis pecuniam pro usura auderet auferre? Certe huic homini spes nulla salutis esset, si publicani, hoc est si equites Romani iudicarent: (169) minor esse nunc, iudices, vobis disceptantibus debet, et tanto minor quanto est honestius alienis iniuriis quam re sua commoveri.

Quid ad haec respondere cogitas? utrum factum negabis an tibi hoc licitum esse defendes? Negare qui potes? an ut tanta auctoritate litterarum, tot testibus publicanis convincare? Licuisse vero qui? Si hercule te tuam pecuniam praetorem in provincia faeneratum docerem, tamen effugere non posses; sed publicam, sed ob frumentum decretam, sed a publicanis

174

der Geschäftsführer P. Servilius und C. Antistius, vorzüglicher und hochangesehener Männer, können wir dank des Ansehens der Gesellschaft, auf deren Schreiben wir uns stützen, unsere Behauptung aufrechterhalten oder müssen wir uns nach stärkeren oder schwerer wiegenden Beweisen umschauen? 72 Vettius, dein engster Freund, Vettius, dein Verwandter, dessen Schwester du zur Frau hast, Vettius, der Bruder deines Quästors, bezeugt in seinem Schreiben deine schamlose Dieberei und ganz eindeutige Unterschlagung. Denn wie anders soll man Wuchergeschäfte mit öffentlichen Geldern bezeichnen? Lies das übrige vor. Dein Schreiber, Verres, sagt er, sei es gewesen, der über dies Wuchergeschäft Buch geführt habe, und auch ihm drohen die Geschäftsführer in ihrem Schreiben; denn zufällig gab es damals noch zwei Geschäftsführer neben Vettius. Daß man ihnen zwei Prozent monatlich abgenommen hat, halten sie für unerträglich, und das mit Recht. Denn wer hat das jemals getan, wer hat es auch nur zu tun versucht oder an die Möglichkeit gedacht, daß ein Beamter es wagen würde, von den Steuerpächtern Zinsen zu nehmen, während der Senat sie oft durch Zinsenerlaß großzügig behandelt hat? Sicherlich hätte dieser Mensch keine Aussicht auf Rettung, wenn die Steuerpächter, das heißt, wenn die römischen Ritter das Richteramt ausübten.[173] (169) Sie muß jetzt, da ihr die Entscheidung fällt, ihr Richter, noch geringer sein, und zwar um so geringer, je ehrenvoller es ist, sich mehr über das Unrecht an anderen zu erregen als über das, welches einen selbst trifft.

Was gedenkst du hierauf zu antworten? Willst du die Tatsache leugnen oder zu deiner Rechtfertigung vorbringen, es sei dir erlaubt gewesen? Wie kannst du leugnen? Etwa damit man dich durch das große Gewicht eines Schreibens, durch das Zeugnis so vieler Steuerpächter überführt? Wie aber geltend machen, es sei dir erlaubt gewesen? Fürwahr, wenn ich nur bewiese, du habest als Prätor in der Provinz dein eigenes Geld auf Zinsen ausgeliehen, du könntest mir dennoch nicht entkommen.[174] Doch öffentliches, doch für Getreide bewilligtes, doch bei den Steuerpächtern auf Zinsen angelegtes Geld –

175

faenore acceptam, hoc licuisse cuiquam probabis? quo non
modo ceteri, sed tu ipse nihil audacius improbiusque fecisti.
Non mehercule hoc, quod omnibus singulare videtur, – de
quo mihi deinceps dicendum est, – possum, iudices, dicere
audacius esse aut impudentius, quod permultis civitatibus pro
frumento nihil solvit omnino: maior haec praeda fortasse, sed
illa impudentia certe non minor. (170) Et quoniam de illa
faeneratione satis dictum est, nunc de hac tota pecunia aversa,
quaeso, cognoscite.

73 Siciliae civitates multae sunt, iudices, ornatae atque hone-
stae, ex quibus in primis numeranda est civitas Halaesina;
nullam enim reperietis aut officiis fideliorem aut copiis locu-
pletiorem aut auctoritate graviorem. Huic iste in annos singulos cum sexagena milia tritici modium imperavisset, pro tri-
tico nummos abstulit, quanti erat in Sicilia triticum; quos de
publico nummos acceperat, retinuit omnis. Obstipui, iudices, cum hoc mihi primum Halaesae demonstravit in senatu
Halaesinorum homo summo ingenio, summa prudentia,
summa auctoritate praeditus, Halaesinus Aeneas, cui senatus
dederat publicam causam ut mihi fratrique meo gratias ageret,
et simul qui nos ea quae ad iudicium pertinerent doceret.
(171) Demonstravit hanc istius consuetudinem ac rationem
fuisse: quod omnis frumenti copia decumarum nomine penes
istum esset redacta, solitum esse istum pecuniam cogere a
civitatibus, frumentum improbare, quantum frumenti esset
Romam mittendum, tantum de suo quaestu ac de sua copia
frumenti mittere. Posco rationes, inspicio litteras, video frumenti granum Halaesinos, quibus sexagena milia modium

willst du jemandem glaubhaft machen, das sei dir erlaubt gewesen? Nicht einmal du selbst, geschweige denn andere haben etwas Frecheres und Schamloseres getan als dies. Fürwahr, selbst das, was allen als beispiellos erscheint – worüber ich demnächst sprechen muß –, kann ich nicht frecher oder schamloser nennen, ihr Richter, nämlich, daß er sehr vielen Gemeinden für das Getreide überhaupt nichts bezahlt hat. Hierbei war vielleicht die Beute größer, doch die Unverschämtheit dabei sicherlich nicht geringer. (170) Und da ich über das Wuchergeschäft genug gesagt habe, laßt euch jetzt bitte über die Unterschlagung des Geldes im ganzen aufklären.

73 In Sizilien gibt es viele stattliche und ansehnliche Gemeinden, ihr Richter. Hiervon muß man die Gemeinde Halaesa zu den ersten rechnen.[175] Denn ihr werdet keine finden, die in der Erfüllung ihrer Pflichten zuverlässiger oder an Mitteln reicher oder an Ansehen bedeutender wäre. Ihr hatte Verres für jedes Jahr die Ablieferung von 60000 Maß Weizen auferlegt; doch anstelle des Weizens nahm er Geld in der Höhe des Preises, der in Sizilien für den Weizen galt, und das Geld, das er aus der Staatskasse erhalten hatte, behielt er ganz und gar für sich. Es verschlug mir die Sprache, ihr Richter, als mir das der Halaesiner Aeneas, ein Mann von größter Begabung, größter Klugheit, größtem Ansehen, zum ersten Mal in Halaesa im dortigen Gemeinderat darlegte; ihm nämlich hatte der Rat den amtlichen Auftrag erteilt, mir und meinem Vetter[176] zu danken und uns zugleich über die Dinge zu unterrichten, die den Prozeß betrafen. (171) Er legte dar, daß das übliche Verfahren des Verres folgendes gewesen sei: wenn die gesamte Getreidemenge unter dem Titel des Zehnten[177] bei ihm angeliefert war, habe er gewöhnlich Geld von den Gemeinden erzwungen, das Getreide als untauglich zurückgewiesen und die Menge Getreide, die nach Rom geschickt werden mußte, aus seinem eigenen durch Gewinn erzielten Vorrat an Getreide dorthin geschickt. Ich verlange die Rechnungen, nehme Einsicht in die Urkunden; ich sehe, daß die Halaesiner, denen 60000 Maß auferlegt waren, kein Körn-

imperata erant, nullum dedisse, pecuniam Volcatio, Timarchidi, scribae dedisse: reperio genus huius modi, iudices, praedae, ut praetor, qui frumentum emere debeat, non emat sed vendat, pecunias, quas civitatibus distribuere debeat, eas omnis avertat atque auferat. Non mihi iam furtum, sed monstrum ac prodigium videbatur civitatum frumentum improbare, suum probare; cum suum probasset, pretium ei frumento constituere; quod constituisset, id a civitatibus auferre, quod a populo Romano accepisset, tenere.

74 (172) Quot vultis esse in uno furto peccatorum gradus, ut, si singulis insistere velim, progredi iste non possit? Improbas frumentum Siculorum. Quid? ipse quod mittis? peculiarem habes aliquam Siciliam quae tibi ex alio genere frumentum suppeditare possit? Cum senatus decernit ut ematur in Sicilia frumentum, aut cum populus iubet, hoc, ut opinor, intellegit, ex Sicilia Siculum frumentum apportari oportere: tu cum civitatum Siciliae vulgo omne frumentum improbas, num ex Aegypto aut Syria frumentum Romam missurus es? Improbas Halaesinum, Thermitanum, Cephaloeditanum, Amestratinum, Tyndaritanum, Herbitense, multarum praeterea civitatum! Quid accidit tandem ut horum populorum agri frumentum eius modi te praetore ferrent, – quod numquam antea, – ut neque tibi neque populo Romano posset probari, praesertim cum ex isdem agris eiusdem anni frumentum ex decumis Romam mancipes advexissent? Quid acciderat ut ex eodem horreo decumanum probaretur, emptum improbaretur? Dubiumne est quin ista omnis improbatio cogendae

chen Getreide geliefert, daß sie das Geld an Volcatius, an Timarchides, an den Schreiber[178] gezahlt haben. Ich entdecke folgende Art von Raubzug, ihr Richter: daß der Prätor, der hätte Getreide kaufen sollen, nicht kauft, sondern verkauft, daß er die Gelder, die er an die Gemeinden hätte verteilen sollen, sämtlich unterschlägt und sich aneignet. Das erschien mir nicht mehr als ein Diebstahl, sondern als ein ungeheuerlicher Aberwitz: das Getreide der Gemeinden als schlecht zurückzuweisen, das eigene als gut zu befinden, und nachdem er es für gut befunden, den Preis für dieses Getreide festzusetzen, den festgesetzten Preis den Gemeinden abzunehmen, und was das römische Volk überwiesen hatte, für sich zu behalten.

74 (172) In wieviel weiteren Schritten wünscht ihr die Verfehlungen, die in dieser einen Unterschlagung enthalten sind, noch behandelt zu sehen? Wenn ich bei jeder einzelnen verweilen wollte, könnte Verres keinen Schritt von hier tun. Du weist das Getreide der Sizilier als schlecht zurück. Und was ist mit dem, das du selbst nach Rom schickst? Hast du ein besonderes Sizilien, das dir Getreide von anderer Art liefern kann? Wenn der Senat beschließt, in Sizilien solle Getreide gekauft werden, oder wenn das Volk es befiehlt, so verstehen sie, denke ich, darunter, man solle aus Sizilien sizilisches Getreide anliefern. Du dagegen, wenn du schlechtweg alles Getreide der sizilischen Gemeinden als schlecht zurückweist, willst du dann etwa aus Ägypten oder Syrien Getreide nach Rom schicken? Du weist das Getreide von Halaesa, Thermai, Kephaloidion, Amestratos, Tyndaris und Herbita zurück,[179] außerdem noch das vieler anderer Gemeinden. Wie kam es denn, daß die Felder dieser Gemeinden unter deiner Prätur so schlechtes Getreide trugen, wie niemals zuvor, so daß weder du noch das römische Volk es für gut befinden konnten, da doch die Pächter von denselben Feldern in demselben Jahre Zehntgetreide nach Rom geliefert hatten? Wie war es dazu gekommen, daß man aus derselben Scheune Zehntgetreide für gut befand, Kaufgetreide jedoch als schlecht zurückwies? Ist es noch zweifelhaft, daß diese ganze Zurückweisung in der

179

pecuniae causa nata sit? (173) Esto, improbas Halaesinum,
habes ab alio populo quod probes: eme illud quod placet,
missos fac eos quorum frumentum improbasti. Sed ab iis quos
repudias exigis tantum pecuniae quantum ad eum numerum
frumenti satis sit quem ei civitati imperas emendum. In
medimna singula video ex litteris publicis tibi Halaesinos HS
quinos denos dedisse. Ostendam ex tabulis locupletissimorum aratorum eodem tempore neminem in Sicilia pluris
frumentum vendidisse.
75 Quae est ergo ista ratio aut quae potius amentia, frumentum improbare id quod ex eo loco sit ex quo senatus et populus Romanus emi voluerit, et ex eo acervo ex quo partem tu
idem decumarum nomine probaris; deinde a civitatibus pecuniam ad emendum frumentum cogere, cum ex aerario accepe-
ris? Utrum enim te lex Terentia Siculorum pecunia frumentum emere an populi Romani pecunia frumentum a Siculis
emere iussit? (174) Iam vero ab isto omnem illam ex aerario
pecuniam, quam his oportuit civitatibus pro frumento dari,
lucri factam videtis. Accipis enim HS XV pro medimno; tanti
enim est illo tempore medimnum; retines HS XXI; tanti enim
est frumentum Siciliense ex lege aestimatum. Quid interest
utrum hoc feceris an frumentum Siciliense non improbaris,
sed frumento probato et accepto pecuniam publicam tenueris
omnem neque quicquam ulli dissolveris civitati? cum aestimatio legis eius modi sit ut ceteris temporibus tolerabilis Siculis, te praetore etiam grata esse debuerit. Est enim modius lege

Absicht, Geld zu erpressen, ihre Wurzeln hat? (173) Nun gut, du weist das Getreide von Halaesa als schlecht zurück, du hast von einer anderen Gemeinde solches, das du gut findest; kaufe, was dir gefällt, schick die fort, deren Getreide du für schlecht befunden hast. Doch von denen, die du abweist, verlangst du so viel Geld, wie zum Ankauf der Getreidemenge nötig ist, die du der betreffenden Gemeinde auferlegt hast. Ich ersehe aus den amtlichen Protokollen, daß die Halaesiner dir fünfzehn Sesterzen für den Scheffel gezahlt haben. Ich werde mit Hilfe der Geschäftsbücher der wohlhabendsten Landwirte nachweisen, daß zu derselben Zeit niemand in Sizilien das Getreide teurer verkauft hat.

75 Was ist das denn für ein Verfahren oder vielmehr was für ein unsinniges Verhalten, das Getreide als unbrauchbar zurückzuweisen, das von dort stammt, wo es nach dem Willen des Senates und des römischen Volkes eingekauft werden sollte, und von demselben Haufen, von dem du gleichwohl einen Teil als Zehnten für gut befunden hast, und sodann von den Gemeinden das Geld zum Ankauf des Getreides zu erpressen, das du doch aus der Staatskasse erhalten hast? Welche Anweisung hat dir denn das Gesetz des Terentius gegeben: für das Geld der Sizilier Getreide zu kaufen oder für das Geld des römischen Volkes Getreide von den Siziliern zu kaufen? (174) Ihr seht nunmehr: Verres hat das gesamte Geld aus der Staatskasse, das er diesen Gemeinden für das Getreide hätte zahlen müssen, als Gewinn eingesteckt. Du erhältst nämlich fünfzehn Sesterzen für den Scheffel; denn so viel kostete damals der Scheffel; du behältst überdies einundzwanzig Sesterzen für dich zurück; denn so hoch war der gesetzliche Schätzpreis für das sizilische Getreide[180]. Was ist da für ein Unterschied, ob du so handelst oder ob du das sizilische Getreide nicht zurückweist, aber, nachdem du das Getreide für gut befunden und erhalten, die öffentlichen Mittel samt und sonders für dich behältst und keiner Gemeinde etwas auszahlst? Denn der gesetzliche Schätzpreis ist so, daß er für die Sizilier zu anderen Zeiten zufriedenstellend, unter deiner Prätur sogar willkommen sein mußte. Der Schätzpreis

HS IIIS aestimatus, fuit autem te praetore, ut tu in multis
epistulis ad amicos tuos gloriaris, HS II. Sed fuerit HS IIS,
quoniam tu tantum a civitatibus in modios singulos exegisti;
cum, si solveres Siculis tantum quantum te populus Romanus
iusserat, aratoribus fieri gratissimum posset, tu non modo eos
accipere quod oportebat noluisti, sed etiam dare quod non
debebant coegisti? (175) Atque haec ita gesta esse, iudices,
cognoscite et ex litteris publicis civitatum et ex testimoniis
publicis, in quibus nihil fictum, nihil ad tempus accommoda-
tum intellegetis; omnia quae dicimus rationibus populorum
non interpositis neque perturbatis neque repentinis, sed certis, institutis, ordine relata atque confecta sunt. Recita.
RATIONES HALAESINORUM. Cui pecuniam datam dicit? Dic
etiam clarius. VOLCATIO, TIMARCHIDI, MAEVIO.
76 Quid est, Verres? ne illam quidem tibi defensionem reliquam fecisti, mancipes in istis rebus esse versatos, mancipes
frumentum improbasse, mancipes pretio cum civitatibus
decidisse, et eosdem abs te illarum civitatum nomine pecunias
abstulisse, deinde ipsos sibi frumentum coemisse, nihil haec
ad te pertinere? Mala mehercule ac misera defensio praetorem
hoc dicere: 'Ego frumentum neque attigi neque aspexi, mancipibus potestatem probandi improbandique permisi; mancipes a civitatibus pecunias extorserunt, ego autem, quam pecuniam populis dare debui, mancipibus dedi!' (176) Mala est
haec quidem, ut dixi, ac potius perdita maximorum pecca-

für das Maß ist nämlich durch Gesetz auf dreieinhalb Sesterzen festgesetzt worden, doch der Marktpreis betrug unter deiner Prätur, wie du dich in vielen Briefen an deine Freunde rühmst, nur zwei Sesterzen. Aber er mag auch zweieinhalb Sesterzen betragen haben, da du ja von den Gemeinden so viel für das Maß verlangt hast. Wenn du den Siziliern so viel gezahlt hättest, wie es das römische Volk angeordnet hatte, so wäre den Landwirten der größte Gefallen erwiesen worden. Doch du bist nicht nur dagegen gewesen, daß sie erhielten, was ihnen zukam, sondern du hast sie sogar zu zahlen gezwungen, was sie nicht schuldig waren. (175) Und daß dies sich so zugetragen hat, ihr Richter, das mögt ihr den amtlichen Protokollen der Gemeinden und den öffentlichen Zeugenaussagen entnehmen, in denen ihr nichts feststellen werdet, was erdichtet, nichts, was für die Gelegenheit zurechtgemacht wäre. Alles, was wir behaupten, ist in den Geschäftsbüchern der Gemeinden, die nicht gefälscht, noch unübersichtlich, noch in Eile angefertigt, sondern zuverlässig geführt sind, ordnungsgemäß verbucht und zusammengestellt. Lies vor. – (Die Geschäftsbücher der Gemeinde Halaesa.) – An wen, sagt er, sei das Geld gezahlt worden? Sag es noch deutlicher. An Volcatius, Timarchides, Maevius.

76 Wie ist es, Verres? Du hast dir nicht einmal *die* Ausrede offengehalten, daß die Pächter sich mit diesen Dingen befaßt, die Pächter das Getreide als unbrauchbar zurückgewiesen, die Pächter für den Preis mit den Gemeinden abgeschlossen hätten, und daß diese selben Leute von dir im Namen der Gemeinden die Gelder genommen, dann aber selbst für sich Getreide aufgekauft hätten und dies dich nichts angehe? Fürwahr, eine schlechte und jämmerliche Rechtfertigung, wenn der Prätor sagte: »Ich habe das Getreide weder angerührt noch angesehen; ich habe den Pächtern freie Hand gelassen, es für gut zu befinden oder als unbrauchbar zurückzuweisen; die Pächter haben von den Gemeinden das Geld erpreßt; ich jedenfalls habe das Geld, das ich den Gemeinden geben sollte, den Pächtern gegeben.« (176) Das wäre freilich, wie gesagt, eine schlechte oder vielmehr hoffnungslose Rechtfertigung

torum, huius autem iniquitatis et inertiae confessio, non defensio criminis; sed tamen hac ipsa tibi, si uti cupias, non licet; vetat te Volcatius, tuae tuorumque deliciae, mentionem mancipis facere; Timarchides autem, columen familiae vestrae, premit fauces defensionis tuae, cui simul et Volcatio pecunia a civitate numerata est; iam vero scriba tuus anulo aureo suo, quem ex his rebus invenit, ista te ratione uti non sinet. Quid igitur est reliquum nisi uti fateare te Romam frumentum emptum Siculorum pecunia misisse publicam pecuniam domum tuam convertisse?

O consuetudo peccandi, quantam habes iucunditatem improbis et audacibus, cum poena afuit et licentia consecuta est! (177) Iste in hoc genere peculatus non nunc primum invenitur, sed nunc demum tenetur. Vidimus huic ab aerario pecuniam numerari quaestori ad sumptum exercitus consularis, vidimus paucis post mensibus et exercitum et consulem spoliatum; illa omnis pecunia latuit in illa caligine ac tenebris quae totam rem publicam tum occuparant. Iterum gessit hereditariam quaesturam, cum a Dolabella magnam pecuniam avertit, sed eius rationem cum damnatione Dolabellae permiscuit. Commissa est pecunia tanta praetori; non reperietis hominem timide nec leviter haec improbissima lucra ligurrientem; devorare omnem pecuniam publicam non dubitavit. Ita serpit illud insitum in natura malum consuetudine peccandi libera, finem ut audaciae statuere ipse non possit. (178) Tenetur igitur aliquando, et in rebus cum maximis tum

der schlimmsten Verfehlungen, wäre sie doch nur das Einge-
ständnis des unangemessenen Verhaltens und der Bequem-
lichkeit,[181] nicht aber eine Rechtfertigung des Verbrechens.
Aber nicht einmal von der könntest du Gebrauch machen,
wenn du es wünschtest; das verwehrt dir Volcatius, dein und
der Deinen Liebling, einen Pächter namhaft zu machen.
Timarchides aber, die Stütze eurer Sippschaft, würgt deine
Verteidigung ab; ihm ist ja zugleich mit Volcatius das Geld
von der Gemeinde ausgezahlt worden. Ferner wird auch dein
Schreiber mit seinem goldenen Ring, zu dem er durch diese
Geschäfte gelangte[182], dir nicht erlauben, diesen Weg einzu-
schlagen. Was bleibt dir also übrig als zuzugeben, du habest
Getreide nach Rom geschickt, das mit dem Geld der Sizilier
gekauft war, und die öffentlichen Mittel in die eigene Tasche
gesteckt?
Gewohnheit des Fehltritts, wieviel Annehmlichkeit hast du
für Gewissenlose und Wagemutige, wenn die Sühne ausblieb
und Straffreiheit folgte! (177) Verres wird jetzt bei dieser Art
von Unterschlagung nicht zum ersten Male angetroffen, aber
erst jetzt haben wir ihn zu fassen bekommen. Wir haben
gesehen, daß ihm als Quästor aus der Staatskasse Geld für den
Unterhalt des konsularischen Heeres ausgezahlt wurde,
haben gesehen, daß nach wenigen Monaten Heer und Konsul
beraubt waren: das ganze Geld blieb verborgen in dem Dun-
kel und der Finsternis, die sich damals über den ganzen Staat
ausgebreitet hatten.[183] Abermals verwaltete er eine Quästur,
die ihm als verwaist zugefallen war; er brachte Dolabella um
eine große Geldsumme, doch die Rechenschaft darüber ver-
quickte er mit der Verurteilung Dolabellas.[184] Große Geldmittel wurden ihm als Prätor anvertraut;[185] ihr werdet in ihm
keinen Menschen finden, der nur schüchtern und flüchtig
an diesen schamlosen Gewinnen nascht; er trug kein Bedenken, die ganzen öffentlichen Geldmittel zu verschlingen. So
wuchert die in seinem Wesen angelegte Verworfenheit durch
die uneingeschränkte Gewohnheit strafbaren Handelns weiter, so daß er selbst seiner Vermessenheit keine Grenze mehr
setzen kann. (178) Endlich also hat man ihn zu fassen bekom-

manifestis tenetur; atque in eam fraudem mihi videtur divinitus incidisse, non solum ut eas poenas quas proxime meruisset solveret, sed ut illa etiam scelera eius in Carbonem et in Dolabellam vindicarentur.

77 Etenim nova quoque alia res, iudices, exstitit in hoc crimine, quae tollat omnem dubitationem superioris illius decumani criminis. Nam ut illud missum faciam, permultos aratores in alteras decumas et in haec DCCC milia modium, quod emptum populo Romano darent, non habuisse, et a tuo procuratore, hoc est ab Apronio, emisse, ex quo intellegi potest nihil te aratoribus reliqui fecisse, – ut hoc praeteream, quod multorum est testimoniis expositum, potest illo quicquam esse certius, in tua potestate atque in tuis horreis omne frumentum Siciliae per triennium atque omnis fructus agri decumani fuisse? (179) Cum enim a civitatibus pro frumento pecuniam exigebas, unde erat frumentum quod Romam mitteres, si tu id non omne clausum et compressum possidebas? Ita in eo frumento primus tibi ille quaestus erat ipsum frumentum, quod erat ereptum ab aratoribus, alter, quod frumentum improbissime per triennium partum non semel sed bis, neque uno sed duobus pretiis unum et idem frumentum vendidisti, semel civitatibus HS XV in medimnum, iterum populo Romano, a quo HS XXI in medimna pro eodem illo frumento abstulisti.

(180) At enim frumentum Centuripinorum et Agrigentinorum et non nullorum fortasse praeterea probasti et his populis pecuniam dissolvisti. Sint sane aliquae civitates in eo numero, quarum frumentum improbare nolueris; quid tan-

men, und zwar zu fassen bekommen nicht nur bei äußerst wichtigen, sondern auch mit Händen zu greifenden Dingen, und er ist, scheint mir, in diese Falle durch göttliche Fügung geraten, damit er nicht nur die Strafen erleidet, die er in jüngster Zeit verdient hat, sondern damit auch sein frevelhaftes Verhalten gegen Carbo und gegen Dolabella gerächt wird.

77 Es kommt nämlich bei dieser Anschuldigung noch ein anderer Punkt zum Vorschein, ihr Richter, der jeden Zweifel an der zuvor behandelten Anschuldigung, die den Zehnten betrifft, beseitigt. Denn um beiseite zu lassen, daß sehr viele Landwirte für den zweiten Zehnten und für die 800 000 Maß nichts mehr hatten, was sie dem römischen Volke zu kaufen geben konnten, und daß sie bei deinem Geschäftsführer, das heißt bei Apronius, eingekauft haben, woraus sich ersehen läßt, daß du den Landwirten nichts übriggelassen hattest – um diesen Punkt zu übergehen, der durch viele Zeugenaussagen erhärtet worden ist: kann etwas eindeutiger sein als die Tatsache, daß in deiner Gewalt und in deinen Speichern drei Jahre lang das gesamte Getreide Siziliens und der gesamte Ertrag des Zehntlandes gewesen ist? (179) Denn da du von den Gemeinden statt des Getreides Geld fordertest, woher kam das Getreide, das du nach Rom schicktest, wenn du es nicht vollständig unter Verschluß und aufgespeichert in deinem Besitz hattest? So war bei diesem Getreide dein erster Gewinn das Getreide selbst, das den Landwirten geraubt war, dein zweiter, daß du dieses drei Jahre lang auf die schamloseste Weise erworbene Getreide nicht einmal, sondern zweimal und daß du ein und dasselbe Getreide nicht für eine einfache, sondern für eine doppelte Bezahlung verkauft hast, einmal den Gemeinden für fünfzehn Sesterzen je Scheffel, zum anderen dem römischen Volk, dem du für dasselbe Getreide einundzwanzig Sesterzen je Scheffel abgenommen hast.

(180) Aber du hast ja das Getreide der Centuripiner[186] und Agrigentiner und vielleicht noch einiger anderer für gut befunden und diesen Gemeinden das Geld ausgezahlt. In der Tat mögen einige Gemeinden zu dieser Gruppe zählen, deren Getreide du nicht als unbrauchbar zurückweisen wolltest:

187

dem? his civitatibus omnisne pecunia quae pro frumento
debita est dissoluta est? Unum mihi reperi non populum, sed
aratorem: vide, quaere, circumspice, si quis forte est ex ea
provincia, in qua tu triennium praefuisti, qui te nolit perisse:
unum, inquam, da mihi ex illis aratoribus qui tibi ad statuam
pecuniam contulerunt, qui sibi dicat omne esse pro frumento
quod oportuerit solutum. Confirmo, iudices, neminem esse
dicturum.

78 (181) Ex omni pecunia quam aratoribus solvere debuisti
certis nominibus deductiones fieri solebant, primum pro
spectatione et collybo, deinde pro nescio quo cerario. Haec
omnia, iudices, non rerum certarum, sed furtorum improbis-
simorum sunt vocabula. Nam collybus esse qui potest, cum
utuntur omnes uno genere nummorum? Cerarium vero –
quid? quo modo hoc nomen ad rationes magistratus, quo
modo ad pecuniam publicam adlatum est? Nam illud genus
tertium deductionis erat eius modi, quasi non modo liceret
sed etiam oporteret, nec solum oporteret sed plane necesse
esset. Scribae nomine de tota pecunia binae quinquagesimae
detrahebantur. Quis tibi hoc concessit, quae lex, quae senatus
auctoritas, quae porro aequitas, ut tantam pecuniam scriba
tuus auferret sive de aratorum bonis sive de populi Romani
vectigalibus? (182) Nam si potest ista pecunia sine aratorum
iniuria detrahi, populus Romanus habeat, in tantis praesertim
aerari angustiis; sin autem et populus Romanus voluit, et
aequum est ita solvi aratoribus, tuus apparitor parva mercede
populi conductus de aratorum bonis praedabitur? Et in hac
causa scribarum ordinem in me concitabit Hortensius et

was beweist das eigentlich? Hat man diesen Gemeinden das ganze Geld ausgezahlt, das man ihnen für ihr Getreide schuldete? Mach mir nur einen, ich meine nicht Staat, sondern Landwirt ausfindig; sieh zu, forsche nach, blicke dich um, ob vielleicht in der Provinz, die du drei Jahre lang verwaltet hast, jemand ist, der nicht dein Verderben wünscht; einen einzigen, sage ich, zeige mir von den Landwirten, die das Geld für ein Standbild von dir aufgebracht haben, der erklärt, es sei ihm für sein Getreide alles gezahlt worden, was ihm zustand. Ich versichere euch, ihr Richter: niemand wird das sagen.

78 (181) Von allen Geldbeträgen, die du den Landwirten zahlen mußtest, pflegte man aus bestimmten Gründen Abzüge zu machen, erstens für die Münzprüfung und Wechselgebühr, ferner für ich weiß nicht welche Siegelgebühren[187]. Dies alles, ihr Richter, sind Bezeichnungen nicht für bestimmte Dinge, sondern für die schamlosesten Fälle von Diebstahl. Denn wie kann es eine Wechselgebühr geben, wenn alle ein und dieselbe Münzsorte gebrauchen? Und erst Siegelgebühren – was ist das? Wie hat man diesen Posten mit den Rechnungen eines Beamten, wie mit staatlichem Geld in Verbindung gebracht? Denn diese dritte Art von Abzügen geschah so, als sei sie nicht nur erlaubt, sondern auch angebracht, und nicht nur angebracht, sondern geradezu unumgänglich. Für den Schreiber wurden von der Gesamtsumme jedesmal zwei Fünfzigstel abgezogen. Wer hat dir das erlaubt, welches Gesetz, welcher Senatsbeschluß oder auch welches Billigkeitsgefühl: daß dein Schreiber so viel Geld für sich abzweigte, sei es von dem Eigentum der Landwirte, sei es von den Steuereinnahmen des römischen Volkes? (182) Denn wenn man dieses Geld abziehen kann, ohne den Landwirten Unrecht zu tun, dann muß es, zumal bei der großen Knappheit der staatlichen Haushaltsmittel, das römische Volk erhalten. Wenn aber das römische Volk bestimmt hat und es recht und billig ist, daß die Landwirte so bezahlt werden, darf sich dann dein Gehilfe, der für kargen Lohn vom Volke angestellt ist, an dem Eigentum der Landwirte bereichern? Und wird Hortensius in diesem Falle den Stand der Schreiber gegen

eorum commoda a me labefactari atque oppugnari iura dicet? Quasi vero hoc scribis ullo exemplo sit aut ullo iure concessum. Quid ego vetera repetam aut quid eorum scribarum mentionem faciam quos constat sanctissimos homines atque innocentissimos fuisse? Non me fugit, iudices, vetera exempla pro fictis fabulis iam audiri atque haberi: in his temporibus versabor miseris ac perditis. Nuper, Hortensi, quaestor fuisti. Quid tui scribae fecerint, tu potes dicere: ego de meis hoc dico, cum in eadem ista Sicilia pro frumento pecuniam civitatibus solverem et mecum duos frugalissimos homines scribas haberem, L. Mamilium et L. Sergium, non modo istas duas quinquagesimas, sed omnino nummum nullum cuiquam esse deductum. 79 Dicerem hoc mihi totum esse attribuendum, iudices, si illi umquam hoc a me postulassent, si umquam omnino cogitassent. (183) Quam ob rem enim scriba deducat, ac non potius mulio qui advexerit, tabellarius cuius adventu certiores facti petiverunt, praeco qui adire iussit, viator aut Venerius qui fiscum sustulit? Quae pars operae aut opportunitatis in scriba est cur ei non modo merces tanta detur, sed cur cum eo tantae pecuniae partitio fiat? 'Ordo est honestus.' Quis negat, aut quid ea res ad hanc rem pertinet? Est vero honestus, quod eorum hominum fidei tabulae publicae periculaque magistratuum committuntur. Itaque ex his scribis qui digni sunt illo ordine, patribus familias, viris bonis atque honestis, percontamini quid sibi istae quinquagesimae velint: iam omnibus intellegetis novam rem totam atque indignam videri. (184) Ad eos me scribas revoca, si placet, noli

mich aufhetzen und behaupten, ich schädige seine Interessen und bekämpfe seine Rechte? Als ob es wirklich irgendwelche Präzedenzfälle oder Rechtsbestimmungen gäbe, die den Schreibern das erlaubten! Was soll ich auf die alten Zeiten zurückgehen oder wozu über die Schreiber ein Wort verlieren, von denen bekannt ist, daß sie hochanständige und ganz unsträfliche Männer gewesen sind? Mir entgeht nicht, ihr Richter, daß man Beispiele aus alter Zeit schon für erdichtete Fabeln hält und ansieht. Ich will mich mit unserer jämmerlichen und verkommenen Zeit befassen. Vor kurzem bist du Quästor gewesen, Hortensius.[188] Was deine Schreiber getan haben, kannst nur du sagen; ich sage von den meinen: als ich in demselben Sizilien den Gemeinden das Geld für das Getreide auszahlte und zwei äußerst verläßliche Schreiber bei mir hatte, den L. Mamilius und L. Sergius, da wurden niemandem jene zwei Fünfzigstel, ja nicht einmal ein Heller abgezogen. 79 Ich würde sagen, daß man dies ganz und gar mir zuschreiben müßte, ihr Richter, wenn die Leute das je von mir verlangt, wenn sie je überhaupt daran gedacht hätten. (183) Denn weshalb soll der Schreiber etwas abziehen, und nicht vielmehr der Maultreiber, der das Getreide herangefahren hat, der Briefträger, auf dessen Ankunft und Benachrichtigung hin die Landwirte ihr Geld abholten, der Ausrufer, der sie aufforderte, sich einzufinden, der Bote oder Venussklave, der den leeren Geldkorb wegtrug? Wieviel Mühe oder wertvolle Arbeit wendet der Schreiber denn auf, daß man ihm nicht nur einen hohen Lohn zahlt, sondern sogar einen so hohen Betrag mit ihm teilt? »Der Stand ist angesehen.« Wer leugnet's, oder was hat das hiermit zu tun? Er ist in der Tat angesehen, weil der Zuverlässigkeit dieser Menschen die amtlichen Rechnungen und die Protokolle der Beamten anvertraut sind. Erkundigt euch daher bei den Schreibern, die dieses Standes würdig sind, bei rechtschaffenen und ehrenhaften Familienvätern, was es mit diesen Fünfzigsten auf sich hat: ihr werdet sofort sehen, daß ihnen allen die ganze Sache unerhört und empörend vorkommt. (184) Auf diese Schreiber verweise mich bitte, suche nicht Leute zusammen, die sich

191

hos colligere, qui nummulis corrogatis de nepotum donis ac
de scaenicorum corollariis, cum decuriam emerunt, ex primo
ordine explosorum in secundum ordinem civitatis se venisse
dicunt. Eos scribas tecum disceptatores huius criminis
habebo qui istos scribas esse moleste ferunt. Tametsi cum in
eo ordine videamus esse multos non idoneos, qui ordo industriae propositus est et dignitati, mirabimur turpis aliquos ibi
esse quo cuivis pretio licet pervenire? 80 Tu ex pecunia
publica HS terdeciens scribam tuum permissu tuo cum abstulisse fateare, reliquam tibi ullam defensionem putas esse? hoc
quemquam ferre posse, hoc quemquam denique nunc tuorum
advocatorum animo aequo audire arbitrare, qua in civitate C.
Catoni, consulari homini, clarissimo viro, HS $\overline{VIII}$ lis aesti-
mata sit, in eadem civitate apparitori tuo esse concessum ut
HS terdeciens uno nomine auferret?
(185) Hinc ille est anulus aureus quo tu istum in contione
donasti; quae tua donatio singulari impudentia nova Siculis
omnibus, mihi vero etiam incredibilis videbatur. Saepe enim
nostri imperatores superatis hostibus, optime re publica
gesta, scribas suos anulis aureis in contione donarunt: tu vero
quibus rebus gestis, quo hoste superato contionem donandi
causa advocare ausus es? Neque enim solum scribam tuum
anulo, sed etiam virum fortissimum ac tui dissimillimum, Q.
Rubrium, excellentem virtute auctoritate copiis, corona et
phaleris et torque donasti, M. Cossutium, sanctissimum

192

aus Geschenken von Verschwendern und aus Schauspieler-
prämien eine kleine Summe zusammengebettelt und in eine
Schreiberzunft eingekauft haben und dann behaupten, sie
seien aus der ersten Klasse der Ausgezischten in die zweite
Klasse unseres Staates gekommen.[189] *Die* Schreiber will ich
zusammen mit dir zu Richtern über diesen Verstoß haben, die
es als bedrückend empfinden, daß es auch solche üblen
Schreiber gibt. Da wir indes sehen, daß es auch in *dem* Stande
viele Ungeeignete gibt, der für Männer von Tatkraft und
Würde bestimmt ist,[190] sollen wir uns da wundern, daß es
dort ein paar Schandkerle gibt, wohin jeder für Geld gelangen
kann? 80 Du gibst zu, daß dein Schreiber mit deiner Erlaubnis
aus den öffentlichen Geldern 1 300 000 Sesterzen für sich
abgezweigt hat: glaubst du da, dir bliebe noch irgendein Ausweg übrig? Meinst du, dies könne irgendeiner ertragen, dies
könne sich jetzt auch nur einer deiner Anwälte mit Gleichmut
anhören, daß in dem Staate, in welchem C. Cato, einem
gewesenen Konsul und erlauchten Manne, die Zahlung einer
Entschädigungssumme von 8000 Sesterzen auferlegt worden
ist,[191] daß es ebendort deinem Gehilfen erlaubt ist, 1 300 000
Sesterzen unter einem einzigen Titel für sich abzuzweigen?
(185) Daher stammt auch der goldene Ring, mit dem du deinen Mann in der Volksversammlung beschenkt hast.[192] Dieses dein Ehrengeschenk erschien allen Siziliern wegen seiner
beispiellosen Unverschämtheit unerhört, mir sogar unglaublich. Denn oft haben unsere Feldherrn nach Überwindung
der Feinde und hervorragenden Leistungen für den Staat ihre
Schreiber in der Volksversammlung mit goldenen Ringen
beschenkt; doch du, welche Leistungen hast du vollbracht,
welchen Feind überwunden, daß du es wagen konntest, eine
Volksversammlung zum Verteilen von Geschenken einzube-
rufen? Denn du hast nicht nur deinen Schreiber mit einem
Ring bedacht, sondern du hast auch den überaus tüchtigen, dir ganz unähnlichen Q. Rubrius, einen Mann, der sich
durch Tatkraft, Ansehen und Wohlstand auszeichnet, mit
einem Kranz, einem Brustschmuck und einer Halskette beschenkt,[193] ebenso den M. Cossutius, einen ganz unsträf-

virum atque honestissimum, M. Castricium, summo splendore ingenio gratia praeditum. (186) Quid haec sibi horum trium civium Romanorum dona voluerunt? Siculos praeterea potentissimos nobilissimosque donasti, qui non, quem ad modum sperasti, tardiores fuerunt, sed ornatiores tuo iudicio ad testimonia dicenda venerunt. Quibus ex hostium spoliis, de qua victoria, qua ex praeda aut manubiis haec abs te donatio constituta est? an quod te praetore paucorum adventu myoparonum classis pulcherrima, Siciliae praesidium propugnaculumque provinciae, piratarum manibus incensa est? an quod ager Syracusanus praedonum incendiis te praetore vastatus est? an quod forum Syracusanum nauarchorum sanguine redundavit? an quod in portu Syracusano piraticus myoparo navigavit? Nihil possum reperire quam ob rem te in istam amentiam incidisse arbitror, nisi forte id egisti ut hominibus ne oblivisci quidem rerum tuarum male gestarum liceret.

(187) Anulo est aureo scriba donatus, et ad eam donationem contio est advocata. Quod erat os tuum, cum videbas in contione eos homines quorum ex bonis istum anulo aureo donabas, qui ipsi anulos aureos posuerant liberisque suis detraxerant, ut esset unde scriba tuus hoc tuum munus ac beneficium tueretur? quae porro praefatio tuae donationis fuit? Illa scilicet vetus atque imperatoria, QUANDOQUE TU QUIDEM IN PROELIO, IN BELLO, IN RE MILITARI – cuius ne mentio quidem te praetore ulla facta est: an illa, QUANDOQUE TU NULLA UMQUAM MIHI IN CUPIDITATE AC TURPITUDINE DEFUISTI OMNIBUSQUE IN ISDEM FLAGITIIS MECUM ET IN LEGATIONE ET

lichen und hochangesehenen Mann, und M. Castricius, der durch glänzende Eigenschaften, Begabung und Beliebtheit hervorsticht. (186) Was hatte es mit diesen Geschenken an die drei römischen Bürger auf sich? Du hast außerdem die einflußreichsten und vornehmsten Sizilier beschenkt; die aber waren nicht, wie du gehofft hast, zurückhaltender, sondern erschienen nur noch besser gerüstet zum Prozeß gegen dich, um als Zeugen auszusagen. Welche feindlichen Rüstungen hast du erbeutet, welchen Sieg errungen, welche Beute oder welchen Beuteanteil erworben, daß du davon diese Schenkung gestiftet hast? Etwa, weil unter deiner Prätur nach der Ankunft von ein paar Kaperschiffen die schönste Flotte, Siziliens Schutzwall und das Bollwerk der Provinz, von Seeräuberhand angezündet worden ist? Oder weil das Gebiet von Syrakus unter deiner Prätur durch die Brandlegungen von Banditen verwüstet worden ist? Oder weil auf dem Marktplatz von Syrakus das Blut der Schiffsführer in Strömen floß? Oder weil im Hafen von Syrakus ein Seeräuberschiff umherfuhr?[194] Ich kann keine Erklärung dafür finden, weshalb du auf diesen unsinnigen Gedanken verfallen bist, es sei denn, du hast es darauf angelegt, daß die Leute deine Übeltaten ja nicht vergessen sollten.

(187) Mit einem goldenen Ring hast du deinen Schreiber beschenkt und für diesen Schenkungsakt eine Volksversammlung einberufen. Was für ein Gesicht machtest du, als du in der Versammlung die Leute sahst, von deren Vermögen du den Mann mit dem goldenen Ringe beschenktest, die selbst ihre goldenen Ringe abgelegt und ihren Kindern abgezogen hatten, damit dein Schreiber die Mittel erhalte, das von dir gemachte Geschenk und die Vergünstigungen zur Geltung zu bringen?[195] Und weiter: was für eine Einleitungsrede hieltest du bei der Verleihung? Wahrscheinlich die herkömmliche, die der siegreiche Feldherr zu gebrauchen pflegt: »Da du ja in der Schlacht, im Kriege, im Felddienst ...«? Doch davon war unter deiner Prätur überhaupt keine Rede. Oder die folgende: »Da du mich bei keinem Akt der Begierde und Schurkerei jemals im Stich gelassen hast und mit mir im Lega-

IN PRAETURA ET HIC IN SICILIA VERSATUS ES, OB EAS RES TE, QUONIAM RE LOCUPLETAVI, HOC ANULO AUREO DONO? Vera haec fuisset oratio; neque enim iste anulus aureus abs te datus istum virum fortem, sed hominem locupletem esse declarat. Ita eundem anulum ab alio datum testem virtutis duceremus, abs te donatum comitem pecuniae iudicamus.

81 (188) Dictum, iudices, est de decumano frumento, dictum de empto, extremum reliquum est de aestimato; quod cum magnitudine pecuniae tum iniuriae genere quemvis debet commovere, tum vero eo magis quod ad hoc crimen non ingeniosa aliqua defensio sed improbissima confessio comparatur. Nam cum ex senatus consulto et ex legibus frumentum in cellam ei sumere liceret idque frumentum senatus ita aestimasset, quaternis HS tritici modium, binis hordei, iste hordei numero ad summam tritici adiecto tritici modios singulos cum aratoribus denariis ternis aestimavit. Non est in hoc crimen, Hortensi, ne forte ad hoc mediteere, multos saepe viros bonos et fortis et innocentis cum aratoribus et cum civitatibus frumentum, in cellam quod sumi oporteret, aestimasse et pecuniam pro frumento abstulisse. Scio quid soleat fieri, scio quid liceat; nihil quod antea fuerit in consuetudine bonorum nunc in istius facto reprehenditur; (189) hoc reprehendo, quod, cum in Sicilia HS binis tritici modius esset, ut istius epistula ad te missa declarat, summum HS ternis, id quod et testimoniis omnium et tabulis aratorum planum factum antea

tenamt und in der Prätur und hier in Sizilien an denselben Schandtaten beteiligt gewesen bist, deswegen beschenke ich dich, nachdem ich dich mit Geld reichlich ausgestattet, mit diesem goldenen Ring.« Diese Rede wäre wahr gewesen; denn der von dir verliehene goldene Ring zeigt nicht an, daß der Mann tüchtig, sondern nur daß er wohlhabend ist. Deshalb würden wir denselben Ring, hätte ein anderer ihn verliehen, als einen Beweis für die Tüchtigkeit des Mannes betrachten; da du ihn geschenkt hast, halten wir ihn für eine Begleiterscheinung des Geldes.

81 (188) Gesprochen habe ich vom Zehntgetreide, ihr Richter, gesprochen auch vom gekauften, zuletzt bleibt mir noch übrig, über das Schätzpreisgetreide zu sprechen. Dieser Punkt muß nicht nur wegen der Größe des Geldbetrages, sondern auch wegen der Art der Rechtsbeugung jeden empören, und dies um so mehr, als man für diesen Anklagepunkt nicht eine geistreiche Ausrede, sondern das unverfrorenste Geständnis bereithält. Er durfte nämlich laut Senatsbeschluß und kraft Gesetzes Getreide in seinen Vorratskeller nehmen, und der Senat hatte den Preis für dieses Getreide so festgesetzt, daß er für Weizen vier Sesterzen, für Gerste zwei Sesterzen je Maß betrage; Verres aber zählte den Anteil Gerste zur Weizenmenge hinzu und setzte bei den Landwirten für den Weizen einen Preis von drei Denaren je Maß an.[196] Hierin besteht noch nicht der Vorwurf, Hortensius; das sage ich, damit du nicht etwa auf den Einwand verfällst, viele rechtschaffene und tüchtige und unsträfliche Männer hätten oft mit den Landwirten und Gemeinden einen Preis für das Getreide festgesetzt, das sie für ihren Vorratskeller erhalten sollten, und statt des Getreides Geld genommen. Ich weiß, was zu geschehen pflegt; ich weiß, was erlaubt ist. Nichts, was früher bei rechtschaffenen Männern üblich war, wird jetzt bei seinen Handlungen beanstandet. (189) Nur dies beanstande ich: Als in Sizilien das Maß Weizen zwei Sesterzen kostete, wie sein an dich gerichteter Brief beweist, oder höchstens drei Sesterzen, was schon früher aus allen Zeugenaussagen und aus den Büchern der Landwirte deutlich gewor-

est, tum iste pro tritici modiis singulis ternos ab aratoribus
denarios exegit; **82** hoc crimen est, ut intellegas non ex aestimatione neque ex ternis denariis pendere crimen, sed ex
coniunctione annonae atque aestimationis.

Etenim haec aestimatio nata est initio, iudices, non ex praetorum aut consulum, sed ex civitatum et aratorum commodo.
Nemo enim fuit initio tam impudens qui, cum frumentum
deberetur, pecuniam posceret. Certe hoc ab aratore primum
est profectum, aut ab ea civitate cui imperabatur; cum aut
frumentum vendidisset aut servare vellet aut in eum locum
quo imperabatur portare nollet, petivit in benefici loco et
gratiae ut sibi pro frumento quanti frumentum esset dare liceret. Ex huiusce modi principio atque ex liberalitate et accom-
modatione magistratuum consuetudo aestimationis intro-
ducta est. (190) Secuti sunt avariores magistratus, qui tamen
in avaritia sua non solum viam quaestus invenerunt, verum
etiam exitum ac rationem defensionis. Instituerunt semper in
ultima ac difficillima ad portandum loca frumentum impe-
rare, ut vecturae difficultate ad quam vellent aestimationem
pervenirent. In hoc genere facilior est existimatio quam reprehensio, ideo quod eum qui hoc facit avarum possumus existimare, crimen in eo constituere non tam facile possumus,
quod videtur concedendum magistratibus nostris esse ut iis
quo loco velint frumentum accipere liceat. Itaque hoc est
quod multi fortasse fecerunt, sed ita multi ut ii quos innocentissimos meminimus aut audivimus non fecerint.

83 (191) Quaero nunc abs te, Hortensi, cum utrisne tandem

den ist, da hat Verres für jedes Maß Weizen drei Denare von den Landwirten verlangt.[197] **82** Darin besteht der Vorwurf, und er beruht nicht schon – das solltest du begreifen – auf der Ablösung der Getreidelieferung durch die Zahlung von Geld noch auf den drei Denaren, sondern auf dem Verhältnis von Marktpreis und Schätzpreis.

Denn dieses Verfahren, für das Getreide einen Geldwert anzusetzen, ist anfänglich nicht zum Vorteil der Prätoren oder Konsuln aufgekommen, ihr Richter, sondern zum Vorteil der Gemeinden und Landwirte. Niemand war nämlich anfangs so unverschämt, Geld zu fordern, wenn man ihm Getreide schuldete. Bestimmt ging dies zuerst von dem Landwirt aus oder von der Gemeinde, der die Lieferung auferlegt wurde. Wenn sie ihr Getreide verkauft oder behalten wollte oder nicht bereit war, es an den Ort zu befördern, der ihr angewiesen wurde, so bat sie sich als Vergünstigung und Gefälligkeit aus, statt des Getreides den Geldwert entrichten zu dürfen. Dies war der Ursprung – die Großzügigkeit und das Entgegenkommen der Beamten –, der zu der Gewohnheit führte, einen Geldwert festzusetzen. (190) Es folgten habsüchtigere Beamte, die jedoch bei all ihrer Habgier nicht nur einen Weg, Gewinne zu machen, sondern auch einen Ausweg und ein Mittel der Rechtfertigung fanden. Sie legten es stets darauf an, die Lieferung des Getreides zu den entlegensten und für die Beförderung am schwersten zu erreichenden Plätzen anzuordnen, und erzielten so über die Schwierigkeit des Transportes jeden gewünschten Schätzpreis. In diesem Falle ist eine moralische Verurteilung leichter möglich als ein Tadel, und zwar deshalb, weil wir den, der so handelt, für habgierig halten, jedoch nicht so leicht eine gerichtliche Klage gegen ihn erheben können; denn offenbar muß man unseren Beamten das Recht zugestehen, das Getreide dort in Empfang zu nehmen, wo es ihnen zusagt. Daher ist dies etwas, was vermutlich viele getan, aber doch mit der Einschränkung, daß diejenigen, von denen wir noch wissen oder gehört haben, daß sie die Uneigennützigsten waren, es nicht getan haben. **83** (191) Ich frage dich jetzt, Hortensius, mit dem Verhalten

istius factum collaturus es? Cum iis, credo, qui benignitate
adducti per beneficium et gratiam civitatibus concesserunt ut
nummos pro frumento darent. Ita credo petisse ab isto aratores ut, cum HS ternis tritici modium vendere non possent,
pro singulis modiis ternos denarios dare liceret. An quoniam
hoc non audes dicere, illuc confugies, vecturae difficultate
adductus ternos denarios dare maluisse? Cuius vecturae? quo
ex loco in quem locum ne portarent? Philomelio Ephesum?
Video quid inter annonam interesse soleat, video quot dierum
via sit, video Philomeliensibus expedire, quanti Ephesi sit
frumentum, dare potius in Phrygia quam Ephesum portare
aut ad emendum frumentum Ephesum pecuniam et legatos
mittere. (192) In Sicilia vero quid eius modi est? Henna medi-
terranea est maxime. Coge ut ad aquam tibi, id quod summi
iuris est, frumentum Hennenses admetiantur vel Phintiam vel
Halaesam vel Catinam, loca inter se maxime diversa: eodem
die quo iusseris deportabunt. Tametsi ne vectura quidem est
opus. Nam totus quaestus hic, iudices, aestimationis ex annonae natus est varietate. Hoc enim magistratus in provincia
adsequi potest, ut ibi accipiat ubi est carissimum. Ideo valet
ista ratio aestimationis in Asia, valet in Hispania, valet in iis
provinciis in quibus unum pretium frumento esse non solet:
in Sicilia vero quid cuiusquam intererat quo loco daret? neque
enim portandum erat, et, quo quisque vehere iussus esset,

welcher Gruppe willst du denn die Handlungsweise des Verres vergleichen? Doch wohl mit dem Verhalten derjenigen, die sich aus Gutmütigkeit herabließen, den Gemeinden als eine Vergünstigung und Gefälligkeit zu gestatten, statt Getreide Geld zu entrichten. So haben die Landwirte ihn vermutlich noch gebeten, für jedes Maß Weizen drei Denare zahlen zu dürfen, obwohl sie das Maß nicht für drei Sesterzen verkaufen konnten. Oder, da du dies nicht zu behaupten wagst: wirst du das als Ausflucht gebrauchen, sie hätten wegen der Schwierigkeit des Transportes lieber drei Denare zahlen wollen? Wegen welches Transportes? Um das Getreide nicht von welchem Ort an welchen Ort schaffen zu müssen? Von Philomelion[198] nach Ephesos? Ich sehe ein, was für ein Unterschied gewöhnlich zwischen den Marktpreisen besteht, sehe ein, wieviel Tagereisen der Weg erfordert, sehe ein, daß es für die Philomelier vorteilhaft ist, lieber in Phrygien soviel zu bezahlen, wie das Getreide in Ephesos kostet, als es nach Ephesos zu schaffen oder Geld und Gesandte zum Getreideankauf nach Ephesos zu schicken. (192) Doch was gibt es Gleichartiges in Sizilien? Henna[199] liegt am weitesten entfernt vom Meer. Weise die Bewohner von Henna an, sie sollten dir, was vollauf Rechtens ist, das Getreide an der Meeresküste zumessen, in Phintias oder Halaesa oder Catina,[200] an Plätzen, die am weitesten voneinander entfernt liegen, und sie werden es noch an demselben Tage, an dem du es veranlaßt hast, dorthin befördern. Indes, ein Transport ist nicht einmal erforderlich. Denn dieser ganze Gewinn durch den Schätzpreis, ihr Richter, ist aus der Verschiedenheit der Marktpreise erwachsen. Denn das kann der Beamte in seiner Provinz erreichen, daß er das Getreide dort entgegennimmt, wo es am teuersten ist. Deshalb gilt diese Verfahrensweise der Festsetzung eines Schätzpreises in Asien, gilt in Spanien, gilt in den Provinzen, in denen es keinen einheitlichen Preis für das Getreide zu geben pflegt. Doch was besagte es für jemanden in Sizilien, an welchem Orte er es abliefern sollte? Denn er brauchte es nicht dorthin zu schaffen, und wohin ein jeder zu liefern aufgefordert wurde, dort konnte er das Getreide für

ibi tantidem frumentum emeret quanti domi vendidisset.
(193) Quam ob rem, si vis, Hortensi, docere aliquid ab isto
simile in aestimatione atque a ceteris esse factum, doceas
oportebit aliquo in loco Siciliae praetore Verre ternis denariis
tritici modium fuisse.

84 Vide quam tibi defensionem patefecerim, quam iniquam in
socios, quam remotam ab utilitate rei publicae, quam seiunc-
tam a voluntate ac sententia legis. Tu, cum tibi ego frumentum in meis agris atque in mea civitate, denique cum in iis
locis in quibus es, versaris, rem geris, provinciam adminis-
tras, paratus sim dare, angulum mihi aliquem eligas provinciae reconditum ac derelictum? iubeas ibi me metiri quo portare non expediat, ubi emere non possim? (194) Improbum
facinus, iudices, non ferendum, nemini lege concessum, sed
fortasse adhuc in nullo etiam vindicatum! Tamen ego hoc,
quod ferri nego posse, Verri, iudices, concedo et largior. Si
ullo in loco eius provinciae frumentum tanti fuit quanti iste
aestimavit, hoc crimen in istum reum valere oportere non
arbitror. Verum enim vero, cum esset HS binis aut etiam
ternis quibusvis in locis provinciae, duodenos sestertios
exegisti. Si mihi tecum neque de annona neque de aestimatione tua potest esse controversia, quid sedes, quid exspectas,
quid defendis? utrum tibi pecuniae coactae conciliatae videntur adversus leges, adversus rem publicam cum maxima
sociorum iniuria, an vero id recte, ordine, e re publica, sine
cuiusquam iniuria factum esse defendis?
(195) Cum tibi senatus ex aerario pecuniam prompsisset et

denselben Preis kaufen, für den er es zu Hause verkauft hätte. (193) Wenn du daher beweisen willst, Hortensius, Verres habe bei der Festsetzung des Schätzpreises etwas Ähnliches getan wie die anderen, so mußt du beweisen, daß während der Prätur des Verres das Maß Weizen an irgendeinem Orte Siziliens drei Denare gekostet hat.

84 Sieh, was für einen Ausweg ich dir eröffnet habe, wie ungerecht gegen die Bundesgenossen, wie wenig mit dem Wohl des Staates vereinbar, wie weit entfernt vom Willen und Sinn des Gesetzes. Ich bin bereit, dir das Getreide auf meinen Feldern und in meiner Gemeinde, ja überhaupt an den Orten abzuliefern, wo du bist, wo du dich bewegst, deine Tätigkeit ausübst, die Provinz verwaltest; doch du willst mir irgendeinen entlegenen und ganz verlassenen Winkel der Provinz aussuchen? Du willst befehlen, ich solle das Getreide dort zumessen, wohin es zu schaffen für mich nachteilig ist, wo ich es nicht kaufen kann? (194) Eine schamlose Handlungsweise, ihr Richter, ein unerträgliches, niemandem vom Gesetz erlaubtes, aber vielleicht bisher noch bei keinem geahndetes Verhalten! Dennoch will ich das, was ich als ganz unerträglich erkläre, ihr Richter, dem Verres zugestehen und nachsehen. Wenn an irgendeinem Ort seiner Provinz der Preis des Getreides so hoch war, wie er ihn angesetzt hat, dann darf meines Erachtens dieser Vorwurf bei unserem Angeklagten kein Gewicht haben. Jedoch, du hast, während das Getreide an allen Orten der Provinz nur zwei oder auch drei Sesterzen kostete, zwölf Sesterzen gefordert. Wenn ich weder über den Markt- noch über deinen Schätzpreis mit dir streiten kann, was sitzest du da, auf was wartest du, was bringst du zu deiner Rechtfertigung vor? Bist du der Ansicht, das Geld entgegen den Gesetzen, zum Schaden des Staates und zum größten Verderben der Bundesgenossen eingetrieben und erworben zu haben, oder aber willst du dich damit rechtfertigen, das sei zu Recht, nach der Ordnung, zum Nutzen des Staates und ohne Unrecht gegen jemanden geschehen?

(195) Da dir der Senat das Geld aus der Staatskasse überwiesen und dir für jedes einzelne Maß einen Denar ausgezahlt

singulos tibi denarios adnumerasset quos tu pro singulis
modiis aratoribus solveres, quid facere debuisti? Si quod L.
Piso ille Frugi, qui legem de pecuniis repetundis primus tulit,
cum emisses quanti esset, quod superaret pecuniae rettulisses;
si ut ambitiosi homines aut benigni, cum pluris senatus aestimasset quam quanti esset annona, ex senatus aestimatione,
non ex annonae ratione solvisses; sin, ut plerique faciunt, in
quo erat aliqui quaestus, sed is honestus atque concessus,
frumentum, quoniam vilius erat, ne emisses, sumpsisses id
nummorum quod tibi senatus cellae nomine concesserat.
85 Hoc vero quid est? quam habet rationem non quaero
aequitatis, sed ipsius improbitatis atque impudentiae? Neque
enim est fere quicquam quod homines palam facere audeant in
magistratu quamvis improbe, quin eius facti si non bonam, at
aliquam rationem adferre soleant. (196) Hoc quid est? Venit
praetor; frumentum, inquit, me abs te emere oportet.
Optime. Modium denario. Benigne ac liberaliter; nam ego
ternis HS non possum vendere. Mihi frumentum non opus
est, nummos volo. Nam sperabam, inquit arator, me ad denarios perventurum; sed, si ita necesse est, quanti frumentum sit
considera. Video esse binis HS. Quid ergo a me tibi nummorum dari potest, cum senatus tibi quaternos HS dederit?
Quid poscit? Attendite et, vos quaeso, simul, iudices, aequitatem praetoris attendite. (197) Quaternos HS, quos mihi
senatus decrevit et ex aerario dedit, ego habebo et in cistam

hatte, den du an die Landwirte entrichten solltest, was hättest du da tun müssen? Wenn du hättest handeln wollen wie der bekannte L. Piso Frugi[201], der als erster ein Gesetz über Erpressungen beantragt hat, dann hättest du zum üblichen Preis gekauft und das überschüssige Geld zurückerstattet; wenn aber wie nach Volkstümlichkeit strebende und großzügige Leute, dann hättest du, da der Senat einen Schätzpreis festgesetzt hatte, der höher war als der Marktpreis, nach dem Schätzpreis des Senates, nicht nach den Marktverhältnissen bezahlt; wenn jedoch so, wie es die meisten tun (und dabei ergab sich immer noch einiger Gewinn, aber ein anständiger und erlaubter), dann hättest du nicht das Getreide gekauft, da es ja billiger war, du hättest den Geldbetrag, den dir der Senat für deinen Vorratskeller bewilligt hatte, für dich genommen.

85 Doch wie steht es mit deinem Verhalten hier? Welche Begründung läßt sich dafür finden? Ich frage nicht nach einer gerechten, sondern auch nur nach einer gewissenlosen und unverschämten. Denn es gibt fast nichts, was Menschen in amtlicher Stellung öffentlich zu tun wagen, es mag noch so skrupellos sein, wofür sie nicht, wenn keine gute, so doch wenigstens irgendeine Begründung beizubringen pflegen. (196) Wie ist es nun in diesem Falle? Der Prätor kommt. »Ich muß Getreide von dir kaufen«, sagt er. »Sehr wohl.« – »Das Maß für einen Denar.« – »Du bist engegenkommend und großzügig; denn ich kann es nicht für drei Sesterzen verkaufen.« – »Ich brauche kein Getreide, ich wünsche Geld.« – »Ich hoffte allerdings«, sagt der Landwirt, »zu Denaren zu kommen; aber wenn es schon so sein muß, so überlege dir, was das Getreide kostet.« – »Ich sehe, daß es zwei Sesterzen kostet.« – »Welchen Geldbetrag kann ich dir denn noch geben, da doch der Senat dir schon vier Sesterzen gegeben hat?« Was fordert er? Gebt acht und bitte, ihr Richter, achtet zugleich auf das Gerechtigkeitsgefühl des Prätors. (197) »Die vier Sesterzen für das Maß, die mir der Senat bewilligt und aus der Staatskasse ausgezahlt hat, die will ich behalten und aus dem Staatssäckel in meine Privatschatulle überstellen.« Wie

205

transferam de fisco. Quid postea? quid? Pro singulis modiis,
quos tibi impero, tu mihi octonos HS dato. Qua ratione?
Quid quaeris rationem? non tantam rationem res habet quantam utilitatem atque praedam. Dic, dic, inquit ille, planius.
Senatus te voluit mihi nummos, me tibi frumentum dare: tu
eos nummos quos mihi senatus dare voluit ipse habebis; a me,
cui singulos denarios a te dari oportuit, binos auferes et huic
praedae ac direptioni cellae nomen impones? (198) Haec de-
erat iniuria et haec calamitas aratoribus te praetore qua reli-
quis fortunis omnibus everterentur. Nam quid esse reliqui
poterat ei qui per hanc iniuriam non modo fructum omnem
amitteret, sed etiam omne instrumentum vendere cogeretur?
Quonam se verteret? ex quo fructu nummos quos tibi daret
inveniret? Decumarum nomine tantum erat ablatum quantum voluntas tulerat Aproni: pro alteris decumis emptoque
frumento aut nihil datum aut tantum datum quantum reliqui
scribae fecerant, aut ultro etiam, id quod didicistis, ablatum.
86 Cogantur etiam nummi ab aratore? quo modo, quo iure,
quo exemplo? Nam cum fructus diripiebantur aratorum
atque omni lacerabantur iniuria, videbatur id perdere arator
quod aratro ipse quaesisset, in quo elaborasset, quod agri
segetesque extulissent; (199) quibus iniuriis gravissimis tamen
illud erat miserum solacium, quod id perdere videbatur quod
alio praetore eodem ex agro reparare posset. Nummos vero ut
det arator quos non exarat, quos non aratro ac manu quaerit,
boves et aratrum ipsum atque omne instrumentum vendat
necesse est. Non enim debetis hoc cogitare: habet idem in

ging's nun weiter, wie? »Für jedes Maß, das zu liefern ich dir auferlege, sollst du mir acht Sesterzen geben.« – »Aus welchem Grunde?« – »Was fragst du nach einem Grund? Die Sache hat weniger einen Grund als Vorteil und Gewinn.« – »Sprich, sprich deutlicher«, sagt unser Landwirt. »Der Senat hat gewollt, daß du mir Geld und ich dir Getreide gebe: Du willst das Geld, das mir der Senat geben wollte, selbst behalten; doch mir, dem du einen Denar geben solltest, nimmst du zwei ab, und diese Beute und Räuberei bezeichnest du als Lieferung für den Vorratskeller?« (198) Dieses Unrecht und dieses Unheil fehlte den Landwirten noch unter deiner Prätur, sie um ihr ganzes restliches Vermögen zu bringen. Denn was konnte dem noch übrigbleiben, der durch dieses Unrecht nicht nur seinen gesamten Ernteertrag verlor, sondern sich auch gezwungen sah, sein gesamtes Gerät zu verkaufen? Wohin sollte er sich denn wenden? Von welchem Ertrag sollte er sich das Geld beschaffen, das er dir zahlen sollte? Als sogenannten Zehnten hatte man ihm so viel abgenommen, wie der Wille des Apronius bestimmte; für den zweiten Zehnten und das gekaufte Getreide hatte man ihm entweder nichts oder nur so viel gegeben, wie die Schreiber übriggelassen hatten, oder man hatte ihm noch obendrein, wie ihr von mir erfahren habt, etwas abgenommen. 86 Sogar Geld will man vom Landwirt eintreiben? Auf welche Weise, mit welchem Recht, nach welchem Vorbild? Denn als man den Ernteertrag der Landwirte plünderte und auf jede nur denkbare ungerechte Weise schädigte, da schien der Landwirt nur das zu verlieren, was er selbst mit seinem Pflug sich verschafft, worauf er seine Arbeitskraft verwendet, was die Felder und Saaten hervorgebracht hatten. (199) Bei diesen so schweren Übergriffen bestand dennoch der armselige Trost, daß er nur das zu verlieren schien, was er unter einem anderen Prätor von demselben Acker wiedererlangen konnte. Doch um Geld zu geben, das er nicht erwirtschaftet, das er nicht mit seinem Pflug und seiner Hände Arbeit gewinnt, muß der Landwirt seine Ochsen und selbst den Pflug und sein ganzes Gerät verkaufen. Denn ihr müßt nicht denken: er besitzt auch Ver-

207

nummis, habet in urbanis praediis. Nam cum aratori aliquid
imponitur, non hominis si quae sunt praeterea facultates, sed
arationis ipsius vis ac ratio consideranda est, quid ea sustinere, quid pati, quid efficere possit ac debeat; quamquam illi
quoque homines sunt ab isto omni ratione exinaniti ac perditi,
tamen hoc vobis est statuendum, quid aratorem ipsum arationis nomine muneris in rem publicam fungi ac sustinere velitis.
Imponitis decumas, patiuntur; alteras, temporibus vestris
serviendum putant; dent emptum praeterea; dabunt, si voletis. (200) Haec quam sint gravia, et quid his rebus detractis
possit ad dominos puri ac reliqui pervenire, credo vos ex
vestris impensis, ex vestris rebus rusticis coniectura adsequi
posse. Addite nunc eodem istius edicta, instituta, iniurias;
addite Aproni Veneriorumque servorum in agro decumano
regna ac rapinas. Quamquam haec omitto: de cella loquor.
Placet vobis in cellam magistratibus nostris frumentum Siculos gratis dare? Quid hoc indignius, quid iniquius? Atque hoc
scitote aratoribus Verre praetore optandum ac petendum fuisse.
87 Sositheus est Entellinus, homo cum primis prudens et
domi nobilis, cuius verba audietis, qui ad hoc iudicium legatus publice cum Artemone et Menisco, primariis viris, missus
est. Is cum in senatu Entellino multa mecum de istius iniuriis
ageret, hoc dixit: si hoc de cella atque hac aestimatione conce-

mögen in barem Geld, er besitzt solches auch in städtischen Grundstücken. Denn wenn man dem Landwirt etwas aufbürdet, dann darf man nicht das sonstige Vermögen des Mannes in Anschlag bringen, sondern nur das Leistungsvermögen und den Zustand der Landwirtschaft selbst, was sie verkraften, was sie ertragen, was sie erzeugen kann und muß. Freilich hat Verres auch solche Leute[202] auf jede nur denkbare Weise ausgeraubt und zugrunde gerichtet; doch ihr müßt entscheiden, was nach eurem Willen der Landwirt lediglich für seine Landwirtschaft an öffentlichen Lasten für den Staat aufbringen und tragen soll. Ihr bürdet ihnen den Zehnten auf; sie ertragen es. Und einen zweiten; sie glauben, sich nach euren besonderen Verhältnissen richten zu müssen. Außerdem sollen sie noch Kaufgetreide liefern; sie werden es liefern, wenn ihr es wünscht. (200) Was für eine Belastung dies ist und was nach Abzug dieser Abgaben noch an reinem und restlichem Gewinn an die Eigentümer fällt, das könnt ihr, glaube ich, aus euren eigenen Unkosten, aus euren eigenen landwirtschaftlichen Betrieben erschließen. Fügt nun noch die Erlasse, Anordnungen und Übergriffe des Verres hinzu; fügt hinzu, wie selbstherrlich Apronius und die Sklaven der Venus auf dem zehntpflichtigen Lande gehaust und geraubt haben. Doch ich lasse das beiseite; ich spreche über den Vorratskeller. Findet es euren Beifall, daß die Sizilier unseren Beamten das Getreide für den Vorratskeller umsonst liefern? Was ist empörender, was ungerechter als das? Und doch, müßt ihr wissen, ist dies für die Landwirte unter der Prätur des Verres noch wünschens- und erstrebenswert gewesen.

87 Sositheos aus Entella[203] ist ein besonders lebenskluger und in seiner Heimat hochangesehener Mann. Ihr werdet seine Worte noch hören: man hat ihn zusammen mit Artemon und Meniskos, zwei hervorragenden Männern, in amtlichem Auftrag als Abgesandten zu diesem Prozeß geschickt. Als der im Gemeinderat von Entella eingehend mit mir die widerrechtlichen Maßnahmen des Verres besprach, da sagte er: wenn man dieses Verfahren bei der Belieferung des Vorratskellers und bei dem Schätzpreise ungestraft hingehen lasse,

209

deretur, velle Siculos senatui polliceri frumentum in cellam gratis, ne posthac tantas pecunias magistratibus nostris decerneremus. (201) Perspicere vos certo scio Siculis quanto opere hoc expediat non ad aequitatem condicionis, sed ad minima malorum eligenda. Nam qui mille modium Verri suae partis in cellam gratis dedisset, duo milia nummum aut summum tria dedisset, idem nunc pro eodem numero frumenti HS VIII dare coactus est. Hoc arator adsequi per triennium certe fructu suo non potuit: vendiderit instrumentum necesse est. Quodsi hoc munus et hoc vectigal aratio tolerare, hoc est Sicilia ferre ac pati potest, populo Romano ferat potius quam nostris magistratibus. Magna est enim pecunia, magnum praeclarumque vectigal, si modo id salva provincia, si sine iniuria sociorum percipere possumus. Nihil detraho magistratibus; tantundem detur in cellam quantum semper datum est; quod praeterea Verres imperat, id, si facere non possunt, recusent; si possunt, populi Romani potius hoc sit vectigal quam praeda praetoris. (202) Deinde cur in uno genere solo frumenti ista aestimatio constituatur, si est aequa et ferenda? Debet populo Romano Sicilia decumas; det pro singulis modiis tritici ternos denarios, sibi habeat frumentum. Data tibi est pecunia, Verres, una qua frumentum tibi emeres in cellam, altera qua frumentum emeres a civitatibus quod Romam mitteres. Tibi datam pecuniam domi retines, et praeterea pecuniam permagnam tuo nomine aufers; fac idem in eo frumento quod ad populum Romanum pertinet; exige eadem aestimatione pecuniam a civitatibus, et refer quam

dann wollten die Sizilier dem Senat das Getreide für den Vorratskeller unentgeltlich zusagen, damit wir nicht künftig unseren Beamten so hohe Geldbeträge bewilligten. (201) Ich weiß bestimmt, euch ist klar, wie sehr dies den Siziliern zustatten käme, nicht weil der Vorschlag gerechte Verhältnisse mit sich brächte, sondern weil sie das kleinere Übel wählen würden. Denn wer dem Verres unentgeltlich tausend Maß als seinen Anteil für den Vorratskeller geliefert hätte, der würde zwei- oder höchstens dreitausend Sesterzen gezahlt haben; jetzt aber wurde er gezwungen, für dieselbe Menge Getreide achttausend Sesterzen zu zahlen. Diese Summe konnte der Landwirt bestimmt nicht drei Jahre lang aus seinen Erträgen aufbringen; er mußte seine Geräte verkaufen. Wenn nun die Landwirtschaft diese Abgabe und diese Steuer verkraften, das heißt wenn Sizilien sie tragen und bewältigen kann, dann soll es sie lieber für das römische Volk tragen als für unsere Beamten. Denn groß ist die Geldsumme, groß und ansehnlich die Steuer, wenn wir sie nur ohne Schaden für die Provinz, ohne ungerechte Behandlung der Bundesgenossen erhalten können. Ich will den Beamten nichts entziehen; man liefere ebensoviel für ihren Haushalt, wie man immer geliefert hat: was Verres darüber hinaus verlangt, das sollen sie verweigern, wenn sie es nicht leisten können; wenn sie's können, dann sei es lieber eine Steuer des römischen Volkes als die Beute des Prätors. (202) Ferner: weshalb soll nur bei einer Art von Getreide dieser Schätzpreis angesetzt werden, wenn er gerecht und erträglich ist? Sizilien schuldet dem römischen Volk Zehntabgaben;[204] es soll für jedes Maß Weizen drei Denare zahlen und soll das Getreide für sich behalten. Man hat dir Geld gegeben, Verres, eine Summe, um dafür Getreide für deinen Haushalt zu kaufen, eine andere, um dafür bei den Gemeinden Getreide für die Lieferung nach Rom zu erstehen. Das Geld, das man dir für dich gegeben hat, behältst du und ziehst außerdem noch eine sehr große Summe mit der Behauptung ein, sie stehe dir zu. Mach das Gleiche mit dem Getreide, das für das römische Volk bestimmt ist; treibe nach demselben Schätzpreis Geld bei den Gemeinden ein und

211

accepisti: iam refertius erit aerarium populi Romani quam
unquam fuit. (203) 'At enim istam rem in publico frumento
Sicilia non ferret, hanc rem in meo frumento tulit.' Proinde
quasi aut aequior sit ista aestimatio in tuo quam in populi
Romani commodo, aut ea res quam ego dico et ea quam tu
fecisti inter se genere iniuriae, non magnitudine pecuniae dif-
ferat.

Verum istam ipsam cellam ferre nullo modo possunt: ut
omnia remittantur, ut omnibus iniuriis et calamitatibus quas
te praetore tulerunt in posterum liberentur, istam se cellam
atque istam aestimationem negant ullo modo ferre posse.
88 (204) Multa Sosippus Agrigentinus apud Cn. Pompeium
consulem nuper, homo disertissimus et omni doctrina et virtute ornatissimus, pro tota Sicilia de aratorum miseriis gravi-
ter et copiose dixisse ac deplorasse dicitur; ex quibus hoc iis
qui aderant, – nam magno conventu acta res est, – indignissi-
mum videbatur, qua in re senatus optime ac benignissime cum
aratoribus egisset, large liberaliterque aestimasset, in ea re
praedari praetorem, bonis everti aratores, et id non modo fieri
sed ita fieri quasi liceat concessumque sit.

(205) Quid ad haec Hortensius? falsum esse crimen? Hoc
numquam dicet. Non magnam hac ratione pecuniam captam?
Ne id quidem dicet. Non iniuriam factam Siculis atque aratoribus? Qui poterit dicere? Quid igitur dicet? Fecisse alios.
Quid est hoc? utrum crimini defensio an comitatus exsilio

liefere ab, was du erhalten hast: bald wird die Staatskasse des römischen Volkes voller sein, als sie es je gewesen ist. (203) »Aber Sizilien würde ja das bei dem für den Staat bestimmten Getreide nicht hinnehmen; das hat es nur bei meinem hingenommen.« Gerade als ob dieser Schätzpreis gerechter wäre, wenn es um deinen und nicht um den Vorteil des römischen Volkes geht, oder als ob sich das, was ich hier vorschlage, und das, was du getan hast, durch die Art des Unrechts und nicht allein durch die Größe des Geldbetrages unterschiede.

Aber gerade eine solche Versorgung deines Haushaltes können die Sizilier auf keinen Fall tragen: gesetzt, man würde ihnen alles erlassen, gesetzt, ihnen blieben alle Übergriffe und Leiden, die sie unter deiner Prätur auf sich nehmen mußten, künftig erspart, eine solche Versorgung deines Haushaltes und einen solchen Schätzpreis, erklären sie, könnten sie auf keinen Fall tragen. 88 (204) Eingehend hat kürzlich, sagt man, Sosippos aus Agrigent, ein äußerst wortgewandter und durch vielseitige Kenntnisse und Fähigkeiten ausgezeichneter Mann, vor dem Konsul Cn. Pompeius für ganz Sizilien gesprochen; er habe sich nachdrücklich und ausführlich über das Elend der Landwirte beklagt. Hiervon schien den Anwesenden (denn die Sache wurde vor einem großen Kreis besprochen) dies das Empörendste: der Senat sei in dieser Sache mit den Landwirten sehr wohlwollend und entgegenkommend verfahren, er habe einen stattlichen und großzügigen Schätzpreis festgesetzt; gleichwohl bereichere sich der Prätor gerade in dieser Sache und bringe die Landwirte um ihr Hab und Gut, und dies geschehe nicht nur, sondern geschehe in einer Weise, als ob es erlaubt und gestattet sei.

(205) Was erwidert Hortensius hierauf? Die Anschuldigung sei falsch? Das wird er niemals sagen. Die auf diese Weise erbeutete Geldsumme sei nicht groß? Auch das wird er nicht sagen. Den Siziliern und den Landwirten sei kein Unrecht geschehen? Wie kann er das sagen? Was also wird er sagen? Das hätten andere auch getan. Was heißt das? Sucht man eine Rechtfertigung des Vergehens oder Begleiter für die Verban-

quaeritur? Tu in hac re publica atque in hac hominum libidine
et, ut adhuc habuit se status iudiciorum, etiam licentia, non ex
iure, non ex aequitate, non ex lege, non ex eo quod oportuerit, non ex eo quod licuerit, sed ex eo quod aliqui fecerit, id
quod reprehenditur recte factum esse defendes? (206) Fecerunt alii quidem aliquam multa; cur in hoc uno crimine isto
genere defensionis uteris? Sunt quaedam omnino in te singu-
laria, quae in nullum hominem alium dici neque convenire
possint, quaedam tibi cum multis communia. Ergo, ut omit-
tam tuos peculatus, ut ob ius dicendum pecunias acceptas, ut
eius modi cetera quae forsitan alii quoque etiam fecerint, illud
in quo te gravissime accusavi, quod ob iudicandam rem pecuniam accepisses, eadem ista ratione defendes, fecisse alios? Ut
ego adsentiar orationi, defensionem tamen non probabo.
Potius enim te damnato ceteris angustior locus improbitatis
defendendae relinquetur, quam te absoluto alii quod audacissime fecerunt recte fecisse existimentur.

89 (207) Lugent omnes provinciae, queruntur omnes liberi
populi, regna denique etiam omnia de nostris cupiditatibus et
iniuriis expostulant; locus intra Oceanum iam nullus est
neque tam longinquus neque tam reconditus quo non per
haec tempora nostrorum hominum libido iniquitasque pervaserit; sustinere iam populus Romanus omnium nationum non
vim, non arma, non bellum, sed luctum, lacrimas, querimonias non potest. In eius modi re ac moribus, si is qui erit

nung? Du willst dich in diesem Staate und inmitten dieser allgemeinen Willkür und – wie der bisherige Zustand der Gerichte war – sogar Hemmungslosigkeit bei deiner Rechtfertigung nicht nach dem Recht, nicht nach der Billigkeit, nicht nach dem Gesetz, nicht danach, was erforderlich, nicht danach, was erlaubt war, richten, sondern danach, was jemand getan hat, und behaupten, was man rügt, sei rechtens geschehen? (206) Andere haben freilich auch sonst ziemlich viele Dinge getan. Warum bedienst du dich nur bei dieser Anschuldigung jener Art von Rechtfertigung? Gewiß ist manches bei dir ganz einmalig, was man gegen keinen anderen Menschen vorbringen oder als zutreffend hinstellen kann, doch manches hast du mit vielen gemein. Um nun deine Unterschlagungen beiseite zu lassen oder die Gelder, die du für deine Rechtsprechung angenommen hast,[205] oder anderes der Art, was vielleicht auch andere schon getan haben, willst du dich auch in dem Punkt, dessentwegen ich dich am schärfsten angegriffen habe, daß du dich für ein günstiges richterliches Urteil durch Geld hast kaufen lassen,[206] auf dieselbe Weise rechtfertigen: das hätten andere auch getan? Wenn ich deine Behauptung auch für richtig halte, so werde ich sie doch als Entschuldigung nicht gelten lassen. Denn lieber sollte durch deine Verurteilung anderen die Möglichkeit beschnitten werden, ihre Gewissenlosigkeit zu rechtfertigen, als daß durch deinen Freispruch die Ansicht entsteht, andere hätten mit ihren frechsten Taten recht getan.

89 (207) Es trauern alle Provinzen, es klagen alle freien Völker, ja auch alle Königreiche beschweren sich über unsere Habgier und unsere Rechtsverletzungen; es gibt innerhalb des Ozeans keinen noch so entfernten und noch so abgelegenen Ort mehr, wohin in unserer Zeit nicht die Willkür und Ungerechtigkeit unserer Leute gedrungen wäre. Es handelt sich nicht mehr um die Drohung, die Waffengewalt, den Krieg aller Völker, sondern um ihre Klagen, Tränen und Beschwerden, die das römische Volk nicht ertragen kann. Wenn in einer solchen Lage und bei solchen Sitten ein vor Gericht Angeklagter, der handgreiflicher Schandtaten über-

adductus in iudicium, cum manifestis in flagitiis tenebitur, alios eadem fecisse dicet, illi exempla non deerunt: rei publicae salus deerit, si improborum exemplis improbi iudicio ac periculo liberabuntur. (208) Placent vobis hominum mores? placet ita geri magistratus ut geruntur? placet socios sic tractari, quod restat, ut per haec tempora tractatos videtis? Cur haec a me opera consumitur? quid sedetis? cur non in media oratione mea consurgitis atque disceditis? Vultis autem istorum audacias ac libidines aliqua ex parte resecare? Desinite dubitare utrum sit utilius propter multos improbos uni parcere, an unius improbi supplicio multorum improbitatem coercere.

(209) Tametsi quae ista sunt exempla multorum? Nam cum in causa tanta, cum in crimine maximo dici a defensore coeptum est factitatum esse aliquid, exspectant ii qui audiunt exempla ex vetere memoria, ex monumentis ac litteris, plena dignitatis, plena antiquitatis; 90 haec enim plurimum solent et auctoritatis habere ad probandum et iucunditatis ad audiendum. Africanos mihi et Catones et Laelios commemorabis et eos fecisse idem dices? Quamvis res mihi non placeat, tamen contra hominum auctoritatem pugnare non potero. An, cum eos non poteris, proferes hos recentis, Q. Catulum patrem, C. Marium, Q. Scaevolam, M. Scaurum, Q. Metellum? qui omnes provincias habuerunt et frumentum cellae nomine imperaverunt. Magna est hominum auctoritas, et tanta ut etiam delicti suspicionem tegere possit. (210) Non habes ne ex his quidem hominibus qui nuper fuerunt ullum auctorem istius aestimationis. Quo me igitur aut ad quae exempla revo-

führt ist, erklärt, andere hätten dasselbe getan, so wird es ihm nicht an Beispielen fehlen; doch unserem Staate wird es an einer gesunden Entwicklung fehlen, wenn Schufte durch die Beispiele von Schuften von einem Prozeß und einer Gefährdung verschont werden. (208) Gefällt euch die Verhaltensweise der Leute? Gefällt euch, daß man Ämter so verwaltet, wie man sie verwaltet? Gefällt euch, daß auch künftig die Bundesgenossen so behandelt werden, wie ihr sie in unserer Zeit behandelt seht? Warum wende ich diese Mühe auf? Was sitzt ihr hier? Warum erhebt ihr euch nicht mitten in meiner Rede und geht weg? Ihr wollt vielmehr die Frechheit und Willkürakte dieser Leute auch nur einigermaßen beschneiden? Dann hört auf zu zweifeln, was nützlicher ist: wegen vieler Schufte einen einzigen zu schonen oder durch die Bestrafung des einen Schuftes die Schuftigkeit vieler einzuschränken.

(209) Indes, was sind das für Beispiele vieler? Denn wenn bei einer so wichtigen Sache, bei einer so schweren Anschuldigung der Verteidiger es unternimmt zu behaupten, man habe etwas wieder und wieder getan, dann erwarten die Zuhörer Beispiele aus früherer Zeit, aus geschichtlichen Zeugnissen und schriftlichen Aufzeichnungen von hohem Ansehen und hohem Alter. 90 Denn derlei hat gewöhnlich am meisten Gewicht für den Beweis und den meisten Reiz für die Zuhörer. Willst du mir Männer wie Africanus und Cato und Laelius[207] nennen und behaupten, diese hätten dasselbe getan? Die Sache würde mir zwar nicht gefallen, doch gegen das Ansehen jener Männer könnte ich nicht ankämpfen. Oder, wenn du diese nicht nennen kannst, willst du dann auf Personen aus neuerer Zeit zurückgreifen, auf Q. Catulus, den Vater, C. Marius, Q. Scaevola, M. Scaurus und Q. Metellus?[208] Sie alle haben Provinzen verwaltet und Getreide für ihren Haushalt angefordert. Groß ist das Ansehen dieser Männer, so groß, daß es selbst den Verdacht eines Vergehens zuzudecken vermag. (210) Du hast nicht einmal unter den Männern, die jüngst gelebt haben, einen Vorläufer für einen derartigen Schätzpreis. Wohin also oder auf welche Beispiele

217

cas? Ab illis hominibus, qui tum versati sunt in re publica cum
et optimi mores erant et hominum existimatio gravis habeba-
tur et iudicia severa fiebant, ad hanc hominum libidinem ac
licentiam me abducis, et, in quos aliquid exempli populus
Romanus statui putat oportere, ab iis tu defensionis exempla
quaeris? Non fugio ne hos quidem mores, dum modo ex his
ea quae probat populus Romanus exempla, non ea quae con-
demnat sequamur. Non circumspiciam, non quaeram foris:
habeo iudices tecum principes civitatis, P. Servilium et Q.
Catulum, qui tanta auctoritate sunt, tantis rebus gestis, ut in
illo antiquissimorum clarissimorumque hominum, de quibus
antea dixi, numero reponantur. Exempla quaerimus, et ea
non antiqua. (211) Modo uterque horum exercitum habuit.
Quaere, Hortensi, quoniam te recentia exempla delectant,
quid fecerint. Itane vero? Q. Catulus frumento est usus,
pecuniam non coegit; P. Servilius quinquennium exercitui
cum praeesset et ista ratione innumerabilem pecuniam facere
cum posset, non statuit sibi quicquam licere quod non patrem
suum, non avum Q. Metellum, clarissimum hominem, facere
vidisset: C. Verres reperietur qui, quicquid expediat, id licere
dicat? quod nemo nisi improbus fecerit, id aliorum exemplo
se fecisse defendat?

91 At in Sicilia factitatum est. Quae est ista condicio Siciliae?
cur quae optimo iure propter vetustatem, fidelitatem, propin-
quitatem esse debet, huic praecipua lex iniuriae definitur?
(212) Sed in ista ipsa Sicilia non quaeram exemplum foris: hoc
ipso ex consilio utar exemplis. C. Marcelle, te appello. Siciliae

verweist du mich? Von den Männern, die sich in einer Zeit politisch betätigt haben, als die Sitten die besten waren und der gute Ruf wichtig genommen und strenges Gericht gehalten wurde, führst du mich fort und hin zur heutigen Willkür und Hemmungslosigkeit und suchst bei denen Beispiele für deine Rechtfertigung, an denen das römische Volk ein abschreckendes Beispiel aufstellen zu müssen glaubt? Ich verwerfe nicht einmal die heutigen Sitten, wenn wir uns dabei nur an die Beispiele halten, die das römische Volk gutheißt, nicht an die, die es verurteilt. Ich will mich nicht erst lange umsehen, nicht draußen suchen. Ich habe mit dir die ersten Männer unseres Staates zu Richtern, P. Servilius und Q. Catulus.[209] Sie genießen ein so großes Ansehen und haben so große Taten vollbracht, daß man sie zu den erlauchten Männern der alten Zeit, über die ich eben gesprochen habe, rechnen darf. Wir suchen Beispiele, und zwar keine aus alter Zeit. (211) Noch jüngst haben diese beiden ein Heer gehabt. Frage, Hortensius, da ja neuere Beispiele dir Freude machen, was sie getan haben. Verhält es sich nicht so: Q. Catulus hat Getreide in Anspruch genommen, aber Geld nicht eingetrieben. P. Servilius befehligte fünf Jahre lang ein Heer und hatte die Möglichkeit, nach deiner Methode unendlich viel Geld zu machen; er glaubte jedoch, ihm sei nichts erlaubt, was er nicht auch seinen Vater, nicht seinen erlauchten Großvater Q. Metellus[210] hatte tun sehen. Und dann will ein C. Verres sich hinstellen und behaupten, daß alles was vorteilhaft auch erlaubt sei? Was nur Schufte getan haben, das will er damit rechtfertigen, daß er es nach dem Beispiel anderer getan habe?

91 »Aber in Sizilien hat man oft so gehandelt.« Was ist das für eine Zumutung für Sizilien? Warum stellt man für eine Provinz, die sich wegen ihres Alters, ihrer Zuverlässigkeit, ihrer nahen Lage der besten rechtlichen Stellung erfreuen sollte, eine ungerechte Sonderbestimmung auf? (212) Aber selbst im Falle Siziliens brauche ich mein Beispiel nicht weit entfernt zu suchen; ich kann die Beispiele aus eben dieser Strafkammer wählen. C. Marcellus[211], an dich wende ich mich. Du hast die

provinciae, cum esses pro consule, praefuisti: num quae in tuo imperio pecuniae cellae nomine coactae sunt? Neque ego hoc in tua laude pono: alia sunt tua facta atque consilia summa laude digna, quibus illam tu provinciam adflictam et perditam erexisti atque recreasti; nam hoc de cella ne Lepidus quidem fecerat, cui tu successisti. Quae sunt tibi igitur exempla in Sicilia cellae, si hoc crimen non modo Marcelli facto, sed ne Lepidi quidem potes defendere? (213) An me ad M. Antoni aestimationem frumenti exactionemque pecuniae revocaturus es? 'Ita,' inquit, 'ad Antoni'; hoc enim mihi significasse et adnuisse visus est. Ex omnibus igitur populi Romani praetoribus, consulibus, imperatoribus M. Antonium delegisti, et eius unum improbissimum factum, quod imitarere! Et hic utrum mihi difficile est dicere an his existimare ita se in isto infinito imperio M. Antonium gessisse ut multo isti perniciosius sit dicere se in re improbissima voluisse Antonium imitari quam si posset defendere nihil in vita se M. Antoni simile fecisse? Homines in iudiciis ad crimen defendendum non quid fecerit quispiam proferre solent, sed quid probarit. Antonium, cum multa contra sociorum salutem, multa contra utilitatem provinciarum et faceret et cogitaret, in mediis eius iniuriis et cupiditatibus mors oppressit. Tu mihi, quasi eius omnia facta atque consilia senatus, populus, iudices comprobarint, ita M. Antoni exemplo istius audaciam defendis?

92 (214) At idem fecit Sacerdos. Hominem innocentem et

Provinz Sizilien als Prokonsul verwaltet: hat man etwa während deiner Amtszeit Gelder für deinen Haushalt eingetrieben? Ich rechne dir das nicht zum Ruhme an; es gibt andere Taten und Entscheidungen von dir, die des höchsten Lobes würdig sind, wodurch du die angeschlagene und schwer geschädigte Provinz wieder aufgerichtet und zu neuem Leben erweckt hast. Denn das Bubenstück mit der Versorgung des eigenen Haushalts hatte sich nicht einmal Lepidus[212] geleistet, dessen Nachfolger du warst. Was für Beispiele für die Versorgung des Haushaltes hast du also in Sizilien, wenn du dein Vergehen nicht durch die Handlungsweise des Marcellus, ja nicht einmal durch die des Lepidus rechtfertigen kannst? (213) Oder willst du mich auf M. Antonius[213] hinweisen, der einen Schätzpreis für das Getreide festgesetzt und dafür dann Geld eingetrieben hat? »Ja«, sagt er, »auf Antonius«. Denn das hat er mir offenbar zu verstehen gegeben und durch Kopfnicken bestätigt. Unter allen Prätoren, Konsuln und Feldherren des römischen Volkes hast du dir also den M. Antonius und seine allergewissenloseste Tat zur Nachahmung ausgewählt! Und ist es in diesem Fall für mich schwierig zu behaupten oder für die Richter hier anzunehmen, M. Antonius habe sich während seines unbeschränkten Oberbefehls so benommen, daß es für Verres viel schädlicher ist zu erklären, er habe sich bei einer so gewissenlosen Handlungsweise Antonius zum Vorbild nehmen wollen, als wenn er sich damit rechtfertigen könnte, er habe in seinem Leben nie so etwas wie M. Antonius getan? Man pflegt vor Gericht, um sich gegen eine Anklage zu verteidigen, nicht vorzubringen, was jemand getan, sondern das, womit er Anerkennung gewonnen hat. Während Antonius vieles gegen das Wohl der Bundesgenossen, vieles gegen den Nutzen der Provinzen tat und plante, hat ihn mitten in seinen ungerechten und habgierigen Handlungen der Tod hinweggerafft. Du aber willst mir die Skrupellosigkeit des Verres durch das Beispiel des M. Antonius rechtfertigen, als ob der Senat, das Volk, die Richter alle seine Taten und Entschlüsse gebilligt hätten?

92 (214) »Aber Sacerdos[214] hat dasselbe getan.« Du nennst

221

summa prudentia praeditum nominas; sed tum idem fecisse
erit existimandus si eodem consilio fecerit. Nam genus aestimationis ipsum a me numquam est reprehensum, sed eius
aequitas aratorum commodo et voluntate perpenditur. Non
potest reprehendi ulla aestimatio quae aratori non modo
incommoda non est sed etiam grata est. Sacerdos ut in provinciam venit, frumentum in cellam imperavit. Cum esset ante
novum tritici modius denariis V, petierunt ab eo civitates ut
aestimaret. Remissior aliquanto eius fuit aestimatio quam
annona; nam aestimavit denariis III. Vides eandem aestimationem propter temporis dissimilitudinem in illo laudis
causam habere, in te criminis, in illo benefici, in te iniuriae.
(215) Eodem tempore praetor Antonius III denariis aestimavit post messem, summa in vilitate, cum aratores frumentum
dare gratis mallent, et aiebat se tantidem aestimasse quanti
Sacerdotem, neque mentiebatur; sed eadem ista aestimatione
alter sublevarat aratores, alter everterat. Quod nisi omnis frumenti ratio ex temporibus esset et annona, non ex numero
neque ex summa consideranda, numquam tam grati hi sesqui-
modii, Q. Hortensi, fuissent, quos tu cum ad mensurae tam
exiguam rationem populo Romano in capita descripsisses,
gratissimum omnibus fecisti; caritas enim annonae faciebat ut
istuc, quod re parvum videtur, tempore magnum videretur.
Idem istuc si in vilitate populo Romano largiri voluisses,
derisum tuum beneficium esset atque contemptum.
93 (216) Noli igitur dicere istum idem fecisse quod Sacerdotem, quoniam non eodem tempore neque simili fecit annona:

einen uneigennützigen und höchst verständigen Mann. Doch man wird nur dann glauben dürfen, er habe dasselbe getan, wenn er es in der gleichen Absicht getan hat. Denn ich habe niemals den Schätzpreis an sich gerügt; vielmehr bemißt sich seine Rechtmäßigkeit nach dem Vorteil und dem Wunsch der Landwirte. Gegen keinen Schätzpreis kann man etwas einwenden, der für den Landwirt nicht beschwerlich oder ihm gar willkommen ist. Als Sacerdos in die Provinz kam, ordnete er die Lieferung von Getreide für seinen Haushalt an. Das Maß Weizen kostete damals, vor der neuen Ernte, fünf Denare; die Gemeinden baten ihn, er möge den Preis festsetzen. Sein Schätzpreis war wesentlich niedriger als der Marktpreis; denn er setzte ihn auf drei Denare an. Du siehst: dasselbe Bewertungsverfahren gibt wegen der Verschiedenheit der Zeitumstände bei ihm Anlaß zu Lob und bei dir zu Tadel, ist bei ihm Großzügigkeit und bei dir ein Unrecht. (215) Um dieselbe Zeit, aber nach der Ernte, setzte der Prätor Antonius den Schätzpreis bei niedrigsten Preisen auf drei Denare fest, während die Landwirte das Getreide lieber umsonst geliefert hätten. Er aber sagte, er habe den Preis ebenso hoch angesetzt wie Sacerdos, und damit log er nicht; aber mit derselben Preisfestsetzung hatte der eine den Landwirten geholfen, der andere sie zugrunde gerichtet. Denn müßte man nicht bei dem ganzen Getreidegeschäft die Zeitverhältnisse und den Marktpreis, nicht aber die Menge und den Betrag an sich berücksichtigen, niemals wären die anderthalb Maß pro Kopf so willkommen gewesen, Hortensius – als du diese, obwohl eine so knapp bemessene Ration, an das römische Volk verteilen ließest, hast du allen den größten Gefallen getan. Denn der hohe Marktpreis sorgte dafür, daß das, was in Wirklichkeit gering war, der Zeitverhältnisse wegen als bedeutend erschien. Wenn du bei niedrigen Preisen an das römische Volk dieselbe Ration hättest austeilen wollen, dann hätte man deine Wohltat verspottet und geringschätzig angesehen.

93 (216) Behaupte also nicht, Verres habe dasselbe getan wie Sacerdos, da er es nicht unter denselben Verhältnissen und bei ähnlichen Marktpreisen getan hat. Sage lieber, da du ja einen

dicito potius, quoniam habes auctorem idoneum, quod Antonius uno adventu et vix menstruis cibariis fecerit, id istum per triennium fecisse, et istius innocentiam M. Antoni facto atque auctoritate defendito. Nam de Sex. quidem Peducaeo, fortissimo atque innocentissimo viro, quid dicetis? de quo quis umquam arator questus est? aut quis non ad hoc tempus innocentissimam omnium diligentissimamque praeturam illius hominis existimat? Biennium provinciam obtinuit. Cum alter annus in vilitate, alter in summa caritate fuerit, num aut in vilitate nummum arator quisquam dedit aut in caritate de aestimatione frumenti questus est? At uberiora cibaria facta sunt caritate. (217) Credo; neque id est novum neque reprehendendum. Modo C. Sentium vidimus, hominem vetere illa ac singulari innocentia praeditum, propter caritatem frumenti quae fuerat in Macedonia permagnam ex cibariis pecuniam deportare. Quam ob rem non ego invideo commodis tuis, si quae ad te lege venerunt: iniuriam queror, improbitatem coarguo, avaritiam in crimen et in iudicium voco.

Quodsi suspiciones inicere velitis ad pluris homines et ad pluris provincias crimen hoc pertinere, non ego istam defensionem vestram pertimescam, sed me omnium provinciarum defensorem esse profitebor. Etenim hoc dico, et magna voce dico, ubicumque hoc factum est, improbe factum est; quicumque hoc fecit, supplicio dignus est. 94 (218) Nam, per deos immortalis, videte, iudices, et prospicite animis quid

224

geeigneten Vorgänger hast: was Antonius einmal bei seiner Ankunft und gerade für die Ration eines Monats getan hat, das habe Verres drei Jahre lang getan, und verfechte dann noch seine Unschuld mit der Handlungsweise und dem Beispiel des Antonius. Denn was den Sex. Peducaeus[215] angeht, einen ganz tüchtigen und unsträflichen Mann, was wollt ihr über den sagen? Welcher Landwirt hat sich jemals über ihn beschwert? Oder wer glaubt nicht bis auf den heutigen Tag, daß die Prätur dieses Mannes die alleruneigennützigste und gewissenhafteste war? Zwei Jahre lang hat er die Provinz verwaltet. In dem einen Jahr gab es niedrige Preise, im anderen die größte Teuerung; hat etwa, als niedrige Preise herrschten, irgendein Landwirt Geld gezahlt oder sich während der Teuerung über den Getreideschätzpreis beschwert? »Doch durch die Teuerung ist das für seinen Unterhalt gelieferte Getreide einträglicher geworden.«[216] (217) Das glaube ich; das ist aber weder neu noch tadelnswert. Erst vor kurzem haben wir gesehen, daß C. Sentius[217], ein Mann von jener früher üblichen und einzigartigen Uneigennützigkeit, wegen der Getreideteuerung, die in Makedonien geherrscht hatte, sehr viel Geld, das er aus dem ihm gelieferten Getreide gemacht hatte, mitbrachte. Deshalb mißgönne ich dir nicht deine Gewinne, wenn sie dir auf gesetzlichem Wege zuteil geworden sind; dein Unrecht ist es, über das ich mich beschwere, deine Gewissenlosigkeit, die ich aufdecke, deine Habgier, die ich zum Gegenstand der Anklage und des Gerichtsverfahrens mache.

Wenn ihr aber den Verdacht erregen wollt, dieses Vergehen lasse sich auch manch anderen Leuten und manch anderen Provinzen anlasten, so bereitet mir dieser euer Rechtfertigungsversuch keine große Sorge; vielmehr werde ich, erkläre ich hiermit, der Verteidiger aller Provinzen sein. Denn das betone ich, und betone es mit lauter Stimme: »Wo immer dies geschehen ist, dort ist eine verabscheuenswerte Tat geschehen. Wer immer dies getan hat, verdient Strafe.« **94** (218) Denn, bei den unsterblichen Göttern! Seht doch, ihr Richter, und stellt euch in Gedanken vor, was geschehen

225

futurum sit. Multi magnas pecunias ab invitis civitatibus atque ab invitis aratoribus ista ratione cellae nomine coegerunt, – omnino ego neminem video praeter istum, sed do hoc vobis et concedo, esse multos: in hoc homine rem adductam in iudicium videtis. Quid facere potestis? utrum, cum iudices sitis de pecunia capta conciliata, tantam pecuniam captam neglegere, an, cum lex sociorum causa rogata sit, sociorum querimonias non audire? (219) Verum hoc quoque vobis remitto; neglegite praeterita, si vultis; sed ne reliquas spes turbetis atque omnis provincias evertatis, id providete, ne avaritiae, quae antehac occultis itineribus atque angustis uti solebat, auctoritate vestra viam patefaciatis inlustrem atque latam. Nam si hoc probatis et si licere pecunias isto nomine capi iudicatis, certe hoc, quod adhuc nemo nisi improbissimus fecit, posthac nemo nisi stultissimus non faciet. Improbi sunt qui pecunias contra leges cogunt, stulti qui quod licere iudicatum est praetermittunt. (220) Deinde, iudices, videte, quam infinitam sitis hominibus licentiam pecuniarum eripiendarum daturi. Si, ternos denarios qui coegit erit absolutus, quaternos, quinos, denos denique aut vicenos coget alius. Quae erit reprehensio? in quo primum iniuriae gradu resistere incipiet severitas iudicis? quotus erit iste denarius qui non sit ferendus, et in quo primum aestimationis iniquitas atque improbitas reprehendatur? Non enim a vobis summa, sed genus aestimationis erit comprobatum, neque hoc potestis iudicare, ternis denariis aestimare licere, denis non licere. Ubi enim semel ab annonae ratione et ab aratorum voluntate res ad

wird. Viele haben auf diese Weise für ihren Haushalt von den Gemeinden und von den Landwirten gegen deren ausdrücklichen Willen große Geldbeträge eingetrieben (ich kenne allerdings niemanden außer Verres, aber ich tue euch den Gefallen und räume ein, es seien viele): bei diesem Menschen ist die Sache, wie ihr seht, vor Gericht gebracht. Was könnt ihr tun? Ihr seid Richter über Geld, das man gewaltsam entwendet und sich angeeignet hat – könnt ihr über die Entwendung von so viel Geld hinwegsehen, oder, da das Gesetz um der Bundesgenossen willen erlassen ist, die Klagen der Bundesgenossen überhören? (219) Aber auch das erlasse ich euch: seht über das Vergangene hinweg, wenn ihr wollt. Doch damit ihr nicht künftige Hoffnungen zunichte macht und alle Provinzen zugrunde richtet, achtet darauf, daß ihr nicht durch euer Urteil der Habgier, die bisher nur verborgene und schmale Wege zu benutzen pflegte, einen offenen und breiten Weg bahnt. Denn wenn ihr das gutheißt und wenn ihr meint, man dürfe sich unter diesem Titel Geld verschaffen, dann wird bestimmt, was bisher nur der allergrößte Schuft getan hat, in Zukunft nur der allergrößte Tor nicht tun. Ein Schuft ist, wer gesetzwidrig Gelder eintreibt, ein Tor, wer unterläßt, was durch ein Gerichtsurteil für erlaubt erklärt worden ist. (220) Macht euch ferner klar, ihr Richter, welch unbeschränkte Freiheit, Geld zu rauben, ihr den Leuten gewähren würdet. Wenn man den freispricht, der drei Denare erpreßt hat, wird ein anderer vier, fünf, zehn oder gar zwanzig erpressen. Was soll man rügen? Bei welcher Höhe des Unrechts wird die richterliche Strenge einzuschreiten beginnen? Wie viele Denare müssen es sein, die nicht mehr erträglich sind, bei denen man erst die Ungerechtigkeit und Schamlosigkeit eines Schätzpreises rügt? Denn ihr würdet nicht einen bestimmten Betrag, sondern die Art der Festsetzung des Schätzpreises gutheißen, und ihr könntet auch nicht bestimmen, auf drei Denare den Schätzpreis festzusetzen sei erlaubt, auf zehn dagegen nicht erlaubt. Denn wenn man einmal von der Berücksichtigung des Marktpreises und dem Willen der Landleute abgegangen ist und die Angelegenheit

praetoris libidinem translata est, non est iam in lege neque in officio, sed in voluntate hominum atque avaritia positus modus aestimandi. **95** Quapropter, si vos semel in iudicando finem aequitatis et legis transieritis, scitote vos nullum ceteris in aestimando finem improbitatis et avaritiae reliquisse.

(221) Videte igitur quam multa simul a vobis postulentur. Absolvite eum qui se fateatur maximas pecunias cum summa sociorum iniuria cepisse. Non est satis: sunt alii quoque complures qui idem fecerint. Absolvite etiam illos, si qui sunt, ut uno iudicio quam plurimos improbos liberetis. Ne id quidem satis est: facite ut ceteris posthac idem liceat. Licebit: adhuc parum est. Permittite ut liceat quanti quisque velit tanti aestimare. Permissum est: stultissimus quisque posthac minimo aestimabit. Videtis iam profecto, iudices, hac aestimatione a vobis comprobata neque modum posthac avaritiae cuiusquam neque poenam improbitatis futuram. (222) Quam ob rem quid agis, Hortensi? Consul es designatus, provinciam sortiturus es; de aestimatione frumenti cum dices, sic te audiemus quasi id quod ab isto recte factum esse defendes te facturum profiteare, et quasi quod isti licitum esse dices vehementer cupias tibi licere. Atqui, si id licebit, nihil est quod putetis quemquam posthac commissurum ut de pecuniis repetundis condemnari possit. Quantam enim quisque concupierit pecuniam, tantam licebit per cellae nomen aestimationis magnitudine consequatur.

96 (223) At enim est quiddam quod, etiamsi palam in defen-

der Willkür des Prätors überlassen hat, so hängt die Höhe des Schätzpreises nicht mehr von Gesetz und Pflichtgefühl, sondern von der Willkür und Habgier der Menschen ab. **95** Wenn ihr also bei eurem Urteil nur einmal die Grenze der Billigkeit und des Gesetzes überschreitet, dann müßt ihr wissen, daß ihr daran schuld seid, wenn anderen bei der Festsetzung des Schätzpreises keine Grenze mehr für ihre Gewissenlosigkeit und Habgier gesetzt ist.

(221) Bedenkt also, wievielerlei man zugleich von euch fordert. Sprecht den frei, der zugibt, sich riesige Geldsummen gewaltsam angeeignet und damit den Bundesgenossen größtes Unrecht zugefügt zu haben. Das ist nicht alles: es gibt auch noch mehrere andere, die dasselbe getan haben. Sprecht auch die frei, wenn es hier und dort welche gibt, damit ihr durch *eine* Entscheidung möglichst viele Schufte straffrei ausgehen laßt. Auch das ist noch nicht alles: sorgt dafür, daß anderen künftig dasselbe erlaubt sei. Es wird erlaubt sein. Auch das ist noch zu wenig. Glaubt, daß jeder den Schätzpreis so hoch ansetzen darf, wie er will. Es ist erlaubt; nur die größten Dummköpfe werden künftig noch ganz niedrige Schätzpreise festsetzen. Ihr seht nun gewiß ein, ihr Richter: wenn ihr diese Art von Festsetzung des Schätzpreises gutheißt, dann wird es künftig keine Grenze für die Habgier und keine Strafe für die Skrupellosigkeit irgend jemandes geben. (222) Was willst du daher tun, Hortensius? Du bist zum Konsul gewählt, du wirst eine Provinz erhalten; wenn du über den Schätzpreis für das Getreide sprichst, werden wir dich so anhören, als ob du erklärtest, selbst tun zu wollen, was du bei Verres als rechtmäßiges Tun zu rechtfertigen suchst, und als ob du lebhaft wünschtest, daß dir erlaubt sei, was du bei ihm als erlaubt ausgibst. Doch wenn das erlaubt ist, dann braucht ihr nicht zu glauben, daß jemand künftig noch etwas begehen kann, was gestattet, ihn wegen Erpressung zu verurteilen. Denn so viel Geld einer zu haben wünscht, so viel darf er unter dem Titel »Versorgung des eigenen Haushalts« durch die Höhe des Schätzpreises an sich bringen.

96 (223) Es gibt freilich noch etwas, was Hortensius in seiner

229

dendo non dicet Hortensius, tamen ita dicet ut vos id suspicari et cogitare possitis, pertinere hoc ad commodum senatorium, pertinere ad utilitatem eorum qui iudicent, qui in provinciis cum potestate aut cum legatione se futuros aliquando arbitrentur. Praeclaros vero existimas iudices nos habere, quos alienis peccatis concessuros putes quo facilius ipsis peccare liceat. Ergo id volumus populum Romanum, id provincias, id socios nationesque exteras existimare, si senatores iudicent, hoc certe unum genus infinitae pecuniae per summam iniuriam cogendae nullo modo posse reprehendi? Quod si ita est, quid possumus contra illum praetorem dicere qui cotidie templum tenet, qui rem publicam sistere negat posse nisi ad equestrem ordinem iudicia referantur? (224) Quodsi ille hoc unum agitare coeperit, esse aliquod genus cogendae pecuniae senatorium commune et iam prope concessum ordini, quo genere ab sociis maxima pecunia per summam iniuriam auferatur, neque id ullo modo senatoriis iudiciis reprehendi posse, idque, dum equester ordo iudicarit, numquam esse commissum, quis obsistet? quis erit tam cupidus vestri, tam fautor ordinis, qui de transferendis iudiciis possit recusare?

97 Atque utinam posset aliqua ratione hoc crimen quamvis falsa, modo humana atque usitata defendere: minore periculo vestro, minore periculo provinciarum omnium iudicaretis. Negaret hac aestimatione se usum, vos id credidissetis:

Verteidigungsrede zwar nicht offen aussprechen, aber doch so anklingen lassen wird, daß ihr es erschließen und euch denken könnt: die Sache diene dem Wohl der Senatoren, diene dem Vorteil derer, die das Richteramt ausüben, die dereinst als Amtsträger oder als Legaten in die Provinz zu kommen hoffen. Wirklich, vortreffliche Richter haben wir nach deiner Meinung, wenn du annimmst, sie würden gegenüber fremden Verfehlungen nachsichtig sein, damit sie sich selbst desto leichter Verfehlungen erlauben könnten. Wollen wird denn, daß das römische Volk, daß die Provinzen, daß die Bundesgenossen und auswärtigen Völker glauben: wenn Senatoren das Richteramt ausüben, so lasse sich jedenfalls gegen diese eine Art, unermeßlich viel Geld auf höchst ungerechte Weise zu erpressen, in keiner Weise etwas unternehmen? Wenn das so ist, was können wir dann gegen den Prätor vorbringen, der täglich die geheiligte Stätte[218] besetzt hält, der erklärt, unser Staat könne nicht fortbestehen, wenn die Gerichtsbarkeit nicht wieder dem Ritterstand übertragen würde? (224) Angenommen nun, er wollte nur diesen Punkt zur Geltung bringen, es gebe ein senatorisches Verfahren der Gelderpressung, das diesem Stande gemeinsam und fast schon zugebilligt sei, ein Verfahren, durch das den Bundesgenossen riesige Geldsummen auf höchst ungerechte Weise abgenommen würden, und dagegen könne man mit Hilfe senatorischer Gerichte in keiner Weise etwas unternehmen und das sei, solange der Ritterstand das Richteramt ausgeübt habe, niemals vorgekommen – wer kann dem entgegentreten? Wer ist euch so zugetan, wer so dem Stand gewogen, der gegen die Übertragung der Gerichtsbarkeit Einwendungen erheben könnte?

97 Und könnte doch Verres auf irgendeine, wenn auch erlogene, so doch menschliche und übliche Weise diesen Vorwurf entkräften: ihr würdet euren Richterspruch mit geringerer Gefahr für euch, mit geringerer Gefahr für alle Provinzen fällen. Würde er bestreiten, sich dieses Verfahrens bei der Festsetzung des Schätzpreises bedient zu haben, und ihr hättet das geglaubt: es würde so aussehen, ihr habt dem Men-

231

homini credidisse, non factum comprobasse videremini. Nullo modo negare potest; urgetur a tota Sicilia; nemo est ex tanto numero aratorum a quo pecunia cellae nomine non sit exacta. (225) Vellem etiam hoc posset dicere, nihil ad se istam rationem pertinere, per quaestores rem frumentariam esse administratam. Ne id quidem ei licet dicere, propterea quod ipsius litterae recitantur ad civitates de ternis denariis missae. Quae est igitur defensio? 'Feci quod arguis; coegi pecunias maximas cellae nomine; sed hoc mihi licuit, vobis si prospicitis licebit.' Periculosum provinciis genus iniuriae confirmari iudicio, perniciosum nostro ordini populum Romanum existimare non posse eos homines qui ipsi legibus teneantur leges in iudicando religiose defendere. Atque isto praetore, iudices, non solum aestimandi frumenti modus non fuit, sed ne imperandi quidem; neque enim id quod debebatur, sed quantum commodum fuit imperavit. Summam faciam vobis ex publicis litteris ac testimoniis civitatum frumenti in cellam imperati: reperietis quinquiens tanto, iudices, amplius istum quam quantum in cellam ei sumere licitum sit civitatibus imperasse. Quid ad hanc impudentiam addi potest, si et aestimavit tanti ut homines ferre non possent, et tanto plus quam erat ei concessum legibus imperavit?

(226) Quapropter cognita tota re frumentaria, iudices, iam facillime perspicere potestis amissam esse populo Romano Siciliam, fructuosissimam atque opportunissimam provinciam, nisi eam vos istius damnatione recuperatis. Quid est enim Sicilia si agri cultionem sustuleris et si aratorum

schen geglaubt, nicht die Tat gutgeheißen. Nun kann er es auf keinen Fall abstreiten; ganz Sizilien drängt ihn in die Enge, und unter der großen Zahl von Landwirten ist niemand, von dem man nicht Geld für den eigenen Haushalt eingetrieben hätte. (225) Ich wünschte auch, er könnte sagen, er habe mit dieser Handlungsweise nichts zu tun, die Quästoren hätten das Getreidewesen verwaltet. Aber nicht einmal das darf er sagen; denn seine eigenen Briefe werden verlesen, die er wegen der drei Denare an die Gemeinden verschickt hat. Was ist also seine Verteidigung? »Ich habe getan, was du mir vorwirfst; ich habe riesige Geldsummen unter dem Titel ›Versorgung des Haushaltes‹ eingetrieben; doch das war mir erlaubt und wird auch euch erlaubt sein, wenn ihr die Augen offenhaltet.« Gefährlich ist es für die Provinzen, wenn irgendeine Art von Unrecht durch eine Gerichtsentscheidung für zulässig erklärt wird, gefährlich für unseren Stand, wenn das römische Volk glaubt, die Leute, die selbst an die Gesetze gebunden sind, seien nicht imstande, als Richter die Gesetze gewissenhaft anzuwenden. Unter der Prätur des Verres nun, ihr Richter, gab es für die Höhe des Getreideschätzpreises keine Grenze und ebensowenig für die geforderte Getreidemenge. Denn er forderte nicht, was man ihm schuldete, sondern so viel, wie ihm paßte. Ich will euch aus den öffentlichen Urkunden und den Zeugenaussagen der Gemeinden die Gesamtmenge des Getreides zusammenrechnen, die er für seinen Haushalt gefordert hat: Ihr werdet finden, ihr Richter, daß er den Gemeinden fünfmal so viel auferlegt hat, als er für seinen Haushalt nehmen durfte. Wie läßt sich diese Unverschämtheit noch übertreffen, wenn er den Preis so hoch angesetzt hat, daß die Leute ihn nicht tragen konnten, und so viel mehr forderte, als ihm von Gesetzes wegen erlaubt war?

(226) Ihr seid jetzt über die ganze Getreideangelegenheit im Bilde, ihr Richter; ihr könnt daher sehr leicht voraussehen, daß Sizilien, die fruchtbarste und wertvollste Provinz, für das römische Volk verloren ist, wenn ihr sie nicht durch die Verurteilung des Verres zurückgewinnt. Denn was ist Sizilien noch, wenn man die Landwirtschaft vernichtet und wenn

233

numerum ac nomen exstinxeris? Quid autem potest esse in
calamitate residui quod non ad miseros aratores isto praetore
per summam iniuriam ignominiamque pervenerit? quibus,
cum decumas dare deberent, vix ipsis decumae relictae sunt;
cum pecunia deberetur, soluta non est; cum optima aestimatione senatus frumentum eos in cellam dare voluisset, etiam
instrumenta agrorum vendere coacti sunt. 98 (227) Dixi iam
antea, iudices, ut has omnis iniurias tollatis, tamen ipsam
rationem arandi spe magis et iucunditate quadam quam fructu
atque emolumento teneri. Etenim ad incertum casum et even-
tum certus quotannis labor et certus sumptus impenditur.
Annona porro pretium nisi in calamitate fructuum non habet;
si autem ubertas in percipiendis fructibus fuit, consequitur
vilitas in vendendis, ut aut male vendendum intellegas, si bene
processit, aut male perceptos fructus, si recte licet vendere.
Totae autem res rusticae eius modi sunt ut eas non ratio neque
labor, sed res incertissimae, venti tempestatesque, mode-
rentur. Hinc cum unae decumae lege et consuetudine detra-
hantur, alterae novis institutis propter annonae rationem
imperentur, ematur praeterea frumentum quotannis publice,
postremo etiam in cellam magistratibus et legatis imperetur,
quid aut quantum praeterea est quod aut liberum possit
habere ille arator ac dominus in potestate suorum fructuum
aut in ipsis fructibus solutum? (228) Quodsi haec ferunt
omnia, si potius vobis ac rei publicae quam sibi et suis commodis opera sumptu labore deserviunt, etiamne haec nova

man die Masse der Landwirte und ihren Berufsstand aus-
rottet? Welch weiteres Leiden kann es denn noch geben, das
nicht unter der Prätur des Verres durch schlimmstes Unrecht
und schmachvollste Behandlung über die unglücklichen
Landwirte gekommen wäre? Sie waren den Zehnten abzuliefern verpflichtet, und ihnen selbst blieb kaum ein Zehntel
übrig; man schuldete ihnen Geld, und man zahlte es nicht;
der Senat hatte angeordnet, daß sie für einen sehr günsti-
gen Schätzpreis Getreide für den Haushalt liefern sollten,
und man zwang sie, auch die Ackergeräte zu verkaufen.
98 (227) Ich habe schon früher gesagt, ihr Richter: selbst
wenn ihr alle diese Ungerechtigkeiten beseitigt, beruht die
Landwirtschaft selbst doch mehr auf der Hoffnung und
einem gewissen Reiz als auf dem Ertrag und Gewinn. Denn
für einen unbestimmten Ausgang und Erfolg werden jährlich
eine bestimmte Arbeit und bestimmte Kosten aufgewendet.
Überdies erzielt das Getreide nur bei einer Mißernte einen
guten Preis, wenn die Ernte aber sehr ergiebig war, sind niedrige Preise beim Verkauf die Folge. So kommt man zu der
Feststellung: entweder muß man schlecht verkaufen, wenn
die Ernte gut ausfiel, oder die Ernte ist schlecht ausgefallen,
wenn man zu einem guten Preis verkaufen kann. Die ganze
Landwirtschaft ist nämlich so, daß sie nicht von vernünftiger
Planung noch von der Arbeit, sondern von den unzuverlässig-
sten Dingen, von Wind und Wetter, abhängt. Ihr wird nun der
eine Zehnte nach Gesetz und Brauch abgenommen, der zweite
nach neuen Grundsätzen aus Gründen der Getreideversorgung auferlegt, außerdem kauft man jährlich von Amts wegen
Getreide auf, und schließlich fordert man noch Getreide für
den Haushalt der höheren Beamten und Legaten an – was oder
wieviel an Freiheit bleibt da noch, die der Landwirt und Eigentümer bei der Verfügung über seine Erträge hat, oder wieviel
ist von den Erträgen selbst noch abgabenfrei? (228) Wenn
sie nun dies alles hinnehmen, wenn sie mehr euch und
dem Staate als sich und ihren Interessen durch Mühe, Auf-
wand und Arbeit dienen, sollen sie dann auch noch diese
neuartigen Erlasse und die Befehle der Prätoren und die

235

debent edicta et imperia praetorum et Aproni dominationem
et Veneriorum servorum furta rapinasque ferre? etiamne frumentum pro empto gratis dare? etiamne in cellam cum
cupiant gratis dare ultro pecuniam grandem addere? etiamne
haec tot detrimenta atque damna cum maximis iniuriis contumeliisque perferre? Itaque haec, iudices, quae pati nullo
modo potuerunt non pertulerunt. Arationes omnis tota Sicilia desertas atque a dominis relictas esse cognoscitis; neque
quicquam aliud agitur hoc iudicio nisi ut antiquissimi socii et
fidelissimi, Siculi, coloni populi Romani atque aratores,
vestra severitate et diligentia me duce atque auctore in agros
atque in sedes suas revertantur.

Willkürherrschaft des Apronius und die Diebstähle und Räubereien der Venussklaven ertragen? Sollen sie auch noch das Getreide unentgeltlich statt gegen Bezahlung liefern? Sollen sie, obwohl sie doch den Haushalt unentgeltlich beliefern wollen, auch noch einen großen Geldbetrag hinzutun? Sollen sie zu diesen zahlreichen Verlusten und Einbußen auch noch die schlimmsten Übergriffe und Kränkungen hinnehmen? Daher haben sie dies, ihr Richter, was sie auf keine Weise mehr ertragen konnten, nicht hingenommen. Daß alle Ländereien in ganz Sizilien verödet und von den Eigentümern verlassen sind, wißt ihr. Und daher geht es in diesem Prozeß um nichts anderes, als daß eure Strenge und Gewissenhaftigkeit, indem ihr meiner Führung und meinem Rate folgt, es den ältesten und treusten Bundesgenossen, den Siziliern, den Pächtern und Landwirten des römischen Volkes ermöglicht, auf ihre Felder und an ihre Wohnsitze zurückzukehren.

Anmerkungen

Alle im folgenden genannten Jahreszahlen gelten v. Chr.
Stellenverweise ohne Werkangabe beziehen sich auf die *Reden gegen
Verres*. Dabei bezeichnet z. B. 1,1: Erste Rede, § 1, dagegen 2,1,1:
Zweite Rede, erstes Buch, § 1. Die im Übersetzungstext halbfett
gedruckte Kapitelzählung findet bei Zitaten keine Verwendung.

1 Die Übersetzung von *iudices* mit »Richter« kann im Deutschen
  leicht falsche Assoziationen hervorrufen. Es handelt sich hier
  nicht um Berufs-, sondern um Laienrichter, die vom Prätor aus
  einer Liste (*decuria* »Abteilung«) vorgeschlagen und von den Parteien gebilligt wurden. Zur Zeit des Verres-Prozesses waren diese
  Laienrichter ausschließlich Senatoren.
2 Junge Leute aus aristokratischen Familien suchten häufig dadurch
  auf sich aufmerksam zu machen und ihre politische Karriere zu
  fördern, daß sie bekannte Politiker vor Gericht zogen; so klagte
  auch L. Licinius Crassus (140–91), der bedeutendste Redner seiner Zeit, als Zwanzigjähriger C. Papirius Carbo, einen Parteigän-
  ger des Tiberius Gracchus, an.
3 Vgl. 2,1,34 ff.
4 Vgl. 2,1,154.
5 Vgl. 2,1,119 ff.
6 Vgl. 2,1,49 ff.
7 Vgl. 2,5,139 ff.
8 Vgl. 2,1,49.54 ff. Das Komitium ist ein an das Forum angrenzen-
  der Platz für Volksversammlungen.
9 Mummius zerstörte im Jahre 146 Korinth und brachte von dort
  viele Kunstwerke mit nach Rom.
10 *Decumanum frumentum*: das Zehntgetreide, d. h. der zehnte Teil
  der jährlichen Getreideernte, den jeder Landwirt, der Ackerland
  der zu dieser Abgabe verpflichteten Gemeinden bewirtschaftete –
  und das waren die meisten in Sizilien –, ob als Eigentümer oder
  Pächter, ob Sizilier oder römischer Bürger, ohne Vergütung abliefern mußte. Die Einziehung des Getreidezehnten überließ Rom
  privaten Unternehmern (*decumani*). *Frumentum emptum* (auch
  altera decuma genannt): bei unzureichender Versorgung mit Getreide kaufte Rom zu einem angemessenen Preis weiteres Getreide. *Frumentum aestimatum*: Schätz- oder Richtpreisgetreide, das
  dem Statthalter für seinen Haushalt zustand (daher auch *frumen-*

239

tum in cellam). Für dieses Getreide hatte der Senat eine bestimmte Entschädigungssumme festgesetzt.

11 Sie entrichteten jährlich feststehende Abgaben, die von den Statthaltern eingezogen wurden.

12 Tiberius Gracchus hatte durch Gesetz der Provinz Asien den Zehnten auferlegt; diese Zehntabgabe wurde in Rom von den Zensoren nur an römische Steuerpachtgesellschaften (*societates publicanorum*) vergeben, während die sizilische Zehntabgabe in Sizilien und an jedermann, der sich darum bewarb, verpachtet wurde.

13 Nämlich Karthago und Syrakus.

14 Von Cicero stark untertrieben. Es waren immerhin 26 Gemeinden, darunter Syrakus und Lilybaeum.

15 Es handelt sich hier um die *civitates censoriae*, deren Grund und Boden römisches Staatsland (*ager publicus*) war. In Sizilien hatte man es – entgegen dem sonstigen Brauch – den früheren Eigentümern »zurückgegeben«. Sie mußten einen Bodenzins und den zehnten Teil ihrer Erträge an den römischen Staat entrichten. Beide Abgaben wurden von den Zensoren in Rom verpachtet. Vgl. 2,5,53.

16 Die Einwohner von Messana (heute Messina) und Tauromenion (heute Taormina). Außer diesen beiden Gemeinden besaß noch die kleine Gemeinde Netum den Status einer *civitas foederata*; vgl. 2,5,56.133.

17 Ihre Selbständigkeit ist insofern beschränkt, als diese nicht auf einem beschworenen Bündnis beruht, sondern von Rom als Gnadengeschenk gewährt ist und jederzeit widerrufen werden kann.

18 Centuripae (heute Centuripe): Sikulerstadt im Inneren der Insel; Halaesa: Stadt an der Nordküste, nahe dem heutigen Tusa; Segesta: Stadt im Norwesten der Insel; Halikyai: Stadt im Inneren Siziliens; Panormos: das heutige Palermo.

19 Vgl. 2,1,104 ff, 114 ff.

20 Vgl. 2,1,130 ff.

21 L. Octavius und C. Aurelius Cotta: Konsuln im Jahre 75.

22 Vgl. 2,2,83 ff. Thermai: Stadt an der Nordküste Siziliens.

23 Dem Zehntpächter waren weitgehende Durchsuchungsrechte eingeräumt.

24 Kam es zu Meinungsverschiedenheiten oder gar Streitigkeiten zwischen Zehntpächter und Landwirt, konnte sich jede Partei an ein Rekuperatorengericht wenden. Rekuperatoren (*recuperatores*) waren Ersatzrichter in Entschädigungsverfahren, deren

schnelle Erledigung in öffentlichem Interesse lag (»*ut quam primum res iudicaretur*«, Cicero, *Rede für M. Tullius* 10). Die Zahl dieser Schnellrichter betrug gewöhnlich drei; ihre Auswahl erfolgte im allgemeinen aus Angehörigen des römischen Bezirksverbandes (*conventus*) und aus den Reihen der römischen Geschäftsleute (*negotiatores*).

25 Cicero fingiert hier ein Gespräch zwischen einem Bauern, der über das Edikt empört ist, und Verres.

26 An einen Gerichtsdiener gerichtet.

27 *professionem* im Sinne von *edictum de professione*. Der Erlaß des Verres bestimmte, daß jeder zehntpflichtige Landwirt alljährlich eine »Erklärung« (*professio*) über die Größe des von ihm bebauten Landes und über die Aussaat abgeben müsse. Das war an sich eine sehr vernünftige Maßnahme, da erst dadurch eine genaue Übersicht über die zu erwartenden Ernteerträge gewonnen wurde. Die Zehntpächter konnten jetzt ziemlich genau überschlagen, wieviel der Zehnte einbringen werde und höhere Pachtangebote machen, so daß diese Regelung durchaus im Interesse Roms lag. Verres hatte das Edikt aber nicht in ehrlicher Absicht erlassen. Dadurch, daß er die Zehntpächter ermächtigte, so viel Getreide zu fordern, wie sie für richtig hielten, gab er ihnen und besonders seinen Handlangern die Möglichkeit, die Landwirte zu schikanieren und auszuplündern. Vgl. Holm, S. 155 f.

28 D. h. er wird eine Prozeßformel ausstellen, nach der der Zehntpächter zu einer Buße verurteilt wird, die achtmal größer ist als der Wert des erhobenen Zehnten.

29 Die Steuerpächter (*publicani*) waren nur berechtigt, ihr angebliches Forderungsrecht durch Pfändung zu sichern; die gepfändeten Gegenstände blieben aber bis zu einer gerichtlichen Entscheidung Eigentum des Gepfändeten und durften nicht einfach weggenommen werden.

30 D. h. solange das Streitobjekt (das Getreide) noch im Besitz des Landwirtes ist.

31 Anspielung darauf, daß durch die Maßnahmen des Verres die Zahl der Landwirte sich verringert hatte und ein Teil des Ackerlandes brach lag. Vgl. 2,3,43.46 ff.80.120 ff.

32 *reicere*: eigentl. »verwerfen«. Beide Parteien hatten das Recht, bei der Auswahl der Richter eine bestimmte Anzahl abzulehnen. Im folgenden ein Wechselgespräch zwischen Verres und einem Bauern.

33 Vgl. 2,1,126.133; 2,3,84; 2,4,31.40.47; 2,5,146.

34 Der *conventus civium Romanorum* ist der Zusammenschluß aller in einer Provinzstadt ansässigen römischen Bürger. Aus dieser Bezirksversammlung mußten die Richter für bestimmte Angelegenheiten bestellt werden, u. a. auch die Schiedsmänner (*recuperatores*) für einen Prozeß zwischen einem Zehntpächter und einem Landwirt. Vgl. 2,2,32.

35 In diesem Falle wäre die Verwendung dieser Leute weniger unehrenhaft gewesen.

36 Gerichte wurden so besetzt, daß der Prätor aus dem Gesamtverzeichnis eine bestimmte Anzahl (gewöhnlich durch das Los) auswählte; vgl. auch Anm. 32.

37 *du*: der Landwirt; Wechsel von der dritten in die zweite Person, wie öfter bei Cicero.

38 *istos*, nämlich Leute, wie sie in § 28 erwähnt werden.

39 Der Zehntpächter stellte die Höhe des Ernteertrages fest und schloß dann mit dem Landwirt oder der Gemeinde ein schriftliches Abkommen (*pactio*) über die Höhe der Steuerschuld. Vgl. 2,3,112.

40 Die Dreschtennen waren damals unter freiem Himmel.

41 Der ursprüngliche Name des Monats August. Im Jahre 8 nach Augustus umbenannt.

42 Damit wurden den Zehntpächtern die Kosten des Transportes zum Verschiffungshafen abgenommen und den Zehntpflichtigen aufgebürdet. Septicius konnte aber dieser zweiten Verordnung, der er sich nicht entziehen konnte, ohne sich strafbar zu machen, nur nachkommen, wenn er die Bedingungen des ersten Edikts erfüllt hatte.

43 *vadimonium promittere*: eigentl. dem Kläger eine Bürgschaft dafür stellen, daß man vor Gericht erscheinen wird, um eine Klage gegen sich möglich zu machen.

44 D. h. von der Ost- an die Westküste. Leontinoi liegt zirka 40 km nordwestlich von Syrakus (heute Lentini).

45 Vgl. Anm. 27.

46 Vgl. 2,3,53 ff.112.

47 Das Erpressungsgesetz (*lex de pecuniis repetundis*).

48 Vgl. 2,1,129 ff.

49 Vgl. 2,2,104 f.

50 Vgl. 2,3,163.

51 Konsul 108.

52 Der Vater des berühmten Pompeius, Konsul 89.

53 Prätor 80, verwaltete die Provinz im Jahre 79.
54 Der Vater, C. Caecilius Metellus Caprarius (Konsul 113), und der Großvater, Q. Caecilius Metellus Macedonicus (Konsul 143), hatten sich durch erfolgreiche Feldzüge in Makedonien ausgezeichnet; beide erhielten einen Triumph zuerkannt.
55 Vgl. 2,2,51; 2,4,89 ff. sowie die *Rede gegen Caecilius* 2.13.
56 Cicero war im Jahre 75 Quästor in Lilybaeum; im Jahre 70 begab er sich erneut nach Sizilien, um Material gegen Verres zu sammeln.
57 Herbita: Stadt im Inneren Siziliens; Henna: Stadt in der Mitte der Insel (heute Enna); Murgantia: Stadt im Inneren der Insel, zirka 40 km westlich von Catina; Assoros: innersizilisches Städtchen zwischen Henna und Agyrion (heute Assaro); Imachara: innersizilisches Städtchen westlich des Ätna; Agyrion: Stadt im Inneren der Insel, zirka 25 km nordöstlich von Henna (heute Agira); Ätna: Stadt am Südhang des gleichnamigen Berges; Leontinoi: vgl. Anm. 44.
58 Sklaven des Venustempels auf dem Eryx, die Verres zu verschiedenen Diensten verwendete. Vgl. 2,2,92 und die *Rede gegen Caecilius* 55.
59 Vgl. 2,1,140 ff.
60 Vgl. 2,3,36 ff.
61 Vgl. 2,3,13.
62 Der Grieche ist Sklave gewesen, von Verres freigelassen worden und hat den Gentilnamen seines Patrons angenommen.
63 Im Jahre 80, als Verres Legat des Dolabella war; vgl. 2,1,54. Perge: Stadt in Pamphylien.
64 *Medimnos*: größte Hohlmaßeinheit bei den Griechen für Trockenes; 52,5 Liter.
65 Stadt im Inneren Siziliens, etwa 60 km nordwestlich von Syrakus (heute Mineo).
66 Ungenau: Centuripae gehörte nicht zu den *civitates foederatae*, war also nicht mit Rom durch einen förmlichen Vertrag verbündet. Vgl. 2,3,13.
67 Vgl. 2,5,139 ff.
68 Calidius wurde verurteilt. Vgl. 1,38.
69 Der Anführer im 2. sizilischen Sklavenaufstand (104–101). Vgl. 2,2,136; 2,3,125.
70 Verres war natürlich am Gewinn beteiligt; sonst hätte er das Vorgehen des Apronius nicht gebilligt.

71 Ein Komitee des Gemeinderates; es vertrat die Gemeinde in wichtigen Angelegenheiten vor der römischen Obrigkeit. Vgl. 2,2,162.

72 Freigelassene trugen den Namen des Mannes, der ihnen das Bürgerrecht verschafft hatte. Vgl. 2,2,20.23. Welchem Cornelier die Gefolgsleute des Verres diese Gunst verdankten, ist umstritten.

73 Zur Bedeutung der Formel in einem Prozeß vgl. 2,2,30 mit Anm. 49.

74 Die sizilische Lokalbehörde. Vgl. 2,234.

75 Seit der *lex frumentaria* des Gaius Gracchus erhielten die römischen Bürger verbilligtes, vom Staat subventioniertes Getreide.

76 Cicero rechnet hier für den Scheffel einen Preis von 18 Sesterzen. Vgl. 2,3,189, wonach der Höchstpreis des Maßes (= ein Sechstel Scheffel) 3 Sesterzen betrug.

77 Eine solche Prüfung war leicht und jeder Betrug unmöglich.

78 Vgl. 2,3,47.

79 Titel für eine höhere Charge im Gefolge des Statthalters. Ciceros Worte legen nahe, daß Verres dem Atidius für diese spezielle Aktion jenen Rang verliehen hat. Als Präfekt hat Atidius die Venussklaven bei sich und kann Quartier auf Gemeindekosten verlangen.

80 Vgl. Platon, *Alkibiades* I,123 b/c.

81 8100 Scheffel = 48600 Maß (1 Scheffel = 6 Maß).

82 Vgl. 2,1,104 ff.120.136 ff.

83 Vgl. 2,3,120 ff.

84 Sulla hatte nach seinem Sieg (Oktober 82) seine Gegner, die Marianer, für vogelfrei erklärt. Das Vermögen der Geächteten wurde konfisziert und versteigert. Sulla leitete selbst die Versteigerung; vgl. die *Zweite Rede über das Siedlergesetz* 56.

85 Sulla hatte Freunden und Anhängern Nachlaß auf die Kaufsumme gewährt, die sie für die Güter der Geächteten zu zahlen hatten.

86 Der Name legt nahe, daß es eine Gemeinde Akeste gegeben hat, die allerdings unbekannt ist.

87 Die römischen Magistrate bedienten sich in den Provinzen amtlicher Dolmetscher bei allen ihren Amtshandlungen. Es war unter ihrer Würde, mit den Untertanen in ihrer Muttersprache zu verhandeln, selbst wenn sie diese beherrschten. Cicero spielt hier mit der doppelten Bedeutung von *interpres*: das Wort bedeutet sowohl »Dolmetscher« als auch »Vermittler«, »Unterhändler«.

88 Insel im Norden Siziliens, die größte der nach ihr benannten Gruppe (heute Lipari).

89 Anders als im § 72 veranschlagt Cicero hier 15 Sesterzen für den Scheffel. Vgl. 2,3,90.173 f.

90 Städtchen am Ätna.

91 Den römischen Sklaven stand das Recht zu, durch Arbeit und Fleiß Vermögen zu erwerben. Zu diesem Sondervermögen (*peculium*) konnten auch Sklaven gehören, die sogenannten Stellvertreter (*vicarii*), die die niederen Arbeiten verrichteten.

92 Amestratos: unbedeutendes Städtchen im Norden der Insel (heute Mistretta).

93 Heraclius wurde also gezwungen, dem Caesius die Pacht abzukaufen. Vgl. 2,3,71 f.

94 Petra: Stadt im Inneren Siziliens.

95 C. Licinius Sacerdos war der Vorgänger des Verres als Stadtprätor (75) und als Statthalter von Sizilien (74).

96 Vgl. 2,3,13.

97 Vgl. 2,2,32.

98 Die Steuerpächter (*publicani*) rekrutierten sich vorwiegend aus dem Ritterstand.

99 C. Cassius Longinus war Konsul im Jahre 73.

100 Vgl. 2,3,18.

101 Es ist anzunehmen, daß die Thermitaner den Zehnten, d. h. die 8000 Scheffel Weizen, aufbringen mußten; die 7000 Maß waren der »Gewinn« (des Verres), die 2000 Sesterzen eine »Zugabe« (für Veneleius).

102 Vgl. 2,3,47.

103 Die 18000 Maß Weizen und die 3000 Sesterzen sind ebenfalls eine zusätzliche Leistung zu dem Zehnten von 8200 Scheffel (= 49200 Maß Weizen).

104 Stadt an der Nordküste Siziliens.

105 Dadurch entstanden zusätzliche Transportkosten.

106 Sikulerstadt im Südzipfel Siziliens (heute Modica).

107 Verres war vom Senat beauftragt worden, einen zweiten Zehnten gegen eine vom Senat festgesetzte Geldentschädigung (3 Sesterzen für den *modius*) einzuziehen. Vgl. 2,3,42.163.

108 Vgl. 2,3,178.

109 Vgl. 2,3,55.

110 Stadt im westlichen Sizilien (heute Rocca d'Entella).

111 Stadt an der Südküste Siziliens (heute Eraclea Minoa).

112 Stadt an der Südküste Siziliens (auch heute Gela).

113 Stadt an der Nordküste Siziliens (heute Castello di Solanto).

114 Catina: Stadt an der Ostküste (heute Catania).

115 Stadt an der Nordküste (heute S. Maria di Tindaro).
116 Ebenfalls Stadt an der Nordküste (heute Cefalù).
117 Stadt in der Nähe der Nordküste (heute S. Marco d'Alunzio).
118 Stadt in der Nähe der Nordküste (heute S. Fratello).
119 Städtchen im Inneren der Insel.
120 Städtchen im Inneren der Insel (heute Capizzi).
121 Städtchen im Südzipfel Siziliens.
122 Sikulerstadt im Inneren der Insel.
123 Innersizilisches Städtchen (heute Assaro).
124 Stadt im Südosten der Insel.
125 Stadt im Inneren Siziliens (heute S. Giuseppe Jato).
126 Cetaria: Städtchen an der Nordküste.
127 Schera: Städtchen im Inneren Siziliens.
128 50 000 Scheffel = 300 000 Maß. Vgl. 2,3,77.
129 Ein Maß Weizen kostete 2–3 Sesterzen (vgl. 2,3,189); 90 000 Sesterzen entsprechen also 30 000–45 000 Maß.
130 Cicero berücksichtigt hier nur den ursprünglichen Überschuß von 324 000 Maß (Vgl. 2,3,116). Die Pachtsumme betrug 216 000 Maß. Davon die Hälfte: 108 000. Zählt man sie zusammen, kommt man auf 324 000 Maß.
131 Konsul 83, Statthalter von Sizilien i. J. 87.
132 Für den Zehnten jeder Gemeinde. Vgl. 2,3,76.89.99 u. ö.
133 Vgl. 2,3,101 mit Anm. 106.
134 Vgl. 2,3,47 mit Anm. 57.
135 Vgl. 2,3,47 mit Anm. 57.
136 Vgl. 2,2,12.64 f.139.156.
137 Gemeint sind der erste und zweite Krieg gegen Karthago (264–241 und 218–201).
138 Gemeint sind die Sklavenaufstände der Jahre 135–132 und 104–101.
139 In den Jahren 209–207 Statthalter von Sizilien.
140 Der Urheber des Rupilischen Gesetzes (Vgl. 2,2,39; 2,3,92 u. ö.); als Konsul des Jahres 132 beendete er den ersten Sklavenaufstand.
141 Konsul 101; er warf den zweiten Sklavenaufstand nieder.
142 Sohn des Hanno, karthagischer Feldherr während des 1. Punischen Krieges.
143 Der Anführer im zweiten Sklavenaufstand.
144 Vgl. 2,3,103 mit Anm. 124.
145 Des Gerüchtes, daß er mit Hilfe der Zehntpächter die Provinz ausplündere.

146 Beide Parteien schließen eine Prozeßwette (*sponsio*) ab, daß der Unterliegende dem Sieger die vereinbarte Summe zahlen werde. Vgl. 2,5,141 und Gaius, *Institutionen* IV,93.

147 Vgl. 2,3,132.

148 Der Nachsatz läßt sich leicht ergänzen: »gelobst du dann feierlich, die vereinbarte Summe zu zahlen?«

149 L. Cassius Longinus Ravilla (Konsul 127) war ein besonders strenger Richter; vgl. die *Rede für Sex. Roscius* 84 f.

150 Vgl. die *Rede gegen Caecilius* 29.

151 D. h. zu erklären, daß er das vereinbarte Geld erhalten habe und deshalb auf die Prozeßwette verzichte, wodurch jeder Skandal vermieden worden wäre.

152 Vgl. 2,3,40 ff.

153 Vgl. 2,3,117.

154 Minucius war bereit, für die Pacht 30 000 Maß mehr zu bieten als Apronius; sicherlich wäre er auch bereit gewesen, Apronius einen Gewinn in gleicher Höhe zukommen zu lassen. Wenn dieser ablehnte, dann im Einvernehmen mit Verres, da beide einen noch höheren Gewinn erlangen zu können meinten.

155 C. Octavius (Prätor um 78, Konsul 75) hatte als erster eine Formel in das prätorische Edikt aufgenommen, die auf die Rückerstattung der abgepreßten Gewinne zielte.

156 Vgl. 2,2,64.138.

157 Vgl. 2,2,69 ff.80.108.133 f; 2,3,175 f. u. ö.

158 L. Papirius Potamo: Vgl. 2,3,137.

159 Ironisch: Timarchides stammte aus der Klasse der Freigelassenen. Cicero findet es lächerlich, daß er, wie es die höheren Beamten zu tun pflegten, seinem Namen die Amtsbezeichnung hinzufügte.

160 Der Ausdruck *caede, concide* ist ein Zuruf an die Gladiatoren; daneben hat er einen obszönen Sinn.

161 Cicero tut absichtlich so, als ob die Worte des Timarchides sich auf das Gefolge des Verres (»in euer Gefolge«) beziehen und nicht auf das des Metellus.

162 C. Licinius Sacerdos und Sex. Peducaeus waren als Statthalter von Sizilien (74 und 76–75) die Amtsvorgänger des Verres.

163 Vgl. 2,2,69 f.133 ff.

164 Vgl. 5,113.118 f. u. ö.

165 Vgl. 2,1,113.151 f.

166 C. Laelius: der Freund des jüngeren Scipio (Konsul 140); nach ihm hat Cicero seine Schrift *De amicitia* benannt. M. Porcius

Cato: der berühmte Zensor (Konsul 195); nach ihm hat Cicero seine Schrift *De senectute* benannt.

167 Vgl. 1,22 ff. Nach Cicero war der Vater des Verres zunächst Geldausteiler, danach Senator.

168 M. Terentius Varro Lucullus und C. Cassius Longinus waren im Jahre 73 Konsuln.

169 Vgl. 2,2,5.

170 Das Geld wurde Verres nicht von Rom geschickt, sondern er wurde angewiesen, es bei der Bank der sizilischen Steuerpachtgesellschaften, die ja mit dem Staat in geschäftlichen Beziehungen standen, abzuheben. Er ließ das Geld auf der Bank stehen und vereinbarte den hohen Zinssatz von zwei Prozent monatlich (24 % jährlich). Das war das Doppelte des sonst in den Provinzen üblichen Zinssatzes.

171 Vgl. 2,2,172 ff.

172 Vgl. 2,2,169.

173 Vgl. 2,3,94.

174 Der Statthalter durfte in der Provinz keine Geschäfte machen. Solche Erwerbstätigkeit fiel unter das Repetundengesetz.

175 Halaesa war nicht zehntpflichtig. Vgl. 2,3,13.

176 *Frater* bedeutet hier »Vetter«. L. Tullius Cicero, der Vetter unseres Cicero, begleitete diesen nach Sizilien und half ihm bei den Ermittlungen. Vgl. 2,4,25.137.145.

177 Den eigentlichen und den zweiten Zehnten. Den eigentlichen Zehnten nahm Verres entgegen, den zweiten wies er zurück. Vgl. 2,3,173.

178 An den Schreiber Maevius. Vgl. 2,3,175.

179 Thermai: vgl. 2,3,18; Kephaloidion: vgl. 2,3,103; Amestratos: vgl. 2,3,88; Thyndaris: vgl. 2,3,103; Herbita: vgl. 2,3,47.

180 Gemeint ist das zusätzlich auferlegte Getreide (*frumentum imperatum*). Für den zweiten Zehnten hatte Verres eine Vergütung von 18 Sesterzen erhalten. Vgl. 2,3,163.

181 Insofern Verres zugäbe, die Pächter, denen er das Geld anvertraut, nicht genug kontrolliert zu haben.

182 Vgl. 2,3,185 ff.

183 Vgl. 2,1,34 ff.

184 Vgl. 2,1,90 und 95 ff.

185 Als dem Statthalter von Sizilien.

186 Vgl. 2,3,13.

187 Für verbrauchtes Wachs. Die Geschäftsbücher der Römer waren

zusammenklappbare Holztafeln, die mit einer Wachsschicht überzogen waren.

188 Vermutlich im Jahre 80.

189 Diese Leute, die ursprünglich Schauspieler waren, verschafften sich mit ihren Ersparnissen den Zugang zum Beruf eines Schreibers. Cicero findet es unverschämt, daß sie behaupten, sie seien in die zweite Klasse der römischen Bürgerschaft, d. h. in den Ritterstand, aufgestiegen.

190 Dem Senatorenstande.

191 C. Porcius Cato, ein Enkel des Zensors (Konsul 114) wurde wegen Erpressungen in seiner Provinz Makedonien verurteilt. Vgl. 2,4,22.

192 Den goldenen Ring trugen die Ritter. Wer zum Ritterstand gehören wollte, mußte ein Vermögen von mindestens 400000 Sesterzen aufweisen.

193 Kranz, Brustschmuck und Halskette waren militärische Auszeichnungen.

194 Vgl. 2,5,80 ff.

195 D. h. mit so viel Mitteln auszustatten, wie sie für die Zugehörigkeit zum Ritterstande erforderlich waren. Vgl. Anm. 192.

196 Verres addierte die Zahl der Scheffel ohne Rücksicht darauf, ob es sich um Weizen oder die billigere Gerste handelte, und verlangte von den Landwirten einen Einheitspreis von 3 Denaren (= 12 Sesterzen).

197 Der Senat hatte eine Vergütung von 1 Denar für das Maß Getreide bewilligt. Verres zahlte diese Vergütung nicht an die Landwirte. Außerdem verlangte er von ihnen die Differenz zwischen dieser Vergütung und seinem Richtpreis (2 Denare); er schädigte die Landwirte also um 3 Denare. Vgl. 2,3,197.

198 Stadt im östlichen Phrygien, etwa 400 km von Ephesus entfernt.

199 Vgl. 2,3,47.

200 Phintias: Stadt an der Südküste Siziliens, etwa 60 km von Henna entfernt; Halaesa: vgl. 2,3,13, etwa 50 km von Henna entfernt; Catina: vgl. 2,3,103, etwa 70 km von Henna entfernt.

201 L. Calpurnius Piso Frugi (Konsul 133) brachte als Volkstribun das Repetundengesetz ein.

202 D. h. solche, die auch Vermögen oder Häuser besitzen.

203 Vgl. 2,3,103.

204 Hier ist das ganze Getreide gemeint, das für das römische Volk bestimmt ist, sowohl der eigentliche Zehnte als auch das Kaufgetreide.

205 Für Entscheidungen in Zivilsachen. Vgl. 2,1,119 ff; 2,2,17 ff.

206 Bei einem Strafurteil. Vgl. 2,2,68 ff.

207 Vgl. 2,3,160. Der ältere Scipio (Africanus Maior) war Statthalter von Sizilien (205); der Zensor Cato und der jüngere Scipio (Aemilianus Africanus Minor) waren Oberbefehlshaber in Spanien (195 und 134/133); auch Laelius scheint dort ein Kommando gehabt zu haben.

208 Q. Lutatius Catulus: Konsul 107; Marius hatte in den Jahren 107–105 das Kommando in Afrika inne; Q. Mucius Scaevola, der Pontifex: Konsul 95, verwaltete um 98 Asien; M. Aemilius Scaurus: während seines Konsulates Oberbefehlshaber im diesseitigen Gallien (115); Q. Metellus: Konsul 109, der Vorgänger des Marius in Afrika (109/108).

209 P. Servilius Vatia Isauricus: vgl. 2,1,56; Q. Lutatius Catulus: Konsul 78, vgl. 1,44.

210 Q. Caecilius Metellus Macedonicus: vgl. 2,3,43.

211 C. Claudius Marcellus (Prätor 80) hatte im Jahre 79 Sizilien verwaltet. Vgl. 2,3,42 und die *Rede gegen Caecilius* 13.

212 M. Aemilius Lepidus (Konsul 78) war im Jahre 80 Statthalter von Sizilien.

213 M. Antonius Creticus (Prätor 74), der Sohn des Redners und Vater des Triumvirn, hatte, wie 67 Pompeius, ein außerordentliches Kommando zur Bekämpfung der Seeräuber erhalten (74–71). Seine Vollmachten erstreckten sich auf alle Küsten. Vgl. 2,2,8 und die *Rede gegen Caecilius* 55.

214 Vgl. 2,3,90.156.

215 Vgl. 2,3,156.

216 Da er den Überschuß an Getreide zu einem höheren Preis verkaufen konnte.

217 Er war in den Jahren 93–87 Statthalter von Makedonien.

218 Gegen L. Aurelius Cotta, der damals, im Herbst des Jahres 70, für seinen Gesetzesantrag warb, den Senatoren die alleinige Wahrnehmung des Richteramtes zu entziehen und die Gerichtshöfe paritätisch mit Senatoren, Rittern und Ärartribunen zu besetzen (vgl. 2,2,174; 2,5,177 f. sowie 1,43 ff. und die *Rede gegen Caecilius* 8); die geheiligte Stätte: die Rednerbühne (*rostra*) auf dem Forum.

Zum Text

Der lateinische Text folgt der Ausgabe von G. Peterson, *M. Tulli Ciceronis Orationes*, Bd. 3, Oxford: Clarendon Press, 1907, [2]1917 (Repr. 1930 [u. ö.], zuletzt 1978). An folgenden Stellen liegt der Übersetzung eine andere Lesart zugrunde.

	Peterson	*Reclam*
3	cum [. . .] praecipitur	quamquam [. . .] perspicitur
22	recordamini	cogitate ac recordamini
51	anno tertio te edixisse	te edixisse
66	pulsari alios, alios autem verberari	pulsari autem alios et verberari
	praetoriae leges, iudicia	populi Romani leges, iudicia in socios fidelis, provinciam suburbanam
	Athenio, rex fugitivorum	Athenio
67	in aliam civitatem occurere	aliam civitatem occupare
85	te praetore	ante te praetorem
119	[sibi]	sibi
123	utrum Metellum	utrum L. Metellum
154	SALUTEM	APRONIO SALUTEM
159	non dicerem	dicerem
168	in matrimonio, tuae frater uxoris	in matrimonio
	casu scribae	casu
186	tuarum	tuarum male gestarum
200	vestris	nostris

Literaturhinweise

Ausgaben und Übersetzungen

Fuhrmann, M. (Hrsg.): M. Tullius Cicero. Sämtliche Reden. Bd. 4. Zürich/München: Artemis, 1971. ²1982.

Greenwood, L.H.G.: Cicero. The Verrine Orations. Bd. 2. Cambridge (Mass.): Harvard University Press, 1935. Repr. 1953. [Mit engl. Übers.]

Klotz, A. (Hrsg.): M. Tulli Ciceronis scripta quae manserunt omnia. Fasc. 13. Leipzig: B. G. Teubner, 1923.

Peterson, G. (Hrsg.): M. Tulli Ciceronis Orationes. Bd. 3. Oxford: Clarendon Press, 1907. ²1917. Repr. 1930 [u. ö., zuletzt 1978].

Sekundärliteratur

Albrecht, M. v.: M. Tullius Cicero. Sprache und Stil. In: Paulys Realencyclopädie der classischen Altertumswissenschaft. Suppl.-Bd. 13. Stuttgart 1973. Sp. 1238–1347.

Berger, D.: Cicero als Erzähler. Frankfurt a. M. / Bern / Las Vegas 1978.

Büchner, K.: Cicero. Heidelberg 1964.

Clarke, M. L.: Die Rhetorik bei den Römern. Göttingen 1968.

Degenkolb, H.: Die Lex Hieronica und das Pfändungsrecht der Steuerpächter. Berlin 1861.

Drumann, W. / Groebe, P.: Geschichte Roms. Bd. 5,2. Leipzig 1919. S. 277–349.

Eisenhut, W.: Einführung in die antike Rhetorik und ihre Geschichte. Darmstadt 1977.

Erren, M.: Einführung in die antike Kunstprosa. Darmstadt 1983.

Fuhrmann, M.: Narrative Techniken in Ciceros Zweiter Rede gegen Verres. In: Der altsprachliche Unterricht 23,3 (1980) S. 5–17.

Gelzer, M.: Cicero. Wiesbaden 1968.

Habermehl, H.: C. Verres. In: Paulys Realencyclopädie der classischen Altertumswissenschaft. Bd. 8 A 2. Stuttgart 1958. Sp. 1561–1633.

Holm, A.: Geschichte Siziliens im Altertum. Bd. 3. Leipzig 1898.

Neumeister, C.: Grundsätze der forensischen Rhetorik gezeigt an Gerichtsreden Ciceros. München 1964.

Seel, O.: Cicero. Stuttgart 1953.
Stevenson, D.: Roman Provincial Administration till the Age of the
  Antonines. Oxford 1971.
Stocton, G. H.: Cicero. Oxford 1971.
Zielinski, Th.: Verrina – Chronologisches, Antiquarisches, Juristi-
  sches. In: Philologus 52 (1893) S. 248–294.

Nachwort

Das dritte Buch der zweiten Rede trägt die Überschrift *De frumento*. In »Kornrede«, wie man dieses Buch genannt hat, behandelt Cicero den wichtigsten und am schwersten wiegenden Punkt seiner Anklage. Die größte Bedeutung Siziliens lag für Rom zu Ciceros Zeiten in der Fruchtbarkeit dieser Provinz: sie lieferte in der Hauptsache das für die Versorgung der hauptstädtischen Bevölkerung erforderliche Brotgetreide[1]. Wie sehr Rom auf das sizilische Getreide angewiesen war, geht daraus hervor, daß den Siziliern jede Ausfuhr nach anderen Ländern verboten war. Es gab drei Arten von Getreidelieferung, zu denen die Sizilier verpflichtet waren: das *frumentum decumanum* (»das Zehntgetreide«), das *frumentum emptum* (»das Kaufgetreide«), das *frumentum aestimatum* (»das Schätz-« oder »Richtpreisgetreide«)[2].

Cicero beginnt das dritte Buch – wie üblich in der Rhetorik – mit einer *Praefatio* (Einleitung), die nichts zum Thema beiträgt, sondern die Richter einstimmen und seine Anklage als moralisch erforderlich begründen soll (1–9). Es folgt eine kurze *Disposition*: Cicero kündigt an, daß er sich zuerst mit dem Zehntgetreide, dann mit dem »Kauf-« und schließlich mit dem »Schätzpreisgetreide« befassen wolle (10–12).

Der erste Punkt, die Zehntabgabe, nimmt den größten Teil des Buches ein (12–163). Cicero legt hier dar, daß Verres aus dem Zehntgeschäft zum Schaden Roms unermeßliche Gewinne gezogen habe. Zu diesem Zweck mußte er sich zunächst einmal mit den Zehntpächtern verbünden (und zwar mit solchen, die sich leicht als Werkzeuge mißbrauchen ließen) und zum anderen durch sein Verordnungsrecht (*ius edicendi*) die Schutzbestimmungen aufheben, die die Steuerordnung des syrakusanischen Königs Hieron II. (275–215 v. Chr.) den Landwirten gewährte. An diese *lex Hieronica* hatten sich bisher alle Statthalter gehalten, und auch der

1 Vgl. 2,2,5; 3,11.
2 Vgl. 2,3,12 mit Anm. 10.

255

Nachfolger des Verres, L. Metellus, hielt sich wieder an sie. Durch die Mißachtung dieser Verordnung lieferte Verres die Landwirte der Willkür seiner Handlanger aus, die unter dem Namen von Zehntpächtern (*nomine decumanorum*) für ihn die Provinz ausbeuteten. Eine der übelsten dieser Kreaturen war Q. Apronius.

Um seinen Werkzeugen eine möglichst große Handlungsfreiheit zu geben und die Steuerpflichtigen ihrer Willkür auszuliefern, erließ Verres ein Edikt, in dem er bestimmte, daß es im Ermessen der Steuerpächter liege, die Höhe der Steuerschuld festzusetzen, und daß die einheimischen Behörden verpflichtet seien, zwangsweise die vom Zehntpächter festgesetzte Getreidemenge einzuziehen. Zwar konnte sich der Zehntpflichtige wehren, indem er dagegen Klage vor Gericht erhob. Doch jetzt mußte er dartun, daß ihm Unrecht geschehen sei, während früher der Zehntpächter seinen Anspruch beweisen mußte. Außerdem fiel jetzt die strittige Getreidemenge sofort dem Zehntpächter als Besitz zu, während er früher nur ein Pfand nehmen durfte. Freilich war das Strafmaß für den Verurteilten verschieden hoch: entschied das Gericht gegen den Zehntpächter, so mußte er den achtfachen Betrag des zu Unrecht Erhobenen erstatten, der Zehntpflichtige aber im Falle seiner Verurteilung nur den vierfachen. Verres versuchte dadurch den Anschein zu erwecken, er sei gegen die Landwirte weniger streng. Doch der Zehntpächter konnte die Höhe der Zehntabgabe festsetzen, hatte es also gar nicht nötig, sich an ein Gericht zu wenden. Der Landwirt dagegen konnte es gar nicht wagen, eine Klage zu erheben, da er wußte, daß Verres nur willfährige Leute aus seinem Gefolge zu Richtern bestellen würde. So ist es kein Wunder, daß während der dreijährigen Statthalterschaft des Verres kein Landwirt von seinem Klagerecht Gebrauch gemacht hat, da er befürchten mußte, noch obendrein verspottet zu werden.

Verres ordnete ferner an, daß jeder zehntpflichtige Landwirt alljährlich eine »Erklärung« (*professio*) über die Größe des von ihm bebauten Landes und über die Aussaat angeben müsse. Das war an sich eine sehr vernünftige Maßnahme (vgl.

256

Anm. 27); Verres hatte den Erlaß aber nicht in ehrlicher Absicht bekanntgegeben, sondern benutzte ihn dazu, die Landwirte zu schikanieren und auszuplündern, wie Cicero an mehreren Beispielen zeigt (53 ff.).

Die Beutegier des Verres verschonte nicht einmal angesehene römische Ritter, die in Sizilien als Landwirte tätig waren. Ihnen war schwerer beizukommen als den einheimischen Pächtern. Um nun auch sie gefügig zu machen, mußte Verres sich etwas einfallen lassen. Er erließ zwei *edicta repentina* (plötzliche, für einen bestimmten Fall gemachte Erlasse). Das erste Edikt verbot, das Getreide von der Tenne (und die lag unter freiem Himmel) zu entfernen und in die Scheune zu bringen, bevor ein Abschluß (*pactio*) mit dem Zehntpächter zustande gekommen sei. Doch führte dieses Edikt nicht immer zum Ziel. Es gab Landwirte, wie Septicius (36 ff.), die aus Trotz lieber ihr Getreide verderben ließen, als unter Zwang einen ungünstigen Abschluß einzugehen. Deshalb bestimmte Verres in einem zweiten Edikt, alle Zehntlieferungen müßten bis zum 1. August ans Meer geschafft werden. Dieser Anordnung mußte sich jeder fügen, wollte er sich nicht einer Bestrafung aussetzen. Um aber das Getreide ans Meer liefern zu können, mußte der Zehntpflichtige natürlich zu den Bedingungen des Zehntpächters abschließen. So mußte sich auch Septicius den ungerechten Forderungen des Apronius beugen.

So erging es mehreren römischen Rittern. Aber selbst Senatoren wurden nicht verschont, und sogar die Gattin eines ehemaligen Konsuls verlor die gesamte Ernte ihrer im leontinischen Gebiet gelegenen Güter.

Im allgemeinen wurden die Abgaben einer Gemeinde nicht einzeln, sondern zusammen vergeben. In diesem Falle wendeten Verres und seine Helfer folgendes Verfahren an: Außer dem eigentlichen Zehnten verlangten sie noch eine als »Gewinn« des Zehntpächters ausgegebene Getreidelieferung, die Verres für sich nahm, und eine zusätzliche Barzahlung, die der Zehntpächter als Entschädigung für den ihm entgangenen Gewinn aus dem Zehntgeschäft erhielt.

Diese Steuerpolitik des Verres und die Willkürakte seiner Helfer hatten verderbliche Folgen für die Landwirtschaft Siziliens: Es setzte eine allgemeine Landflucht ein, die Zahl der Landwirte und Pächter sank erheblich. L. Metellus, der Nachfolger des Verres, berichtete in einem Schreiben, das er nach Rom sandte, daß die erwartete Menge Getreide nicht geliefert werden könne, da es infolge des Mangels an Landwirten nicht möglich sei, alle Felder zu bebauen. Den Schaden, den die Mißwirtschaft des Verres anrichtete, trug also im Grunde das römische Volk, wie Cicero wiederholt betont.

Zum Abschluß dieses ersten Teiles legt Cicero mit aller Deutlichkeit dar, daß Verres bei allen Räubereien der eigentliche Nutznießer war. Er hätte sonst wohl kaum die Gefahr einer zu erwartenden Anklage wegen Erpressungen auf sich genommen, wenn ihn nicht seine Habgier und die Höhe seiner Gewinne blind gemacht hätten.

Der zweite Teil des dritten Buches befaßt sich mit dem *frumentum emptum*, dem »Kaufgetreide« (163–187). Wenn das Zehntgetreide zur Versorgung der römischen Bevölkerung nicht ausreichte, konnte der Senat den sizilischen Statthalter anweisen, für einen bestimmten Preis eine bestimmte Menge Getreide in seiner Provinz zu kaufen. Verres war nun auf Grund der *lex Cassia et Terentia* vom Jahre 73 vom Senat beauftragt worden, in allen drei Jahren seiner Statthalterschaft solche Getreidekäufe vorzunehmen; das dafür erforderliche Geld wurde ihm aus der Staatskasse angewiesen. Wie Cicero darlegt, verstand es Verres, sich an diesen Geldern auf dreifache Weise zu bereichern. Einmal ließ er das Geld mit 2 % monatlichen Zinsen (24 % jährlich) auf der Bank stehen, obwohl das Ausleihen öffentlicher Gelder gegen Zinsen strafbar war. Doch damit nicht zufrieden, wandte er noch folgenden Trick an: Bei einigen Gemeinden wies er das Getreide zurück, da es nicht brauchbar sei, und ließ sich statt des Getreides Geld geben; den zum Ankauf bestimmten Betrag behielt er zurück. Die Lieferungen nach Rom bestritt er aus den Vorräten, die er aus den überhöhten Zehntforderungen erhalten hatte. Schließlich zahlte er keiner Gemeinde und

keinem Landwirt den ihnen zustehenden Kaufpreis voll aus, da er unter dem Vorwand eines Aufschlages beim Geldwechsel und einer Siegelgebühr Abzüge machen ließ und außerdem sein Schreiber mit seiner Billigung eine Prüfungsgebühr von 4 % einbehielt.

Im dritten Hauptteil (188–225) behandelt Cicero die Getreidelieferungen, die für den Haushalt des Statthalters bestimmt waren und auf die er einen Anspruch hatte, das *frumentum in cellam* oder *frumentum aestimatum*. Für dieses Getreide hatte der Senat eine bestimmte Entschädigungssumme festgesetzt. Doch auch hierbei nutzte Verres seine Stellung zu seinem Vorteil aus. Der Landwirt oder die Gemeinde hatte die Kosten des Transportes nach dem vom Statthalter gewünschten Ort zu tragen. Außerdem war der vom Senat bewilligte Kaufpreis oft niedriger als der freie Marktpreis (*annona*). Infolgedessen war in allen Provinzen der Brauch aufgekommen, den Statthalter um die Festsetzung eines Schätz- oder Richtpreises (*aestimatio*) zu bitten und ihm an Stelle des Getreides die Differenz zwischen dem vom Senat bewilligten Kaufpreis und dem Richtpreis zu zahlen. So behielt man sein Getreide und konnte es vielleicht später teurer verkaufen und einen kleinen Gewinn machen.

Der Statthalter war grundsätzlich berechtigt, den höchsten Preis anzusetzen, der an irgendeinem Orte seines Amtsbereiches gezahlt wurde. Nun lag zur Zeit des Verres der Marktpreis um fast die Hälfte niedriger als der amtliche Kaufpreis. Verres hätte deshalb den Landwirten einen Gewinn zukommen lassen können, indem er den vom Senat bewilligten Preis gezahlt hätte, oder er hätte das Getreide mit dem Tageshöchstpreis bezahlen und das überschüssige Geld an die Staatskasse zurückzahlen oder es auch für sich behalten können, was gesetzlich erlaubt war. Verres tat nichts dergleichen. Er schlug zunächst die zu liefernde Gerste zum Weizen hinzu. Dann verlangte er für das zu liefernde Getreide, und zwar für die fünffache Menge des Getreides, das ihm rechtlich zustand, das Dreifache des amtlichen Preises und das Vierbis Sechsfache des Marktpreises. Auf diese Summe rechnete

259

er das Drittel an, das der Senat als Kaufpreis bewilligt hatte; den Rest trieb er bei den Lieferpflichtigen ein.

Cicero legt daher in einem Schlußwort (226–228) dar, daß ein großer Teil der Landwirte völlig ruiniert sei und daß das künftige Schicksal der sizilischen Landwirtschaft vom Ausgang dieses Prozesses abhänge.

Das dritte Buch, das längste unter den langen Büchern der zweiten Rede, weist eine gewisse Eintönigkeit und Sprödigkeit auf, obwohl Cicero es an dem üblichen rhetorischen Feuerwerk nicht fehlen läßt, um die Rücksichtslosigkeit und Raffiniertheit des Verres und seiner Helfershelfer ins hellste Licht zu rücken. Cicero reiht oft gleichartige Vorgänge aneinander, spricht über Anbauflächen und Ernteerträge, über Markt- und Richtpreise, über Steuerberechnungen und bietet Zahlen über Zahlen. Vergebens sucht man nach dramatischen Berichten und interessanten Episoden, wie sie sonst die Verres-Reden schmücken. Cicero ist sich dessen bewußt und bereitet seinen Leser auf diesen Umstand vor. Er sagt gleich zu Anfang (3,10): »Bei meinem ganzen früheren Vortrag hatte ich in euch sehr aufmerksame Zuhörer; das war mir höchst willkommen. Doch es wird mir noch viel willkommener sein, wenn ihr auch auf das weitere eure Aufmerksamkeit richten wollt; denn bei alledem, was bisher gesagt wurde, bot schon allein die Mannigfaltigkeit und Neuheit der Gegenstände und Verbrechen eine gewisse Unterhaltung; doch jetzt haben wir vor, das Getreidewesen zu behandeln, einen Gegenstand, der durch die Größe des Unrechts und in der Sache selbst die übrigen Vorwürfe noch übertrifft, aber bei der Behandlung weniger Ansprechendes und Abwechslungsreiches bieten wird.«

Inhalt

De frumento / Kornrede	4
Anmerkungen	239
Zum Text	251
Literaturhinweise	253
Nachwort	255

Römische Literatur

IN RECLAMS UNIVERSAL-BIBLIOTHEK

Cicero

Briefwechsel mit M. Brutus. Lat./dt. (M. Giebel) 7745 [2]

Cato der Ältere. Über das Greisenalter. (E. v. Reusner) 803

De finibus bonorum et malorum / Über das höchste Gut und das größte Übel. Lat./dt. (H. Merklin) 8593 [6]

De imperio Cn. Pompei ad Quirites oratio / Rede über den Oberbefehl des Cn. Pompeius. Lat./dt. (O. Schönberger) 9928

De officiis / Vom pflichtgemäßen Handeln. Lat./dt. (H. Gunermann) 1889 [5]

De oratore / Über den Redner. Lat./dt. (H. Merklin) 6884 [8]

De re publica / Vom Gemeinwesen. Lat./dt. (K. Büchner) 9909 [5]

Drei Reden vor Caesar. Für Marcellus. Für Ligarius. Für den König Deiotarus. (M. Giebel) 7907

Gespräche in Tusculum. (O. Gigon) 5027 [5]

Laelius, Über die Freundschaft. (R. Feger) 868

Philippische Reden gegen M. Antonius. Erste u. zweite Rede. Lat./dt. (M. Giebel) 2233 [3]

Pro A. Licinio Archia poeta oratio / Rede für den Dichter A. Licinius Archias. Lat./dt. (O. Schönberger) 1268

Pro P. Sestio oratio / Rede für P. Sestius. Lat./dt. (G. Krüger) 6888 [3]

Rede für Sextus Roscius aus Ameria. Lat./dt. (G. Krüger) 1148 [2]

Rede für Titus Annius Milo. Mit d. Komm. des Asconius. Lat./dt. (M. Giebel) 1170 [2]

Rede über den Oberbefehl des Cn. Pompeius. Rede für den Dichter A. Licinius Archias. (O. Schönberger) 8554

Reden gegen Verres I. Lat./dt. (G. Krüger) 4013 [2] – II. 4014 [2] – III. 4015 [2] – IV. 4016 [3]

Über den Staat. (W. Sontheimer) 7479 [2]

Über die Rechtlichkeit (de legibus). (K. Büchner) 8319 [2]

Vier Reden gegen Catilina. (D. Klose / K. Büchner) 1236

Vier Reden gegen Catilina. Lat./dt. (D. Klose / K. Büchner) 9399 [2]

Die Namen in Klammern geben die Übersetzer bzw. Herausgeber an.

Philipp Reclam jun. Stuttgart

Römische Literatur

IN RECLAMS UNIVERSAL-BIBLIOTHEK

Geschichtsschreibung

Augustus, *Res gestae / Tatenbericht*. Lat./griech./dt. (M. Giebel) 9773 [2]

Caesar, *Der Bürgerkrieg*. (M. Deißmann) 1090 [3] – *Der Gallische Krieg*. (M. Deißmann) 1012 [4] – *De bello Gallico / Der Gallische Krieg*. Lat./dt. (M. Deißmann) 9960 [8]

Livius, *Ab urbe condita. Liber I / Römische Geschichte. 1. Buch*. Lat./dt. (R. Feger) 2031 [3] – *Ab urbe condita. Liber II / Römische Geschichte. 2. Buch*. Lat./dt. (M. Giebel) 2032 [3] – *Ab urbe condita. Liber III / Römische Geschichte. 3. Buch*. Lat./dt. (M. Fladerer) 2033 [3] – *Römische Geschichte. Der Zweite Punische Krieg*. (W. Sontheimer) I. Teil. 21.–22. Buch. 2109 [2] – II. Teil. 23.–25. Buch. 2111 [2] – III. Teil. 26.–30. Buch. 2113 [3]

Cornelius Nepos, *Atticus*. Lat./dt. (R. Feger) 994

Sallust, *Bellum Iugurthinum / Der Krieg mit Jugurtha*. Lat./dt. (K. Büchner) 948 [3] – *Historiae / Zeitgeschichte*. Lat./dt. (O. Leggewie) 9796 – *Die Verschwörung des Catilina*. (K. Büchner) 889 – *De coniuratione Catilinae / Die Verschwörung des Catilina*. Lat./dt. (K. Büchner) 9428 [2] – *Zwei politische Briefe an Caesar*. Lat./dt. (K. Büchner) 7436

Sueton, *Augustus*. Lat./dt. (D. Schmitz) 6693 [3] – *Nero*. Lat./dt. (M. Giebel) 6692 [2]

Tacitus, *Agricola*. Lat./dt. (R. Feger) 836 [2] – *Annalen I–VI*. (W. Sontheimer) 2457 [4] – *Annalen XI–XVI*. (W. Sontheimer) 2642 [4] – *Dialogus de oratoribus / Dialog über die Redner*. Lat./dt. (H. Gugel / D. Klose) 3728 [2] – *Germania*. (M. Fuhrmann) 726 – *Germania*. Lat./dt. (M. Fuhrmann) 9391 [2] – *Historien*. Lat./dt. 8 Abb. u. 6 Ktn. (H. Vretska) 2721 [8] (auch geb.)

Velleius Paterculus, *Historia Romana / Römische Geschichte*. Lat./dt. (M. Giebel) 8566 [5]

Die Namen in Klammern geben die Übersetzer bzw. Herausgeber an.

Philipp Reclam jun. Stuttgart

Römische Literatur

IN RECLAMS UNIVERSAL-BIBLIOTHEK

Vermischte Prosa

Apuleius, *Das Märchen von Amor und Psyche*. Lat./dt. (K. Steinmann) 486 [2]

Augustinus, *Bekenntnisse* (K. Flasch / B. Mojsisch) 2792 [6] – *De beata vita / Über das Glück*. Lat./dt. (Schwarz-Kirchenbauer/ Schwarz) 7831 [2] – *De vera religione / Über die wahre Religion*. Lat./dt. (W. Thimme / K. Flasch) 7971 [3]

Boethius, *Trost der Philosophie*. (K. Büchner / F. Klingner) 3154 [2]

Eugippius, *Vita Sancti Severini / Das Leben des heiligen Severin*. Lat./dt. (Th. Nüßlein) 8285 [2]

Marc Aurel, *Selbstbetrachtungen*. (A. Wittstock) 1241 [2]

Petron, *Satyricon*. (H. C. Schnur) 8533 [3]

Plinius der Jüngere, *Briefe*. (M. Schuster) 7787 – *Der Briefwechsel mit Kaiser Trajan. Das 10. Buch der Briefe*. Lat./dt. (M. Giebel) 6988 [2] – *Epistulae / Briefe*. Lat./dt. (H. Philips) 1. Buch. 6979 – 2. Buch. 6980 – 3. Buch. 6981 – 4. Buch. 6982

Römische Inschriften. Lat./dt. (L. Schumacher) 8512 [4]

Seneca, *Ad Helviam matrem de consolatione / Trostschrift an die Mutter Helvia*. Lat./dt. (F. Loretto) 1848 [2] – *Apocolocyntosis / Die Verkürbissung des Kaisers Claudius*. Lat./dt. (A. Bauer) 7676 – *De brevitate vitae / Von der Kürze des Lebens*. Lat./dt. (J. Feix) 1847 – *De clementia / Über die Güte*. Lat./dt. (K. Büchner) 8385 [2] – *De tranquillitate animi / Über die Ausgeglichenheit der Seele*. Lat./dt. (H. Gunermann) 1846 [2] – *Epistulae morales ad Lucilium / Briefe an Lucilius über Ethik*. Lat./dt. (F. Loretto) 1. Buch. 2132 – 2. Buch. 2133 – 3. Buch. 2134 – 4. Buch. 2135 – 5. Buch. 2136 – 6. Buch. (R. Rauthe) 2137 – 7. Buch. (R. Rauthe) 2139 – *Vom glückseligen Leben und andere Schriften*. Auswahl. (L. Rumpel / P. Jaerisch) 7790 [2]

Tertullian, *De Spectaculis / Über die Spiele*. Lat./dt. (K.-W. Weeber) 8477 [2]

Die Namen in Klammern geben die Übersetzer bzw. Herausgeber an.

Philipp Reclam jun. Stuttgart